AF742608

La gouvernance territoriale dans le Maroc contemporain

L'Harmattan Maghreb-Orient

Directeur d'édition : Mohammed Melyani

L'Harmattan Grand Maghreb, est l'antenne d'édition de L'Harmattan France, qui publie dans tous les champs des sciences humaines et sociales, de l'art, littérature et culture, des sciences exactes... L'Harmattan Maghreb a pour ambition de publier des livres - (en arabe, français, espagnol, anglais, …) - témoins de la société maghrébine. En accueillant ouvrages scientifiques, essais, documents, romans... **L'Harmattan Maghreb** se veut un espace privilégié de réflexion dans un monde arabe et d'Afrique qui s'accélère.

Parce qu'il croit au livre, à son pouvoir et à sa pérennité, **L'Harmattan Maghreb** se propose de lui rendre sa place au cœur du bouillonnement des savoirs et des idées, de repérer les mouvements à l'œuvre pour saisir l'esprit de notre époque et anticiper celui de demain.

L'Harmattan Grand Maghreb s'engage, dans cette région du monde, à assurer la diffusion en librairie des ouvrages dans tous les champs de la culture, de l'art et des sciences, et s'emploiera à procurer, par une diffusion dans le public et auprès des tiers susceptibles d'être intéressés, les conditions favorables à l'exploitation sous toutes les formes de ces ouvrages.

Privilégiant l'approche plurielle, **L'Harmattan Grand Maghreb** fera interagir les disciplines, leurs concepts et leurs méthodes. La zone méditerranéenne est privilégiée, mais **L'Harmattan Maghreb** n'est pas fermée à l'étude et à la publication d'ouvrages et de travaux d'autres régions (Moyen Orient, Afrique...).

L'Harmattan le Grand Maghreb المغرب الكبير

Harmattan Maghreb 5, Rue Ferrane Kouicha, Talaâ Elkbira,
Chrableyine, Fès Médine 30000 Fès MAROC
Tel 00 212 535636041 // Harmattan.maroc@gmail.com

Aicha OUAZZANI CHAHDI

La gouvernance territoriale dans le Maroc contemporain

Préface de Bernard PECQUEUR

L'Harmattan
le Grand Maghreb
المغرب الكبير

Ouvrages du même auteur :

Parcours de femme
La femme marocaine entre son passé et son avenir :
Réalités et enjeux

Edition : 1ère 2021
Dépôt légal : 2021MO0111
ISBN : 978-9920-797-28-3
Impression : Imprimerie-Librairie Sijelmassa-Meknès

La Crise de « Covid-19 » et les nouvelles mutations de l'économie mondiale :
Quels enseignements pour un modèle de développement au Maroc ?

L'Harmattan, 2022
5-7, rue de l'Ecole-Polytechnique, 75005 Paris
https//www.editions-harmattan.fr
ISBN : 978-2-343-23994-1
EAN : 9782343239941

5-7, rue de l'École-Polytechnique, 75005 Paris

http://www.editions-harmattan.fr

ISBN : 978-2-14-049018-7
EAN : 9782140490187

« C'est dans le territoire où réside le problème du développement et dans le territoire où il y a la solution au développement » (GATINEAU, 2011).

« Le territoire n'est pas une échelle géographique de coordination entre acteurs (échelle infrarégionale, cantonale...), mais une dimension qui se situe entre l'individu et les systèmes productifs nationaux. Le territoire est alors plus qu'un réseau, c'est la constitution d'un espace abstrait de coopération entre différents acteurs avec un ancrage géographique pour engendrer des ressources particulières et des solutions inédites. C'est le territoire construit, révélé » (PECQUEUR B. 2000).

« Nous pensons toutefois qu'il est nécessaire de distinguer analytiquement la sphère institutionnelle (gouvernance) et la sphère productive (système productif local) pour penser la dynamique de leurs interactions. » (GILLY et PECQUEUR, 2000).

La notion de territoire correspond à une évolution de la réalité économique (l'organisation de plus en plus territorialisée de la production qui accompagne le processus de mondialisation) autant qu'à une évolution épistémologique en économie « qui fait avancer l'idée qu'il existe des modes d'organisation de la vie sociale et de la production qui sont ancrés territorialement, c'est-à-dire pour lesquels le contexte socioculturel et historique - la spécificité des territoires - importe » (BENKO, 2007).

« L'introduction de la notion de territoire, au-delà de la problématique de son aménagement, constitue une forme de révolution scientifique en économie spatiale. C'est, en effet, cette notion qui a permis le passage d'une définition classique de l'espace « contenant passif », lieu de déploiement des stratégies de localisation des firmes et simple réceptacle des activités, à une définition plus large d'un espace socialement organisé, producteur de ressources spécifiques et acteur du développement » (KUHN, 1972).

« Le territoire s'insère dans un système, au sein duquel il fonctionne selon une boucle de rétroaction avec la société, qui aménage, gère et organise le territoire, tandis que le territoire rétroagit sur la société ». Ainsi, le territoire n'est plus « un espace

approprié, il est agi » par les relations entre les acteurs qui le composent (MOINE, 2005).

« La gestion des territoires est un art qui met en œuvre un ensemble de connaissances et de compétences diversifiées: économie, affaires sociales, politiques et légales, culture, référents symboliques, etc. » (GIRARDOT, 2010).

« Le territoire est avant tout un construit d'acteurs en vue de résoudre un problème productif » (HATEM 2004).

Préface

L'ouvrage de madame Ouazzani vient à point combler un vide dans les réflexions sur les mutations en cours de l'économie marocaine. En, effet, la réflexion est lancée au niveau du gouvernement avec la « régionalisation avancée » et les multiples transitions (économique, sociale, politique, démographique et environnementale) que subit le monde contemporain sont autant de défis pour le royaume. Cependant peu d'analyses existent dans la littérature académique marocaine sur ce thème pourtant crucial, du développement territorial, dans l'optique de la maîtrise de la modernité qui envisage le mieux-être des citoyens. Il ne s'agit plus de projeter le pays dans une croissance purement quantitative et imitatrice de celle des pays anciennement industrialisés du nord de l'Europe ou des Etats-Unis. Les contraintes, notamment environnementales ne le permettraient pas. Imaginons un monde où tous les citoyens voudraient s'aligner sur les standards de consommation et de niveau de vie matériel des Etats-Unis, le monde serait invivable. Il faut donc repenser la notion même de développement. Repenser dans le même élan, l'aspiration à la croissance, non pas pour engager une démarche de décroissance, au risque de casser la dynamique économique.

Ce qui est en jeu, c'est une qualité de la croissance qui prenne en considération les crises multiformes qui ont affecté le monde depuis quelques années. En premier lieu, la crise climatique. Celle-ci a fait la preuve que la lutte contre la carbonisation de nos économies, n'est pas l'apanage des vieilles nations industrielles mais qu'elle concerne tous les états du globe car la pollution ne s'arrête pas aux postes frontières. Cet impératif exige de prendre la mesure des limites des projections antérieures en matière d'aménagement du Territoire. En termes de stratégies, madame Ouazzani explore la notion d'attractivité. Cette notion est au cœur de la pensée sur l'aménagement du territoire. Elle consiste à préparer les régions à recevoir de l'activité économique venue de l'extérieur. L'auteure introduit alors l'idée d'une « attractivité territoriale ». Près de quarante années après les travaux de Paul Romer, Robert Barro ou Robert Lucas, on revisite les modèles de la « croissance endogène » pour y attribuer un rôle central à la notion de territoire. Charles Albert Michalet est mis à contribution pour définir les conditions de l'attractivité territoriale et l'on découvre ainsi que cet économiste réputé pour ces travaux sur la mondialisation, s'interrogeait déjà beaucoup en 1999, sur les aspects territoriaux du développement économique. L'attractivité reste une notion clé du développement à condition d'en spécifier le sens dans un contexte de crise environnementale. De plus en plus, émerge l'idée que l'objectif du développement ne peut se limiter à accueillir l'activité à l'instar de l'économie résidentielle, il faut soigner la « cohésion des territoires » afin d'entrer dans un processus d'endogénéité de la construction des territoires du développement.

Enfin, madame Ouazzani évoque les outils de l'approche territoriale tels qu'ils existent au Maroc en présentant la « régionalisation avancée ». On ne se cachera pas que cette régionalisation tient plus d'un effort de modernisation des structures étatiques et centralisées plutôt que d'une véritable décentralisation. En effet, le pouvoir reste assez largement dans les mains des institutions déconcentrées de l'Etat. C'est sans doute dans la verticalité des décisions que réside le débat vers le développement territorial au Maroc. Il y a un vrai paradoxe dans le fait de faire reposer ces dynamiques sur les structures déconcentrées alors qu'elles devraient favoriser l'expression des initiatives de la « société civile » à même de bâtir des espaces territoires.

Cependant madame Ouazzani reste optimiste et nous parle des évolutions historiques comme autant de gages d'une évolution vers la prise de parole des acteurs (Cf. le modèle « Exit/Voice » d'Albert Otto Hirschman). On retrouve, au fil des discours royaux, une forte volonté d'élaborer un modèle de régionalisation « maroco-marocain » et d'élaborer une gouvernance logistique et une intelligence économique présentés en fin d'ouvrage, à même de favoriser les mutations à l'œuvre.

L'ouvrage de madame Ouazzani a d'autant plus d'importance qu'il introduit le débat sur le développement territorial au sein des réalités économiques marocaines. Rappelons que le débat s'est ouvert vers la fin des années soixante-dix à la suite des crises pétrolières quand le modèle fordiste donnait des signes de faiblesse. On peut situer le débat dans une double origine. D'une part, le modèle des clusters décrits par Michael Porter sur le modèle des grappes d'industrie dans la Silicon Valley ou la route 128 à Boston et d'autre part, le modèle des « districts industriels » en Italie, analysés par Giacomo Becattini, alliant les observations d'Alfred Marshall en Europe du Nord, au début du XX° siècle et les caractéristiques de la « troisième Italie ». Si l'on ajoute dans ces mêmes années, l'ensemble des réformes régionales en Europe, on observe un véritable « tournant territorial » dans la pensée du développement. Tout d'abord, on montre que la géographie, dans sa dimension la plus large (physique, sociale, culturelle) impacte le développement économique et ensuite que cette nouvelle géographie économique peut se révéler un outil puissant de résilience des économies face aux formes résolument nouvelles des crises d'aujourd'hui. Ce sont ces éléments qui rendent indispensable aux lecteurs marocains mais aussi à tous ceux qui sont soucieux du développement des économies des Suds, la lecture de l'ouvrage de madame Ouazzani.

Bernard PECQUEUR

Professeur émérite

Université Grenoble Alpes

Préambule

« Assurer une croissance inclusive implique de lutter contre les inégalités à toutes les échelles territoriales » (OCDE, 2018)

Contexte général de la recherche

Dans un contexte de mondialisation caractérisé par des disparités régionales et des inégalités territoriales, penser à la région et au développement régional constitue de nos jours l'un des problèmes épineux qui a fait l'objet de nombreux débats entre les économistes, les géographes, les politiciens dès lors que l'on s'oriente vers la conceptualisation des modèles de gouvernances territoriales démocratiques et décentralisées qui secouent les bases de l'Etat centraliste.

Certes, depuis les dernières décennies, la croissance économique a toujours été l'objectif fondamental de toute politique publique. Seulement, à l'aube du XXIème siècle, les inégalités régionales ne cessent de faire couler de l'encre et font l'objet d'une littérature foisonnante et diverse à l'échelle mondiale, tant dans les pays développés que dans les pays en développement.

De plus, la relation entre la croissance économique et la dynamique des inégalités constitue une question controversée. La croissance économique poursuivie risque de produire des inégalités du fait que les mécanismes déployés afin d'accélérer la croissance économique sont générateurs d'inégalités. Ainsi, entre les années 1950 et les années 1990, les économistes sont persuadés de l'existence d'une relation systémique entre l'évolution de la croissance économique et les inégalités[1]. Pourtant, d'autres études empiriques ont démontré que la croissance économique permet de réduire le taux de pauvreté[2].

---

[1] Lessmann C. (2014), Spatial inequality and development_ Is there an inverted-U relationship ? Journal of Development Economics 106 (2014), p 35-51

[2] Marrero Gustavo A. and Rodriguez Juan G. (2013), « Inequality of oportunity and growth », Journal of Developement Economics, 104 (2013), p. 107-122

En réalité, la croissance économique doit avoir un cadre structurel pour limiter les disparités générées, et ce, à travers la mise en œuvre d'une régionalisation afin d'assurer un développement soutenu et équitable[3]. Certes, la centralisation peut empêcher le processus de convergence entre différentes régions[4]. Par contre, la régionalisation à travers le processus de décentralisation peut favoriser la croissance régionale. Elle repose sur l'hypothèse que les autorités régionales peuvent fournir de meilleurs biens publics locaux, car elles sont mieux informées des besoins locaux.

Selon une étude menée par l'OCDE en 2001, si les disparités territoriales tendent à se creuser au fur et à mesure que le PIB par tête augmente et que le taux de chômage baisse, c'est parce que les processus de croissance entamés sont spécialement sélectifs. De ce fait, ce sont les régions les plus favorisées qui bénéficient d'un dynamisme socio-économique. A titre d'exemple, certains pays comme la Norvège, le Japon, la France et le Portugal, affichent de fortes concentrations territoriales du PIB, mais en contrepartie, de fortes inégalités territoriales du PIB par habitant apparaissent. En revanche, d'autres pays comme le Mexique et le Royaume-Uni associent de faibles concentrations à des inégalités territoriales relativement très importantes[5].

En termes du taux de chômage, toujours selon la même étude, plusieurs pays de l'OCDE affichent une baisse de leur taux de chômage. Toutefois, cette baisse est souvent accompagnée d'une importante augmentation des disparités entre les régions.

Selon le rapport de l'OCDE en 2018 intitulé « Panorama des régions et des villes de l'OCDE », les déséquilibres régionaux et les disparités territoriales ont connu une évolution depuis la crise financière de 2007. Certes, avant cette date, notamment de la période allant de 2000 à 2007, les écarts entre régions s'étaient creusés. Ils

---

[3]Achy L. (2010), « Morocco's Experience with Poverty Reduction : Lessons for the Arab World », Carnegie Endowment for International Peace. http://carnegieendowment.org/files/morocco_poverty1.pdf

[4]Baldwin R. and Krugman P. (2004), Centralization ? What Is Better for Economic Growth ? 2004, Discussion Papers of DIW Berlin 224

[5]Rapport de l'OCDE (2001) sur les perspectives territoriales de l'OCDE, https://books.google.co.ma/books

étaient plus marqués entre les régions d'un même pays qu'entre les différents pays. Parallèlement, les pays à faible revenu avaient commencé à rattraper leur retard économique.

A l'issue de la crise financière mondiale, et surtout depuis 2011, un renversement des tendances a été constaté, d'abord dans les pays non européens, puis récemment dans les pays européens qui avaient connu une reprise économique plus tardive. Certes, avec la reprise économique, les pays ont connu un recul des disparités économiques régionales. Cependant, malgré les progrès réalisés durant la dernière décennie au niveau du resserrement des écarts entre les régions, de nombreux territoires déjà à la traîne en 2000 peinent encore à rattraper les zones plus prospères de leur pays. Les disparités régionales restent marquées à plusieurs titres[6].

Intérêt et objectifs de la recherche

Au Maroc, la question régionale est chargée de significations et trouve son fondement dans les événements liés tout à la fois à l'histoire, à la politique et à la sociologie du fait de l'existence de différentes communautés tribales avec de présupposés ethniques. Elle se situe donc au croisement de cultures locales multiples et diversifiées. Cependant, malgré cette diversité culturelle, la question régionale constitue le socle d'une profonde solidarité socioculturelle entre les populations des différentes régions du pays. De plus, la gestion territoriale de l'Etat marocain par la politique de régionalisation et de décentralisation se réalise dans le cadre de l'unité étatique qui a toujours constitué la condition d'existence et de survie de l'Etat.

Depuis le début des années 2000, le Maroc a connu de nombreuses mutations tant sur le plan politique que sur le plan économique et social. Ces différentes mutations sont la conséquence de facteurs endogènes et exogènes, notamment la libéralisation de l'économie marocaine et son ouverture vers l'extérieur suite aux mutations de l'économie mondiale ainsi que la volonté des autorités politiques marocaines sous le règne de Sa Majesté le Roi Mohammed VI de

---

[6] OCDE (2018), « Panorama des régions et des villes de l'OCDE », © OECD (2018), OECD Regions and Cities at a Glance 2018, OECD Publishing OECDilibrary doi: 10.1787/reg_cit_glance-2018-en

restructurer l'économie marocaine et lancer le pays sur les rails d'un véritable développement.

Dans ce nouvel ordre national et international, l'Etat marocain, traditionnellement fort et centralisateur, demeure un acteur majeur du changement et tente de résister aux influences d'un libéralisme économique visant son affaiblissement. Certes, les influences extérieurs, la politique de décentralisation et de privatisation et l'émergence d'une société civile, réorientent les politiques publiques, désormais coproduites entre l'Etat et ses partenaires. Aussi affaibli qu'il puisse apparaître dans cette nouvelle pratique politique, l'Etat central marocain conserve une réelle autorité en réinventant les moyens de sa puissance. L'un des moyens de la puissance qui lui confère une identité spécifique et fonde en partie sa légitimité est son rapport avec l'espace national territorial.

Historiquement, l'appareil étatique (le *Makhzen*) s'est construit dans la centralisation d'un espace hétérogène, structuré autour de territoires plus ou moins articulés les uns aux autres. Aujourd'hui, la nouvelle culture politique fondée sur la concertation et le consensus oblige l'Etat à repenser sa politique territoriale[7]. De ce point de vue, la régionalisation apparaît comme le seul moyen d'éviter la fin de l'Etat ou, à tout le moins, prolonger sa déstructuration.

Par ailleurs, face aux inégalités régionales à l'échelle mondiale, le Maroc n'échappe pas à cette tendance et affiche de fortes inégalités territoriales et des déséquilibres socio-économiques tant entre les régions qu'entre les villes et les campagnes. Les disparités régionales trouvent leurs explications dans le caractère contrasté du territoire marocain, mais aussi dans l'héritage historique colonial. Le climat et la géographie du Maroc ont créé toutes les conditions pour faire de la région du centre une zone fertile à l'agriculture et au développement des activités économiques, à l'urbanisation et à l'industrialisation surtout l'axe atlantique, qui a été choisi par les forces coloniales pour l'implantation de toutes les activités économiques faisant de Casablanca la grande métropole qui domine l'économie du pays en

---

[7] Sabine Planel, (2009), « Transformations de l'Etat et politiques territoriales dans le Maroc contemporain », https://doi.org/10.4000/espacepolitique.1234

divisant ce dernier entre « Maroc utile » et « Maroc inutile », d'où l'inégale répartition des richesses.

C'est ainsi qu'après l'indépendance politique, l'économie marocaine était restée pendant longtemps tributaire de la géographie du pays et de l'héritage colonial, qui ont fait d'elle une économie fragile et incapable de produire de la richesse et de répondre aux exigences de la société marocaine.

Face à un tel déséquilibre, l'Etat s'est engagé dans des stratégies de développement basées sur la restructuration de l'économie marocaine dans le but d'instaurer l'équité et l'égalité dans la répartition des richesses. Ainsi, plusieurs plans ont vu le jour allant du plan quinquennal 1960 -1964 où l'agriculture et le secteur industriel ont été des axes principaux, le plan 1968- 1972 qui a porté sur la nécessité d'une répartition judicieuse des projets et des équipements sur le territoire. En 1983, la mise en place du Programme d'Ajustement Structurel (PAS) a réduit le champ d'intervention de l'Etat dans les domaines économiques et sociaux. Cependant, du fait de leur caractère ambitieux et par faiblesse des moyens, la majorité des objectifs visés dans les différents plans de développement n'ont pas été atteints.

Dans ce cadre, la question de l'aménagement du territoire a été introduite timidement dans ces plans. De plus, les différents projets sectoriels lancés au niveau local n'ont pas pu atteindre les résultats escomptés du fait qu'ils ont été territorialisés et non pas conçus selon une approche territoriale. De ce fait, l'échec de certains choix des politiques publiques et l'absence d'une réelle coordination entre les différents acteurs ne peut qu'accentuer, après l'indépendance ces inégalités territoriales. Depuis, les autorités publiques marocaines, conscientes de la gravité des disparités économiques et des disparités sociales qui en résultent ont réalisé que c'est dans le territoire où réside le problème du développement et dans le territoire où il y a la solution au développement. Ainsi, les pouvoirs publics ont mis en place des stratégies de développement visant la réduction de ces disparités en plaçant le territoire au cœur de ce processus surtout dans le cadre de l'activation de la « régionalisation avancée ». Le territoire a été et restera l'origine du problème du développement socio-économique du Maroc[8].

Par ailleurs, la mondialisation et la globalisation des échanges, la forte expansion des flux d'investissements internationaux et la poussée des technologies de l'information et des communications imposent au Maroc de restructurer son territoire en renforçant la compétitivité de ses villes et de ses régions. La notion du territoire occupe de plus en plus une place axiale en termes d'attractivité et de compétitivité à l'échelle internationale. Les pays deviennent acteurs et promoteurs de la mondialisation de la production en créant un climat d'investissement favorable par l'élaboration de plusieurs stratégies de développement notamment des politiques d'aménagement du territoire.

De plus et dans la même perspective, le Maroc a réussi, depuis le début des années 2000, à réaliser une percée sur les chaînes de valeur mondiales et améliorer son positionnement mondial.

La conjoncture actuelle avec une quête de repositionnement d'une grande partie de l'économie mondiale est favorable au Maroc. Seulement, beaucoup reste encore à faire. Selon une étude réalisée par la Direction des Etudes et des Prévisions Financières (DEPF) et publiée dans son « Policy Brief » le 31 janvier 2022 sous le titre « Positionnement du Maroc dans les chaînes de valeur mondiales», on note : « Certes, le Maroc dispose de marges de manœuvre pour des économies d'échelle substantielles, mais il demeure confronté au double défi de passer à des segments à plus forte valeur ajoutée et d'y impliquer davantage le tissu productif local à ces chaînes, au risque de rester confiné aux segments non porteurs»[9]. Il y a une augmentation modeste à la fois de l'incorporation de la valeur ajoutée étrangère dans les exportations nationales et de la valeur ajoutée locale dans les

---

[8] Abdelaziz Adidi, (2011), « De l'aménagement du territoire au développement territorial : quelle transition et quelle articulation ? », 1 ère Conférence Intercontinentale d'Intelligence Territoriale "I.C.I, Gatineau Canada. pp.11, Revue Organisation et Territoire n°2, 2016

[9] M.C, (2022), « Positionnement : Quelle est la place du Maroc dans les Chaînes de valeur mondiales ? », le 5 Février, 2022. www.lavieeco.com

exportations des pays tiers, quoique des disparités notables persistent au niveau des différents secteurs productifs[10].

C'est ainsi que le Maroc a été contraint à partir des années 2000 à mettre en place plusieurs programmes et stratégies afin d'améliorer la valeur ajoutée de ses produits et par conséquent s'intégrer dans les CVM. Afin de relever les défis, le Maroc a déployé des efforts supplémentaires pour monter en gamme et accélérer le processus de transformation structurelle.

Ceci a démarré avec le lancement du Pacte national d'émergence industrielle (PNEI) en 2005 avec pour objectif d'attirer plus d'IDE et de développer des «Métiers mondiaux» pour lesquels il présente un avantage comparatif (ce programme a été actualisé en 2009), qui a donné lieu plus tard au Plan d'accélération industrielle (PAC), lancé en 2014.

Selon une intervention du ministre de l'Industrie et du Commerce Riad Mazur sur « … Le Maroc est l'un des pays les plus compétitifs au monde », il a indiqué que le dynamisme du dispositif d'accélération industrielle a permis de dépasser l'objectif de création d'emplois pour l'année 2020, avec un volume d'exportation de plus de 122 milliards de dirhams entre 2014 et 2021[11].

Un tel développement industriel nécessite au préalable un véritable développement régional et la mise à niveau des territoires pour répondre au processus d'industrialisation et à l'attractivité des IDE.

C'est dans ce cadre que Sa Majesté le Roi Mohammed VI a lancé le grand chantier de la « régionalisation avancée » faisant de la région un cadre spatial favorisant un développement socio-économique équilibré par l'exploitation des ressources propres, les potentialités et les compétences de la région.

---

[10] Selon Hasna Mrani Alaoui, l'auteure de Policy Brief, la participation du Maroc en amont a progressé à un rythme plus élevé que celle en aval, notant que cette configuration rend l'économie nationale plus vulnérable aux chocs d'offre potentiels de pays positionnés plus en amont des CVM.

[11] Riad Mazur sur « … Le Maroc est l'un des pays les plus compétitifs au monde » Heba Press_et MA le 20/05 2022. Intervention du ministre Riad Mazur lors d'un colloque organisé par l'Association pour le développement du management (APD) à Casablanca, sur les nouvelles orientations de la politique industrielle marocaine

Ainsi, durant les dernières décennies, le Maroc, à l'instar des pays en développement ayant choisi leur ancrage aux exigences de la mondialisation et confrontés aux défis de l'ouverture sur l'extérieur, a décidé de faire du territoire le moteur et la locomotive du développement et s'est lancé vers le développement de ses territoires par la politique de la « régionalisation avancée » basée sur des dynamiques territoriales et sur la contribution de la région au développement économique et social du pays à travers la valorisation des potentialités propres à chaque région, ce qui nécessite une bonne gouvernance territoriale afin de créer plus de valeur et de richesse.

Cependant, malgré les efforts employés par l'Etat depuis le début du lancement du chantier de « la régionalisation avancée », cette dernière connait plusieurs enjeux et défis qui entravent le processus de son exécution. La non convergence des politiques publiques territoriales constitue l'une des entraves à la réussite de ce chantier.

Pour ce faire, il faut impérativement redoubler les efforts pour mettre en place non seulement les structures nécessaires à la réalisation de la politique de « la régionalisation avancée », mais aussi une convergence des politiques publiques impliquant la contribution de toutes les forces vives de la nation et donc tous les acteurs économiques et sociaux au développement local. En effet, la promotion du développement sur un territoire repose sur des politiques nationales transversales qui s'imposent aux acteurs nationaux et locaux, exerçant des compétences sectorielles et les engagent à intégrer dans leur mode de travail les dynamiques territoriales.

C'est dans cette perspective et surtout afin d'instaurer les alliances du développement territorial, lutter contre les disparités régionales et les inégalités territoriales, renforcer les compétitivités régionales que le Maroc a adopté un projet de gouvernance logistique territoriale comme levier du développement et de l'équilibre régional basé sur des partenariats régionaux notamment entre le secteur privé et le secteur public en utilisant la variable « logistique », longtemps oubliée de la planification urbaine et considérée aujourd'hui comme catalyseur du développement économique et social des territoires.

Cependant, la logistique territoriale ne peut apporter ses fruits en termes d'attractivité et de développement durable sans la participation effective de tous les acteurs économiques et sociaux notamment les Etats, ce qui se traduit par une bonne gouvernance logistique territoriale[12].

Par ailleurs, la problématique de la « régionalisation avancée » occupe le devant de la scène dans le paysage politique et institutionnel du Maroc, ce qui exige des politiques publiques une logique de proximité afin de connaître au plus près des besoins des diverses composantes de la population. C'est dans un tel contexte que la notion d'intelligence économique a émergé comme outil répondant à ces nouveaux défis informationnels et une démarche essentielle pour l'attractivité territoriale des firmes à la recherche d'un avantage concurrentiel, d'où la notion d'intelligence économique territoriale.

Dès lors, notre présente recherche évoque, en particulier, les inégalités territoriales et les écarts régionaux et a pour objectifs une évaluation exhaustive des fruits de l'action menée par les régions pour attirer les investissements directs étrangers, augmenter la productivité, favoriser l'entrepreneuriat, assurer une meilleure qualité de vie et le bien-être à leurs habitants, bâtir une économie nationale plus robuste, réaliser une croissance économique, et donc une société plus inclusive.

Atteindre de tels objectifs nécessite la connaissance et la clarification de la politique de l'aménagement des territoires et de l'attractivité des IDE au Maroc, les enjeux de « la régionalisation avancée » en portant des analyses et des critiques sur les mécanismes de sa mise en œuvre, l'action des politiques publiques dans le développement régional par la gouvernance logistique territoriale et la place de l'intelligence économique territoriale dans la promotion du territoire.

Ces différents thèmes précités relatifs au développement régional et au nouveau mode de gouvernance territoriale constituent alors le champ fertile de la recherche scientifique ces dernières années.

---

[12] Communication faite au 54ème Colloque de l'Association des sciences régionales de langue française le 5-6-7 juillet 2017, Athènes (GRECE).

C’est dans ce contexte qu’intervient l’objectif de notre recherche pour la réalisation de ce livre.

Enfin, j’estime que ce livre avec l’éventail varié d’approches reste un travail modeste. Seulement, les enseignements tirés de cette étude peuvent constituer une base pour de nouvelles recherches futures.

Liste des abréviations

AD : Agence de Développement

ADA : Agence de Développement Agricole

ADS : Agence de Développement Social

AFD : Agence Française de Développement

AFDIE : Association Française de Développement de l'Intelligence Economique

AICD : Agence Italienne de la Coopération pour le Développement

AIDI : Indice Africain de Développement de l'Infrastructure

AMA : American Marketing Association

AMDIE : Agence Marocaine de Développement des Investissements et des Exportations

AMDL : Agence Marocaine de Développement de la Logistique

AMGI : Agence Multilatérale de Garantie des Investissements

AMITH : Association Marocaine des Industries de Textile et de l'Habillement

AMRD : Association Marocaine pour la Recherche et le Développement

ANPME : Agence Nationale pour la promotion des Petites et Moyennes Entreprises

AREP : Agence Régionale de l'Exécution des Projets

ASMEX : Association Marocaine des Exportateurs

ASRDLF : Association de Science Régionale de Langue Française

AU : Agence Urbaine

BAD : Banque Africaine de Développement

BCP : Banque Centrale Populaire

BEI : Banque Européenne d'Investissement

BIRD : Banque Internationale pour la Reconstruction et le Développement

BM : Banque Mondiale

BMCE : Banque Marocaine pour le Commerce Extérieur

CAENTI : Action de Coordination du Réseau Européen d'Intelligence Territoriale

CCR : Commission Consultative de la Régionalisation

CDG : Caisse de Dépôt et de Gestion

CGEM : Confédération Générale des Entreprises Marocaines

CIRDI : Centre International de Règlements des Différends relatifs aux Investissements

CMC : Cité des Métiers et des Compétences

CNEA : Commission Nationale de l'Environnement des Affaires

CNL : Commission Nationale de normalisation Logistique

CNPI : Comité National de simplification des Procédures liées à l'Investissement

CNRST : Centre National pour la Recherche Scientifique et Technique

CNUCED : Conférence des Nations Unies sur le Commerce et le Développement

CPLRE : Congrès des Pouvoirs Locaux et Régionaux de l'Europe

CRI : Centre Régional d'Investissement

CVM : Chaînes de Valeurs Mondiales

CVS : Centre de Veille Stratégique

DATAR : Délégation interministérielle à l'Aménagement du Territoire et à l'Attractivité Régionale

DCFM : Dépenses de Consommation Finale des Ménages

DEPF : Direction des Etudes et des Prévisions Financières

FAAIE : Forum des Associations Africaines d'Intelligence Economique

FEC : Fonds d'Equipement Communal

FDII : Fonds de Développement Industriel et de l'Investissement

FIC : Fonds d'Investissement climatique

FINCOME : Forum International des Compétences Marocaines à l'Etranger

FMI : Fonds Monétaire International

FMN : Firme Multinationale

IDE : Investissement Direct Etranger

IMI : Indice Mondial de l'Innovation

IMIST : Institut Marocain de l'Information Scientifique et Technique

INDH : Initiative Nationale pour le Développement Humain

INSEE : Institut National de la Statistique et des Etudes Economiques

IPAIE : Indicateur de Potentiel d'Attractivité en termes d'Investissement Entrant

IPIE : Indicateur de Performance en termes d'Investissement Entrant

IRES : Institut Royal des Etudes Stratégiques

MAPM : Ministère de l'Agriculture et de la Pêche Maritime

MASEN : Agence Marocaine de l'Energie Solaire

MCINT : Ministère du Commerce, de l'Industrie et des Nouvelles Technologies

MEDA : Mennonite Economic Development Associates

MENA : Middle East and North Africa

METL : Ministère de l'Equipement, du Transport et de la Logistique

NTIC : Nouvelles Technologies de l'Information et de la Communication

OCDE : Organisation pour la Coopération et le Développement Economique

OCP : Office Chérifien des Phosphates

OIGI : Organisation Interarabe pour la Garantie des Investissements

OMC : Organisation Mondiale du Commerce

OMCL : Observatoire Marocain de la Compétitivité Logistique

OMPIC : Office Marocain de Propriété Industrielle et Commerciale

ONA : Omnium Nord-Africain

ONCF : Office National des Chemins de Fer

ONE : Office National d'Electricité

ONEP : Office National d'Eau Potable

ONU : Organisation des Nations-Unies

ONUDI : Organisation des Nations Unies pour le Développement Industriel

PAC : Plan d'Accélération Industrielle

PAGER : Programme d'Approvisionnement Groupé en Eau Potable des populations rurales

PAI : Plan d'Accélération Industrielle

PAS : Programme d'Ajustement Structurel

PEI : Plan d'Emergence Industrielle

PME : Petite et Moyenne Entreprise

PNCRR : Programme National de Construction des Routes Rurales

PNEI : Pacte National d'Emergence Industrielle

PNER : Programme National d'Electrification Rurale

PNUD : Programme des Nations-Unies pour le Développement

PPIE : Politique Publique d'Intelligence Economique

R&D : Recherche et Développement

SIAM : Salon International de l'Agriculture au Maroc

SNA : Société Nationale des Autoroutes

UA : Union Africaine

UE : Union Européenne

UNESCO : Organisation des Nations Unies pour l'Education, la Science et la Culture

UNICEF : Fonds des Nations Unies pour l'Enfance

URSS : Union des Républiques Socialistes Soviétiques

ZLAF : Zone Logistique Multi-Flux

ZLECAF : Zone de Libre-Echange Continentale Africaine

SOMMAIRE

Introduction

Au Maroc, la question de la gouvernance territoriale a toujours été au centre du débat politique. Elle est considérée comme la stratégie de base d'une démocratie locale et d'un développement régional. C'est ainsi que le royaume a opté après plusieurs années de réformes et de changements pour un processus de la « régionalisation avancée », comme mode de gestion territoriale qui n'est que le fruit d'une longue évolution historique.

Certes, comme toute nation dotée d'une économie émergente, le Maroc est préoccupé par la pérennisation de son développement et par la recherche de nouvelles capacités de puissance économique, sociale, culturelle et environnementale. Les pouvoirs publics marocains conjuguent en permanence la tension entre la nécessaire prise en compte des dynamiques concurrentielles de la mondialisation, la recherche du rattrapage économique et technologique et la conception d'un nouveau modèle de développement : un modèle de développement plus coopératif et durable valorisant le développement régional comme levier d'une économie compétitive[13].

Le Maroc traverse aujourd'hui une transition à différents niveaux : transition économique, sociale, politique, démographique et environnementale. Néanmoins, l'aménagement et le développement durable du territoire national reste tributaire du dépassement des contraintes structurelles liées à la géographie et à l'histoire d'une part, et de la nécessité de mettre en place un modèle adéquat de bonne gouvernance territoriale, d'autre part.

En suivant les expériences internationales dans ce domaine et en se concentrant sur le développement dans ses dimensions territoriales et régionales, la « régionalisation avancée » est considérée comme une

---

[13] Mohammed Mbarki, wali de Tétouan avançait la nécessité d'une conception marocaine de la démarche d'intelligence économique prenant en compte la richesse du socle culturel marocain, comme avantage culturel, coopératif et concurrentiel. Il a rappelé à ce propos la richesse que constitue la rencontre au Maroc des cultures arabo-musulmane, latino-andalouse, afro et française. Regards sur le Monde, « L'intelligence économique au Maroc » N0 10 Juillet-Août 2005

base pour le développement économique et social, surtout après avoir montré une réponse face aux techniques modernes d'intervention et d'efficacité. C'est un apport réel et une orientation décisive dans la stratégie du développement global dans toutes ses dimensions politiques, économiques, sociales, culturelles et environnementales, pour relever les défis externes et internes notamment les inégalités inter-régionales.

Certes, c'est face aux inégalités inter-régionales et dans l'objectif de rendre le territoire marocain attractif que le Maroc s'est lancé vers la stratégie de développement basée sur « la régionalisation avancée » et le développement régional, processus qui tend à faire des régions marocaines des acteurs incontournables du développement économique. Il s'agit d'une compétition nationale et internationale des régions qui doivent s'adapter au nouveau contexte de la mondialisation et valoriser leurs avantages comparatifs afin de s'intégrer dans le marché mondial.

Dans un tel contexte, le renforcement de la décentralisation est un élément essentiel pour la réalisation de la gouvernance régionale et locale. Ce renforcement devrait permettre des synergies et des complémentarités entre l'exécutif et les entités décentralisées afin d'améliorer et d'accroître les capacités et les compétences dans le domaine du développement économique et social.

En se basant sur les dynamiques fondamentales du développement territorial et en prenant comme dénominateur commun les techniques de l'intelligence économique, nous pouvons penser que la gouvernance logistique territoriale, la convergence des politiques publiques territoriales, la mobilisation totale des efforts des différentes forces actives de la société marocaine et donc l'implication collective constituent la base d'un développement durable.

De plus, au cours de ces dernières années, la gestion de l'information économique est devenue, l'un des moteurs essentiels de la performance globale des agents économiques. Ainsi, les travaux de recherche se sont de plus en plus orientés vers l'étude de certains facteurs immatériels de la compétitivité, notamment, l'information et l'intelligence économique ainsi que sur l'analyse des rapports entre l'information, la compétitivité de l'entreprise et l'attractivité des territoires.

En effet, le processus de mondialisation des marchés contraint les agents économiques à s'adapter aux nouveaux équilibres qui s'établissent entre concurrence et coopération. Aujourd'hui, la conduite des stratégies industrielles repose largement sur leur capacité à établir des systèmes d'information à orientation externe afin d'accéder aux informations.

Certes, l'ouverture de l'économie marocaine suite à des accords de libre-échange a, dans un premier temps, fragilisé le pays en créant un déficit commercial important, les exportations ayant une croissance très faible et reposant principalement sur une compétitivité prix. Progressivement, les instances dirigeantes du pays ont mis en œuvre une politique visant à moderniser le tissu industriel national de façon à attirer des investisseurs étrangers mais aussi à développer des activités tournées vers l'international et la production de produits de qualité intégrant une forte dimension R&D. Sur les dix dernières années, la compétitivité hors prix des exportations marocaines a augmenté de façon significative suite aux efforts consentis en matière d'innovation. Des secteurs innovants sont apparus : énergies renouvelables, logistique, industrie automobile, aéronautique. Les industries extractives sont montées en gamme et ont permis de positionner le Maroc sur l'exportation de produits chimiques (engrais, sels halogènes…). Pour accompagner cette politique industrielle offensive, le Maroc se dote aussi progressivement de dispositifs d'intelligence économique comme outils d'aide à la décision pour renforcer la compétitivité de ses PME qui constituent plus de 90% de son tissu productif. Ces dernières années, des initiatives multiples ont été prises pour mettre en œuvre une telle politique mais, encore à ce jour, des défis restent à relever pour favoriser la dynamique d'innovation des PME. C'est une pratique en gestation mais encore largement cloisonnée. Parmi les différents volets d'action d'une politique d'intelligence économique, le brevet occupe une place de premier rang. Il constitue l'image du « territoire ». Il est toutefois souvent valorisé dans une optique défensive avec pour objectif de sensibiliser les PME, en particulier, à l'importance de protéger leur patrimoine informationnel, clé de leur compétitivité[14].

---

[14] L'exemple des babouches marocaines (Bredeloup and Bertoncello, 2006) et l'attaque chinoise de ce produit dit du « terroir » montre l'importance d'intégrer

C'est ainsi que, pour relever les défis de la mondialisation et du développement, le Maroc doit renforcer sa politique de développement régional et faire du territoire un outil de développement régional et d'insertion dans l'économie mondiale sachant que le monde des régions s'inscrit dans une stratégie d'ouverture et d'intelligence économique territoriale. Pour ce faire, il faut impérativement redoubler les efforts pour mettre en place les structures nécessaires à la réalisation de la politique de la « régionalisation avancée » impliquant toutes les forces vives de la nation. La gouvernance logistique territoriale et l'intelligence économique territoriale deviennent des outils stratégiques et une pratique nouvelle des politiques publiques dans le but non seulement de lutter contre les disparités territoriales, mais aussi pour faire des régions des pôles de compétitivité.

En général, la problématique du développement local au Maroc est sensible à la transformation et au changement, en particulier la société mobile qui, aujourd'hui parie sur l'élément humain avant tout.

Seulement, de nos jours, dans un contexte de mondialisation, les acteurs, dans leurs territoires se trouvent confrontés à de nouvelles menaces et opportunités. Pour rester compétitifs, ils doivent s'organiser et se structurer en fonction de nouvelles ressources informationnelles, considérées déterminantes dans des sociétés de

---

une analyse globale des brevets sur le territoire marocain comme une source stratégique d'information pour les entreprises. Mais, il apparaît de plus en plus que le brevet peut aussi être utilisé dans une stratégie informationnelle offensive devenant ainsi un élément indispensable guidant la dynamique d'innovation des PME (Shih, Liu, and Hsu, 2010). Dans le cas spécifique de pays en développement, une telle stratégie offensive informationnelle du brevet peut contribuer à « améliorer les produits existants, valoriser les ressources naturelles et les machines et procédés de première transformations qui sont concernés » (Dou and Leveillé, 2015). Nezha Cherrabi, Maud Pélissier et David Reymond, « L'intelligence économique au Maroc : l'apport d'une stratégie offensive de l'information au travers d'une analyse automatique des brevets », Communication dans un congrès1 I3M - Laboratoire Information, Milieux, Médias, Médiations - EA 3820, Mohamed Torra, « Territoire comme espace de déclinaison de l'intelligence économique en intelligence territoriale », dans Marché et organisations, 2013/2 (N° 18), p. 67à 85, www.cairn.info

connaissances. Les acteurs sont appelés donc à partager non seulement les connaissances et les décisions, mais aussi les bénéfices de leur action collective afin de promouvoir et de valoriser les territoires dans le but d'améliorer leur attractivité et leur compétitivité. Ainsi, le concept d' « intelligence territoriale » (IT) implique l'action des acteurs locaux sur leurs territoires. Le « Territoire » est dès lors considéré comme espace d'attractivité et de déclinaison de l'intelligence économique en intelligence territoriale, d'où l'expression d'intelligence économique territoriale[15].

Il convient de rappeler que les dispositifs d'intelligence territoriale (informations stratégiques sur les technologies et connaissances utilisées par les inventeurs) peuvent servir comme un outil de compréhension et de réflexion sur les enjeux de la dynamique du développement, de valorisation des interactions des acteurs territoriaux et peuvent constituer, à ce titre, un levier stratégique tant au niveau des institutions gouvernementales que des entreprises pour réussir des actions de développement économique et social[16].

En prenant en considération le cas de l'économie marocaine et des nouvelles réformes de l'Etat basées sur la « régionalisation avancée » et le développement régional, notre thématique de recherche, centrée sur le « territoire » comme outil de développement régional et d'insertion dans l'économie mondiale a pour objectif d'évaluer la relation Etat-Territoires dans le Maroc contemporain. Il s'agit d'analyser à travers différents thèmes de recherche, en s'appuyant sur des analyses théoriques et empiriques, la dynamique territoriale entre la sphère institutionnelle et la sphère productive et les enjeux de la nouvelle configuration territoriale, les réalités et les défis du développement régional et de l'attractivité territoriale, le rôle de l'intelligence économique territoriale, de la gouvernance logistique territoriale et donc des politiques publiques et des acteurs locaux dans le développement régional et la réduction des inégalités régionales faisant des régions des pôles de compétitivités territoriales, des sources de richesses et de croissance économique.

---

[15] Mohamed Torra, « Territoire comme espace d'attractivité et de déclinaison de l'intelligence économique en intelligence territoriale » dans Marché et Organisations 2013/2 (N°18), p.67à 85, www.cairn.info

[16] Mohamed Torra, op. cit.

Chapitre I

Le « territoire », outil de développement régional et d'insertion dans l'économie mondiale

Chapitre I

Le « territoire », outil de développement régional et d'insertion dans l'économie mondiale

« C'est dans le territoire où réside le problème du développement et dans le territoire où il y a la solution au développement » *(Gatineau, 2011).*

Après la seconde guerre mondiale, la mondialisation a constitué un processus complexe qui a bouleversé la société internationale. Certes, avec la mondialisation des économies, la globalisation des marchés et l'indépendance politique de la majorité des pays anciennement colonisés, le développement devient plus ou moins conditionné par un ensemble complexe de normes de Droit international et des institutions internationales (FMI, OMC...) qui imposent aux pays de s'ouvrir au commerce international et de libéraliser leurs économies face aux délocalisations des firmes multinationales (FMN). Les Etats se trouvent ainsi contraints de limiter leurs politiques protectionnistes au profit de la libre circulation des biens et des services et d'affronter les réactions des chefs d'entreprise qui se trouvent dans l'obligation de mettre à niveau leurs activités afin de rendre leurs entreprises compétitives.

Dans un tel contexte d'internationalisation des échanges et de globalisation des marchés, la mobilisation de l'Investissement Direct Etranger (IDE) et l'amélioration de l'attractivité territoriale constituent l'un des éléments essentiels de la stratégie de développement et l'un des moyens d'intégration dans l'économie mondiale. Les pays d'accueil des IDE sont devenus des promoteurs de la mondialisation de la production par la promotion du territoire en créant un climat d'investissement favorable et répondre ainsi aux exigences des investisseurs. Certes, les FMN cherchent le territoire le plus attractif pour réaliser le maximum de profit, d'où la concurrence entre les territoires poussant les Etats à fournir plus d'effort pour rendre leurs territoires compétitifs et donc attractifs. De ce fait, les territoires deviennent un enjeu primordial dans les stratégies de développement des pays.

Chaque pays cherche à se repositionner à l'échelle mondiale, à mettre à niveau ses entreprises, à faire accroitre ses capacités humaines et technologiques. De plus, les pays ont déployé tous leurs efforts non seulement pour être attractifs et améliorer l'image de leur territoire, mais aussi bénéficier des externalités de la délocalisation des firmes multinationales sur leur territoire. Certes, les IDE ont des retombées positives sur les pays d'accueil, notamment sur l'emploi, sur le transfert technologique, sur la formation du capital humain par le transfert du savoir-faire, sur le commerce international et sur l'investissement domestique et donc sur la croissance économique.

Il est à signaler que durant les années 1950-1060, les firmes multinationales et l'afflux des IDE dans les pays en développement étaient considérés par ces derniers comme un facteur de domination et d'exploitation des richesses nationales, de formation d'enclaves socio-économiques et donc comme une nouvelle forme de colonialisme.

Cependant, durant les années 1980, les pays en développement ont changé d'attitude envers les IDE[17]. Ces derniers sont considérés comme l'un des piliers du développement national et un moyen d'intégration dans l'économie mondiale.

Par ailleurs, pratiquement absente du vocabulaire des économistes à la fin des années 1980, la notion d'attractivité a suscité au cours des dernières décennies un intérêt de plus en plus marqué, au point de constituer aujourd'hui l'un des thèmes centraux des débats de politique économique.

Selon Fabrice Hatem (2004), « le poids croissant des firmes multinationales dans l'économie mondiale, l'ouverture des territoires à des flux d'investissements de plus en plus mobiles, la concurrence de nouveaux pays d'accueil, ont ainsi focalisé l'attention des opinions

---

[17] Les IDE appelés également investissements directs internationaux (IDI) par l'OCDE sont donc des mouvements internationaux de capitaux réalisés en vue de créer, développer ou maintenir une filiale à l'étranger et/ ou d'exercer le contrôle sur la gestion d'une entreprise étrangère -Hervé Causse et Marcel Sincondo, « Le concept d'investissement : regards croisés des droits interne, international et communautaire », Bruylant Bruxelles, 2011, p.5.

et des décideurs sur l'apparition d'une forme de concurrence d'un type nouveau, opposant les territoires pour l'accueil d'investissements internationaux à la recherche de la meilleure localisation possible. Dès lors, se sont mis en place, un peu partout dans le monde, des dispositifs d'attraction de ces investissements »[18].

A cet égard, la problématique qui nous interpelle est la suivante :

Dans quelle mesure le « territoire » peut-il être considéré comme un outil de développement régional et d'insertion dans l'économie mondiale ?

De cette problématique découle des questions secondaires : Quels sont les fondements théoriques et historiques des concepts « développement », « territoire », « développement territorial », « attractivité du territoire ? Quels sont les indicateurs de mesure de l'attractivité d'un territoire et quels sont les facteurs et les déterminants de cette attractivité ? Quel est le lien entre attractivité et compétitivité des territoires ? Quels sont les enjeux de l'attractivité territoriale ?

L'objet de ce chapitre est d'analyser d'abord l'approche conceptuelle, théorique et historique du développement territorial et de l'attractivité territoriale. Par la suite, nous analyserons la promotion territoriale comme levier de l'attractivité économique et d'insertion dans l'économie mondiale ainsi que les conditions et les déterminants de l'attractivité territoriale. Enfin, nous déterminerons les enjeux de l'attractivité territoriale.

1. Le « territoire », outil de développement et de l'attractivité territoriale : Fondements conceptuels et historiques

L'attractivité territoriale est étroitement liée au « développement territorial ». Or, le concept de « développement territorial » s'inscrit en rupture avec une tradition plus longue d'études en développement régional et il ne repose pas encore sur un corps de doctrines ou de

---

[18]Fabrice Hatem (2004), « Attractivité : de quoi parlons-nous ? », www.fabricehatem.fr

théories fortement stabilisées. Il unit deux notions –développement et territoire- qui sont des réalités complexes et difficiles à définir.

Face à une telle complexité, définir l'attractivité territoriale nécessite la connaissance et donc la définition et les fondements théoriques et historiques de certains concepts clés tels le « développement », le « territoire », l' « aménagement du territoire » et la dynamique territoriale.

1.1. Le « développement territorial » : éléments de définition

1.1.1. Définition du concept « développement »

Le concept « développement » n'est employé dans son acception économique que depuis 1950. Il apparaît à la fin de la seconde guerre mondiale avec le mouvement de décolonisation amorcé par l'Inde en 1947. Mais l'idée est plus ancienne. Certes, Jusqu'au XVIIIème siècle, il n'existait pas de grandes différences de niveau de vie entre les diverses parties du monde.

La révolution industrielle qui s'étend à la fin du XVIIIème siècle en Angleterre marque l'avènement d'un processus continu d'accroissement de l'activité économique. Elle va créer des écarts considérables entre les pays et les continents à l'échelle mondiale. Elle est à l'origine du développement du monde occidental et des conséquences qu'elle a produites sur l'évolution économique et sociale du reste de l'humanité.

Dans la phase de construction de la pensée économique par les pionniers du développement, croissance économique et développement étaient synonymes.

L'intérêt de certains penseurs s'est porté à l'époque sur l'étude des phénomènes économiques. Les premières théories du développement sont définies comme partie intégrante des sciences de l'économie. La notion du « développement » constitue le thème central du livre d'Adam Smith (1776), « *Recherches sur la nature et les causes de la richesse des nations* », qui marque les débuts de l'économie politique moderne. Durant le siècle qui suivit la publication de « La Richesse des Nations » d'Adam Smith, le développement du capitalisme a été au centre de la pensée économique. C'était la préoccupation fondamentale de l'économie politique classique[19].

La notion du « développement » relève de la dynamique économique. Etudiée par les auteurs classiques anglais (Adam Smith, David Ricardo, Robert Malthus), puis par Karl Marx, elle connut un renouveau dans l'œuvre de Joseph Schumpeter, qui publia en 1912 une « *Théorie de l'évolution économique* »[20]. Jusqu'à la fin des années 1950, les auteurs ont eu tendance à assimiler le développement à la croissance économique notamment à l'accroissement du revenu par tête. Tel est le cas de l'économiste américain Walt Whitman Rostow (1962) qui a analysé l'évolution de la société américaine dans son ouvrage « *les étapes de la croissance économique* »[21]. Selon cette approche, les économies sous-développées ne se distinguent des pays développés que par leur incapacité à produire un revenu suffisant. Pour passer au stade supérieur, elles devaient imiter les pays occidentaux et connaître des étapes prédéterminées, en particulier le stade du décollage où le taux d'investissement devrait être supérieur à un certain pourcentage.

Par la suite, les économistes ont été amenés à distinguer entre croissance et développement. La théorie économique a pu se désintéresser des problèmes spécifiques du développement au profit d'analyses centrées sur la croissance, sur les conduites des producteurs individuels et des consommateurs, sur des marchés parfaits ou imparfaits, ainsi que sur l'instabilité cyclique du capitalisme[22]. A la même période, la pensée marxiste élaborera la théorie de l'impérialisme à la base de la compréhension du phénomène de sous-développement[23].

---

[19] Osvaldo Sunkel : « L'évolution de la pensée en matière de développement. Exposé général » ; in « L'évolution de la pensée sur le développement », Bulletin de liaison de l'OCDE, n°1, 1977, p 11

[20] Joseph Alois Schumpeter, François Perroux (1935), « Théorie de l'évolution économique », Dalloz, 1935, eweb.uqac.ca

[21] M.-J Du Rouret (1962), « Rostow, Les étapes de la croissance économique », Paris, Editions du Seuil, 1962

[22] Idem

[23] Bernard Conte « Le concept de développement », http://conte.u-bordeaux4.fr

Dans ce cadre, le sous-développement peut être défini par une situation où les besoins économiques fondamentaux de l'homme (alimentation, santé, éducation) ne sont pas satisfaits. C'est une notion qui n'est pas réductible à un retard par rapport à la situation des pays industrialisés. Le développement par contre peut être défini comme un processus historique qui permet de sortir de l'état de sous-développement.

C'est ainsi que Truman, le président américain de l'époque appelle dans le cadre de l'Organisation des Nations Unies (ONU) les pays riches à aider au développement des nations pauvres. A partir des années 1950-1960, on a pu assister à la création de nombreuses agences de développement (UNICEF, WFP, etc) et à la création du PNUD (Programme des Nations-Unies pour le Développement).

Par contraste avec la croissance, le « développement » s'accompagne nécessairement d'un changement des techniques de production et d'une transformation des structures politiques, sociales et institutionnelles. C'est un processus qualitatif qui crée plus d'interdépendance entre les secteurs économiques et les catégories sociales.

De façon plus savante, on considère que le développement est le processus par lequel un pays devient capable d'accroître sa richesse de façon durable et autonome, et de la répartir équitablement entre les individus.

Avec la révolution industrielle, le développement économique est devenu un défi pour la partie de l'humanité que Sauvy qualifia en 1952, de *Tiers Monde*[24]. Plus d'un milliard d'êtres humains, soit le

---

[24] L'expression « tiers- monde a été créée par le démographe français Alfred Sauvy dans un article publié le 14 août 1952 par l'hebdomadaire l'Observateur (ancêtre du Nouvel Observateur), à la dernière phase d'une chronique intitulée « Trois mondes, une planète ». L'auteur y évoque l'existence de deux mondes, pays occidentaux et pays du bloc communiste », entre lesquels sévit une guerre froide pouvant se muer en conflit ouvert. Cette opposition tend à nier l'existence d'un troisième monde, l'ensemble des pays sous-développés, d'ailleurs convoités par les deux blocs. En 1956, dans son ouvrage publié en collaboration avec Georges Balandier, Alfred Sauvy explicite le terme « tiers-monde », dans une volonté de préciser, voire d'infléchir sensiblement le concept de « sous-développement », né quelques années plus tôt aux Etats-Unis. « tiers-monde » Larousse, www.larousse.fr

cinquième de la population mondiale, ne disposent pas d'un dollar par jour pour vivre, chiffre qui correspond au niveau de vie de l'Europe de l'Ouest et des Etats-Unis à l'aube de la révolution industrielle.

Ce n'est qu'après la deuxième guerre mondiale que le développement reprend sa place au sein de la pensée économique. Mais, il s'agit, dès lors, du développement des pays n'ayant pas atteint le stade industriel que l'on qualifie alors de sous-développés. Ainsi, la notion de sous-développement a pris naissance.

C'est ainsi que toutes les théories du développement des années 1950-1960 ont pour objet d'expliquer comment les pays sous-développés peuvent rattraper les pays développés. A cette époque, les vieilles nations industrielles sont le modèle à atteindre[25].

La fin de la seconde guerre mondiale est marquée par un grand optimisme sur la capacité des régions du Sud à amorcer un processus de développement. Les experts de la Société des Nations écrivent en 1943 : « Il se peut que, après la guerre, étant donné l'expansion des industries mécaniques et la simplification des procédés de fabrication, le développement industriel des régions retardataires soit si rapide qu'il rende extrêmement difficile et pénible l'adaptation des autres pays à de nouvelles conditions de concurrence ». Le développement devient un enjeu politique entre les pays socialistes et les pays occidentaux.

Dans la logique des modèles de croissance qui dominent alors la théorie économique en Occident, l'accent est mis sur le rôle de l'investissement. Le problème essentiel du développement est conçu comme celui d'une « accumulation primitive », qui permettrait d'atteindre un niveau de production comparable à celui des pays occidentaux les moins développés et susciterait les débouchés nécessaires à la révolution industrielle. Les pionniers de ce courant de pensée sont P. Rosenstein-Rodan, R. Nurkse, W. Rostow et A. Lewis.

Un autre courant, animé par R. Prebisch, F. Perroux, G. Myrdal et A.O. Hirschman, met au contraire l'accent sur la spécificité des problèmes de développement qui se posent dans les régions du Sud.

---

[25]Wikipédia (2011), « Théories du développement », janvier 2011, fr.m.wikipedia.org

Celles-ci sont marquées par le dualisme d'un secteur traditionnel et d'un secteur moderne tourné vers l'extérieur, et par la dépendance.

En 1962 fut décidée la création du premier organisme intégré des Nations-Unies et dont la finalité est le développement du Tiers-Monde par l'amélioration des rapports économiques internationaux : la Conférence des Nations-Unies sur le Commerce et le Développement (CNUCED). Son action est complétée, à partir de 1965, par celle du Programme des Nations-Unies pour le Développement (PNUD).

La possibilité d'un véritable décollage économique dans le cadre du libre-échange et de la domination des sociétés occidentales fut remise en cause par le courant tiers-mondiste. Celui-ci allait énoncer la thèse d'une exploitation des pays pauvres par le commerce international (A. Emmanuel (1969), *L'Echange inégal*) et attribuer le sous-développement des pays colonisés à la dépendance. « Le commerce international serait un processus d'exploitation des pays pauvres par les pays riches »[26]. Ses auteurs principaux (S. Amin, G. Frank) préconisent la rupture avec le marché mondial et avec le capitalisme.

Pour François Perroux (1981), le développement est « la combinaison des changements mentaux et sociaux d'une population qui la rendent apte à faire croître cumulativement et durablement son produit réel global »[27]. Il ajoute que le développement revient à « nourrir les hommes, soigner les hommes, instruire les hommes ».

Le développement désigne ainsi les évolutions positives dans les changements structurels d'une zone géographique ou d'une population. De tels changements engendrent l'enrichissement de la population et l'amélioration des conditions de vie.

En réalité, le développement et le sous-développement sont deux notions complémentaires qui doivent être définies conjointement bien que le deuxième concept fait l'objet de plusieurs interprétations.

---

[26] Arghiri Emmanuel (1969), « L'échange inégal-Essais sur les antagonismes dans les rapports économiques internationaux», www.persee.fr

[27] François Perroux (1981), « Pour une philosophie du nouveau développement », Aubier, les presses de l'UNESCO, Paris 1981

Au total, le développement se présente comme un phénomène dynamique complexe et multidimensionnel.

1.1.2. Le « territoire » : Eléments de définition

1.1.2.1. Le « territoire », une réalité spatiale complexe

Depuis son apparition dans la langue française au XIIIème siècle, le mot « territoire » (issu des termes latins territorium) a surtout été utilisé à partir du XVIIème siècle dans un sens politico-administratif.

Il évoque l'idée d'une domination et d'une gestion d'une portion terrestre par une puissance qui assoit son autorité et sa légitimité sur ce contrôle qu'il s'agisse d'une collectivité territoriale ou d'un Etat. A partir de la création en 1950 d'un « Comité de l'aménagement du territoire puis de la DATAR (la Délégation interministérielle à l'Aménagement du Territoire et à l'Attractivité Régionale) en 1963, les gouvernants successifs ont tenté de remodeler, rééquilibrer ou moderniser l'hexagone, en associant l'action publique et l'initiative privée[28].

Le terme « territoire » peut avoir plusieurs significations qui dépendent des disciplines qui l'étudient, des angles d'approche et de l'époque d'analyse. La définition du « territoire » est donc multidimensionnelle et relève de plusieurs disciplines. En général, le « territoire » peut être défini comme l'espace habité par une population ou l'espace sur lequel l'Etat exerce son autorité de manière exclusive.

En réalité, la notion de « territoire » a donné lieu au cours des dernières années à une véritable inflation de publications. C'est une notion dont le contenu économique est difficile à saisir. Elle est examinée selon plusieurs échelles spatiales.

Ainsi, un « territoire » peut faire référence à un site, un quartier, une ville, une zone urbaine, un département, une région, un pays, un

---

[28] Denise Pumain (2016) « Histoire du territoire » http://WWW.hypergeo.eumardi 25 octobre 2016.

groupement régional de pays. Il est important de savoir distinguer entre territoire et région. Le territoire est un concept plus large. Il désigne une portion de terre dont les limites sont établies par convention alors que celles de la région renvoient à l'homogénéité et à la cohérence.

Au sens de l'économie régionale, le territoire peut renvoyer à la ville, la région, la nation ou une zone économique.

De même, la conception que l'on se fait d'un territoire dépend des objectifs visés au niveau de ce territoire. Ainsi, le découpage d'un « territoire » peut être réalisé selon certaines logiques : géographique, économique, politico-institutionnel, statistique, donnant naissance à un ensemble de définitions :

-Le « territoire », ***un espace géographique***

Le territoire est à la base le terrain des géographes. Il est avant tout un espace géographique continu et précisément délimité par des frontières, doté d'une forte identité humaine (village, quartier, terroir...) et où existe le sentiment d'une histoire partagée et de l'appartenance à une communauté.

Il est définit comme une « construction dont les limites présentent une relative stabilité dans l'histoire, repérable dans l'espace à travers une structure agraire cohérente (système de formes), portée par un milieu biophysique particulier » (Maigrot, 2008)[29].

-Le « territoire », ***une réalité économique***

Le territoire est une entité économique caractérisé par l'ensemble des ressources présentes sur le territoire et susceptibles d'être utilisées dans le cadre des projets d'investissement. On parle de l'offre territoriale. Dans ce cas, le territoire est identifié soit à une activité spécifique (site industriel, zone industrielle) ou à une compétence (association professionnelle locale).

---

[29] Jean-Louis Maigrot (1996), « La relation Homme-Territoire à de grandes échelles d'espace : (contribution à la mise au point d'un modèle permettant, à un niveau communal, de localiser des enjeux territoriaux), 31/12/1996, www.theses.fr

De plus, depuis le début des années 80, amplifié dans les années 90, le concept de « territoire » s'inscrit dans un contexte économique et idéologique caractérisé par un phénomène de mondialisation et une déterritorialisation accentuée de la production, des échanges, des concentrations industrielles et financières, de la circulation accélérée des idées, des capitaux et des marchandises, des hommes et par une volonté individuelle d'ancrage et d'identité.

-Le « territoire », ***une réalité institutionnelle et politique***

Le territoire est lié à une institution. Il peut être identifié à une commune ou un regroupement de communes, à une région, à un département, aux associations interrégionales, à une communauté d'agglomération urbaine. Chaque institution cherche naturellement à donner au territoire dont elle a la charge une identité forte et singulière, base de sa propre légitimité politique, indépendamment des réalités géographiques et humaines et impose son existence propre par ses acteurs institutionnels qui représentent au mieux, des outils conceptuels permettant d'orienter et de calibrer l'action de développement. Elle peut éventuellement rentrer en conflit avec d'autres institutions pour la définition des attributions, voire de ses limites territoriales.

-Le « territoire », ***élément de mesure d'une réalité***

Pour certains économistes ou statisticiens, le territoire représente un moyen de mesure et d'analyse des réalités : bassin d'emploi, zones d'influence urbaine…

Ainsi, toutes ces définitions liées à l'espace territoriale et à son organisation obéissent à une certaine logique. De même, le concept « territoire » peut être identifié à deux définitions à la fois, c'est à dire un « territoire » peut être défini comme une réalité humaine et institutionnelle (commune), par sa géographie et son économie. Un technopole est en même temps une institution et un système économique. Selon Olivier Dollfus (1995), « il existe aujourd'hui plusieurs cartes du monde dont la réunion forme plus un système de systèmes qu'un système unifié »[30].

Seulement, un tel système unifié pour identifier un espace territorial peut constituer des entraves au niveau du développement territorial vu les multitudes des fonctions attribuées au territoire.

Pour Di Meo Guy (1996), la définition du territoire s'alimente non seulement de la géographie, mais aussi de la philosophie, la sociologie et l'économie[31]. Selon l'auteur, il existe deux éléments constitutifs du territoire : la composante « espace social » et la composante « espace vécu ».

Ainsi, selon Courlet (2003), le territoire se définit par ce dont il est capable : un lieu social de proximité se construisant pour concevoir horizons et projets (…) ; « Et le territoire, loin d'être un domaine de repli, est appelé à être un espace de relations et d'ouverture instituant sa cohérence propre et son lien avec le monde. L'effet de proximité (cognitive, institutionnelle, organisationnelle) qui caractérise le territoire aide à créer la confiance et concourt à la visibilité des enjeux, des initiatives et des porteurs (…). Par-là, il sera la base de la gouvernance de demain ». Ainsi, la notion de territoire est ici appréhendée comme un espace à redéfinir dans le contexte de mondialisation actuelle.

1.1.2.2. Du « territoire institué » au « territoire construit »

Les économistes de la proximité distinguent deux conceptions du territoire :

-La première (Pecqueur B. 2000), « Le territoire n'est pas une échelle géographique de coordination entre acteurs (échelle infrarégionale, cantonale…) mais une dimension qui se situe entre l'individu et les systèmes productifs nationaux. Le territoire est alors plus qu'un réseau, c'est la constitution d'un espace abstrait de coopération entre différents acteurs avec un ancrage géographique

---

[30] Olivier Doiifus, (1995) « La nouvelle carte du monde », in « les universités dans les montagnes. Du rapport à l'identité et au développement local et régional », Revue de Géographie Alpine 1995, www.persee.fr

[31]Di Méo G. (1996), « Les territoires du quotidien », Paris, l'Harmattan, www.persee.fr

pour engendrer des ressources particulières et des solutions inédites. C'est le territoire construit, révélé »[32].

-La deuxième est celle du « territoire institué, postulé » qui recouvre le sens politique du territoire, c'est-à-dire un espace sur lequel s'exerce une autorité ou une juridiction. « Le territoire s'insère dans un système, au sein duquel il fonctionne selon une boucle de rétroaction avec la société, qui aménage, gère et organise le territoire, tandis que le territoire rétroagit sur la société ».

Ainsi, le territoire n'est plus « un espace approprié, il est agi » par les relations entre les acteurs qui le composent (Moine, 2005)[33].

Selon Hospers (2004), le territoire révèle 4 dimensions (voir schéma ci-dessous)[34] :

Figure 1. Dimensions du Territoire

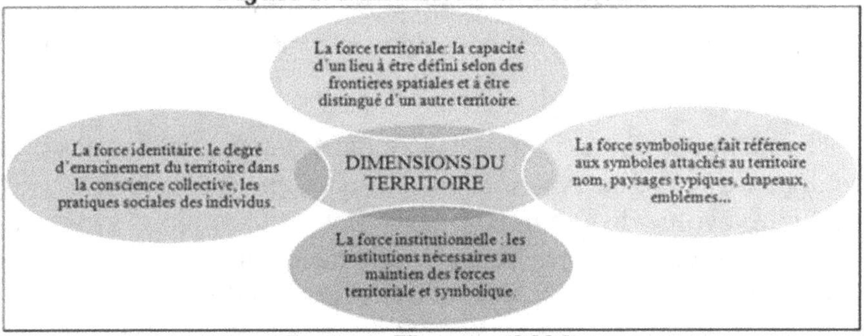

Source : Hospers (2004)

Source : Les 4 dimensions du territoire (Hospers 2004)

---

[32] Pecqueur Bernard (2000), « Le développement local », Paris, Editions La Découverte & Syros, 2000, p. 132

[33] Alexandre Moine (2005), « Le territoire comme un système complexe. Des outils pour l'aménagement et la géographie ». Théma UMR 6049 CNRS- Université de Franche- Comté. 2005

[34] Hospers G (2004), « Place marketing in Europe, the branding of the Oresund region », intereconomics, 39, n°5, septembre-octobre, 271-279

Situé à la frontière entre géographie, économie, politique et société, le territoire ne possède pas une définition unique et commune.

On peut penser que le territoire ne se définit pas par son échelle, mais par son mode d'organisation et par la manière selon laquelle les acteurs constitutifs des territoires s'y coordonnent. « Le territoire est avant tout un construit d'acteurs en vue de résoudre un problème productif ». Ce processus de fabrication des territoires par les acteurs qui s'y identifient, à une échelle définie non par une instance administrative, mais par un projet porté par des acteurs, s'impose comme réalité solide qui remplace de plus en plus les régulations étatiques pour « gouverner » la mutation des espaces.

Fabrice Hatem, en s'interrogeant sur l'existence d'une réelle compétition entre sites pour l'accueil des projets d'investissements mobiles, affirme que l'on définit désormais les territoires comme « acteurs de la compétition pour l'accueil des investissements mobiles », alors que a priori cette compétition n'opposerait pas les territoires à proprement parler, mais plutôt « les gouvernements locaux censés prendre en charge leurs intérêts économiques supposés »[35].

Finalement, un territoire s'insère dans un système où des éléments endogènes et d'autres exogènes sont en interrelations. Chaque territoire évolue différemment des autres en fonction des éléments qui composent ce système. Il est donc nécessaire de comprendre ses composantes et la notion d'attractivité territoriale.

1.1.3. Le « développement territorial »

Selon Baudelle G. et autres, « le développement territorial est un processus volontariste cherchant à accroitre la compétitivité des territoires en impliquant les acteurs dans le cadre d'actions concertées, généralement transversales et souvent à forte dimension spatiale »[36].

---

[35] Fabrice Hatem (2004), « Investissement international et politique d'attractivité », Paris, Economica, www.eyrolles.com

[36] Baudelle G., Guy C., Mérenne-Schoumaker B., (2011) « Le développement territorial en Europe. Concepts, enjeux et débat », coll. Didact Géographie, éd. Presses Universitaires de Rennes, p 281

La notion du « développement territorial » concerne avant tout des aires géographiques de taille plutôt restreinte. Elle renvoie à de multiples acceptions possibles du « développement » et relève de diverses définitions possibles du « territoire ». Elle a connu un approfondissement et un glissement vers d'autres appellations tels le « développement local »[37], le « développement régional ».

Le « développement territorial » repose sur « L'aménagement du territoire » et les dynamiques territoriales

L'aménagement du territoire est une action géographique au sens fort du terme, c'est-à-dire qu'il contribue à modifier la géographie d'un certain territoire en agissant sur une ou plusieurs de ses composantes : réseaux de communication, développement urbain ou localisations industrielles. Ainsi, toute action géographique est une action d'aménagement.

Selon Roger B. (1993) « l'aménagement du territoire désigne à la fois l'action d'une collectivité sur son territoire et le résultat de cette action »[38]. C'est l'action et la pratique de disposer avec ordre, à travers l'espace d'un pays et dans une vision prospective, les hommes et leurs activités, les équipements et les moyens de communication qu'ils peuvent utiliser en prenant en compte les contraintes naturelles, humaines et économiques, voire stratégiques.

L'aménagement du territoire « se propose de substituer un nouvel ordre à l'ancien, de créer une meilleure disposition, une meilleure répartition dans l'espace de ce qui constitue les éléments de fonctionnement d'une société meilleure par rapport aux buts, c'est-à-dire non seulement à des fins économiques, mais davantage encore pour le bien-être et l'épanouissement de la population, termes vagues, mais qui définissent néanmoins clairement la finalité sociale, humaine de l'aménagement du territoire »[39].

---

[37] Pecquer B., (1989), « Le développement local », Paris : Syros, coll. Alternatives, p 140

[38]Roget B. et autres (1993), « Les mots de la géographie : dictionnaire critique », Montpellier, RECLUS, p.9

[39] Pierre Merlin et Françoise Choay (2015). «Aménagement du territoire », dictionnaire de l'urbanisme et de l'aménagement, Paris, PUF, 2015

Selon Françoise Choay, « L'urbanisme n'est-il pas à la fois théorie et pratique, solidaire du projet de société dans son institution imaginaire comme dans ses institutions réelles, tributaire de savoirs multiples, scientifiques ou non, de savoir-faire, traditionnels ou novateurs, de coutumes et d'habitudes »[40].

« L'aménagement est une discipline de l'espace, ou des espaces, car on peut disposer avec ordre à l'échelle du territoire, voire de la planète, comme celle de la plus petite unité physique. L'aménagement est donc inséparable de l'histoire, du patrimoine comme de la prospective. L'aménageur ne peut être inculte, il doit être imaginatif » précise Pierre Merlin[41].

Quant aux « dynamiques territoriales », elles peuvent être analysées à différents niveaux notamment par l'aménagement de l'espace et la valorisation du territoire par des politiques et des mesures adéquates émanant des acteurs de la promotion du territoire notamment l'Etat, les collectivités locales et les ONG.

Dans son livre sur « Le projet local », Alberto Magnaghi réarticule la question locale par rapport à la problématique du développement durable, en associant étroitement la théorie et l'expérience concrète et en utilisant les concepts de patrimoine territorial et d'auto-développement local durable. Selon l'auteur, le développement économique conventionnel, basé sur le seul indicateur de la croissance du PIB est de plus en plus contesté. Il est déterritorialisé. Alberto Magnaghi déconstruit ce processus de déterritorialisation qui organise l'uniformalisation des modes de vie et l'interdépendance économique généralisée. C'est un processus générateur de « nouvelles pauvretés ». Le développement local est ensuite revisité comme alternative au processus de déterritorialisation. L'implication citoyenne –notamment ces plus pauvres qu'il redéfinit-, en est la clé de voûte. La reprise en mains de leur espace de vie par les habitants en constitue le projet politique. L'enjeu consiste à remplacer « les contraintes exogènes par des règles d'auto-gouvernement concertées et fondées sur l'intérêt commun ». C'est ce qu'il appelle la « soutenabilité politique ». Ces « soutenabilités » sont pour lui les conditions nécessaires à une

---

[40] Idem
[41] Idem

transformation de styles de vie, de consommation et de production » (soutenabilité économique). La « valorisation du patrimoine et la sauvegarde de l'environnement par les acteurs locaux constituent la (soutenabilité environnementale) », ce qui garantit le renouvellement « des caractéristiques territoriales (soutenabilité territoriale) ».

Selon l'auteur, ce « projet local » n'est cependant pas du localisme. C'est au contraire une mondialisation qui se fonde sur des « solidarités inter-locales », des liaisons souples et non hiérarchiques entre des styles de vie soutenables ici et ailleurs. C'est une « globalisation par le bas » qui garantira « le respect des besoins des acteurs les plus faibles » (soutenabilité sociale)[42].

De son côté, Hadjou Lamara présente les deux piliers de la construction territoriale : coordination des acteurs et ressources territoriales. Selon l'auteur, le postulat de base qui sous-tend les différentes conceptions du territoire le considère comme une construction sociale issue d'une combinaison de coordination d'acteurs, se réunissant pour résoudre un problème productif et de ressources qui s'activent pour une dynamique renouvelée du territoire. « Cette dernière se caractérise par la mobilisation d'acteurs qui suivent une logique de coopération et de coordination de leurs actions. La logique de coopération peut se concrétiser à travers la mise en place de systèmes de gouvernance diversifiés, différents du mode de régulation traditionnel qu'est le marché ». De plus, le territoire repose sur la révélation de ressources latentes, de préférence spécifiques, non transférables, identifiées et activées par la mobilisation d'acteurs. Par ailleurs, du fait de la mobilisation des ressources locales, ces innovations sont également susceptibles d'avoir des impacts sur la construction territoriale[43].

---

[42] L'auteur découvre l'épaisseur sémantique de l'aménagement du territoire à travers ses dimensions politique, anthropologique, écologique…en même temps qu'une vision concrète de l'utopie. Magnaghi Alberto (2003), « Le projet local », Editions Mardaga, Liège, 2003 », WordPress.com

[43]Lamara Hadjou (2009), « Les deux piliers de la construction territoriale : coordination des acteurs et ressources territoriales », Revue Développement durable et territoires. Economie, géographie, politique, droit, sociologie. Editeur : Réseau « Développement durable et territoires. Scholar.google.fr

1.2. L' « attractivité territoriale » : Définition et fondements théoriques

1.2.1. Définition de l' « attractivité territoriale »

La question de l' « attractivité territoriale » a suscité depuis quelques années un intérêt croissant, aussi bien dans le monde des chercheurs en économie qu'au sein des agences de développement territoriales.

Seulement, les académiciens et les universitaires se sont lancés dans les travaux théoriques alors que les agences de développement territoriales dans des travaux pratiques sans aucun lien entre les deux catégories. D'où une fracture dans la littérature existante, opposant, d'une part des travaux théoriques universitaires sans applications pratiques directes, et d'autre part, des travaux et des pratiques empiriques sans fondements théoriques[44].

Partant d'un tel constat, une véritable approche opérationnelle de l'attractivité territoriale doit trouver ses fondements dans la coopération entre les travaux théoriques et pratiques et doit reposer aussi bien sur les recherches académiques que sur les expériences pratiques des agences de développement territoriales.

Selon Fabrice Hatem (2005), « la matière brute de départ est la suivante :

-Un ensemble de travaux académiques, allant de la théorie pure à des études économétriques et visant à identifier scientifiquement les critères et les processus de localisation des firmes ainsi que les mécanismes permettant d'expliquer la plus ou moins grande capacité d'un territoire donné à attirer leurs activités.

-Les publications à caractère statistique, élaborées par des organismes publics (banques centrales, instituts statistiques) et permettant de mesurer les flux d'investissement…

---

[44] Fabrice Hatem (2005), « Attractivité du territoire : théorie et pratique, aller et retour », paru dans l'ouvrage du SESSI sur la mondialisation des groupes français, novembre 2005, www.fabricehatem.fr

-Les publications des consultants privés portant souvent sur les outils de marketing territorial et sur l'évaluation concrète de l'attractivité d'un territoire...

-Les pratiques des agences de promotion territoriale, donnant ou non lieu à des publications, et s'organisent autour des métiers suivants : la construction d'image, la recherche de projets, les services aux investisseurs, l'after-care et le conseil aux autorités politiques »[45].

Par ailleurs, la notion d'attractivité n'apparaît pas au premier abord comme centrale chez les géographes. Les principaux dictionnaires n'en donnent pas de définition. On lui préfère la notion d'attraction.

Le concept d'attractivité du territoire indique généralement la capacité de celui-ci à attirer et à retenir les entreprises tant nationales qu'étrangères et à conserver les investissements qui sont déjà présents et implantés sur le territoire. C'est le fait de pouvoir offrir aux investisseurs porteurs de projets des conditions d'implantation plus intéressantes que celles des territoires concurrents grâce à la mobilisation des ressources propres au territoire. Dans ce sens, l'attractivité territoriale est le reflet de la performance d'un territoire au cours d'une période donnée.

La notion d'attractivité du territoire apparaît de plus en plus souvent dans les prises de position des élus locaux et de leurs services de développement pour expliciter et justifier des choix d'investissement d'une ville ou d'une agglomération.

Par ailleurs, il est nécessaire de signaler que depuis une quinzaine d'années, la mondialisation a fait augmenter l'usage du terme d'attractivité. Il désigne les nouvelles manières de penser l'économie internationale, les flux d'activités et de capitaux et les investissements. Lorsque ce terme est transposé aux dynamiques territoriales, de nombreux auteurs et institutions ont précisé sa signification :

Catherine Sourd (2012) précise que : « Pour se développer, les territoires ont plusieurs cordes à leur arc : accueillir usines et bureaux,

---

[45] Fabrice Hatem (2005), « Attractivité du territoire : théorie et pratique, aller et retour », paru dans l'ouvrage du SESSI sur la mondialisation des groupes français, novembre 2005, www.fabricehatem.fr

mais aussi miser sur la venue de touristes, de retraités ou de salariés travaillant ailleurs »[46].

Selon F.Hatem, (2004), l'attractivité du territoire est « la capacité pour un territoire d'offrir aux acteurs des conditions qui les convainquent de localiser leurs projets sur leur territoire plutôt que sur un autre »[47].

L'Organisation de Coopération et de Développement Economique (l'OCDE, 2005), définit l'attractivité d'un territoire comme « la capacité d'attirer de la main d'œuvre qualifiée et des compétences comme des moyens pour favoriser le développement économique, la régénération urbaine »[48].

Selon l'Institut National de la Statistique et des Etudes Economiques (INSEE), l'attractivité économique est « la capacité d'un territoire à attirer des ressources spécifiques provenant de l'extérieur ».

D'après Vincent Gollain (2016), « l'attractivité d'un territoire peut se définir comme sa capacité, pour une période donnée, à attirer diverses activités économiques et facteurs de production mobiles (entreprises, événements professionnels, entrepreneurs, capitaux, etc. »[49].

Hypergeo, D. Pumain définit l'attractivité comme « une mesure de la force d'attraction d'un lieu, en général d'après la somme des flux attirés par ce lieu »[50].

---

[46] Catherine Sourd (2012), « L'attractivité économique des territoires », DR Midi-Pyrénées, pôle Etudes économiques régionales, INSEE Première, N° 1416, paru le 03/10/2012, www.insee.fr

[47]Fabrice Hatem (2004), « Attractivité : de quoi parons-nous ? », www.fabricehatem.fr

[48] Patrizia Ingallina (2007) « L'attractivité des territoires : regards croisés », Actes des séminaires, Février-juillet 2007, www.urbanisme-puca.gouv.fr

[49]Vincent Gollain (2016), « Le marketing territorial et l'attractivité des territoires, mars 2016, fr.slideshare.net

[50]Jean-Charles Edouard (2019), « L'attrait des petites villes, une chance pour redynamiser leur centralité ? », 16 mai 2019, journals.openedition.org

Par contre, B. Mulkay définit l'attractivité d'un territoire par « sa capacité à conserver ou à attirer des activités nouvelles et des emplois »[51]. De même, pour E. Olszak (2010), « l'attractivité est un concept pertinent pour mesurer la capacité d'un territoire à attirer l'implantation de nouveaux établissements, les capitaux ou la main-d'œuvre hautement qualifiée »[52]. Cette approche reflète la vision démographique et économique que les auteurs ont de la notion d'attractivité, mais laisse de côté les aspects qualitatifs liés aux facteurs d'attractivité des territoires.

Christophe Storai (2003), définit l'attractivité territoriale comme « la capacité d'un territoire (national ou régional) à attirer les investissements étrangers et locaux[53]. Cette définition met essentiellement le point sur le territoire attractif en tant que territoire capable à promouvoir l'investissement local et à drainer des investissements directs étrangers de manière durable.

Coeuré B. et Rabaud I. (2003) définissent l'attractivité comme « la capacité d'un pays à attirer et retenir les entreprises »[54].

Ces premières définitions s'orientent vers le fait d'attirer plus de l'extérieur du territoire alors que l'attractivité territoriale est aussi définie comme la capacité à maintenir les ressources financières, technologiques ou humaines (capital humain) de ce dernier.

Laurent Davezies (2003 et 2008) rappelle que la richesse des territoires ne provient pas uniquement du secteur de la production, mais aussi des dépenses, c'est-à-dire des impôts locaux, des retraites, des revenus liés à la consommation comme au tourisme. Autrement dit, un territoire attractif doit savoir d'abord garder les siens, car il est plus important de capter la richesse que de la créer.

---

[51] Eric Olszak (2010), « Développement durable et attractivité des territoires dans l'Union Européenne, opposition ou convergence ? in Géographie, Economie, Société 2010/3 (Vol.12)
[52] Idem
[53] Storai, C (2003), « Attractivité territoriale et stratégies de localisation des firmes : le territoire corse peut-il devenir un nouvel eden ? ISDM, https://isdm.univ-tln.fr
[54] Coeuré B. et Rabaud I., (2003), « Attractivité de la France : analyse, perception et mesure », Economie et Statistique, n° 363-364-365

Certains auteurs abordent la question de l'attractivité en insistant sur la dimension humaine dans le développement de ce concept.

Ainsi, Charzat (2001), dans son rapport sur l'attractivité de la France a mentionné l'importance de la qualité des hommes, des femmes, de vie et de la formation professionnelle comme fondement de l'attractivité.

De même, selon Mouriaux (2004), « l'attractivité d'un territoire est la capacité à y attirer et y retenir les activités à contenu élevé en travail très qualifié »[55]. Il considère que le concept d'attractivité est adapté pour évaluer la situation d'une économie dans un monde caractérisé par une mobilité élevée des biens, des hommes et des capitaux.

Ainsi, toute politique visant à accroître l'attractivité d'un territoire ne doit plus se limiter à encourager l'affluence de capitaux et des entreprises (l'économie résidentielle), mais elle doit cibler en parallèle et avec le même degré d'intérêt, l'attraction des revenus des populations non permanentes comme les touristes et les étudiants (l'économie présentielle). Cette nouvelle approche de l'attractivité considère qu'il s'agit d'un phénomène multidimensionnel[56].

Dans cette orientation, deux stratégies peuvent être élaborées :

-Dans un premier temps, une démarche offensive est mise en place afin d'attirer de nouvelles activités. C'est ce qu'on appelle une attractivité exogène[57].

-Dans un second temps, pour retenir les activités existantes, une démarche défensive est élaborée. On comprend alors que le territoire doit compter sur ses propres forces et doit ainsi faire l'objet de ce qu'on appelle une attractivité de développement endogène.

---

[55] Mouriaux F (2004), « Le concept d'attractivité en Union monétaire », Bulletin de la Banque de France, N° 123, pp. 29-44

[56]Abdelaziz Khalfaoui et Siham Lamari (2015), « L'attractivité des régions marocaines : Atouts et faiblesses dans le cadre du plan de régionalisation avancée », Revue Organisation et Territoire n°1, 2015

[57]L'enquête nationale réalisée par KPMG/CNER en juillet 2002 met en évidence un nouveau facteur de localisation dans l'implantation d'entreprises montrant qu'il est possible d'aborder la question dans une double perspective endogène et exogène.

1.2.2. Les fondements théoriques de l' « attractivité territoriale »

Le concept d' « attractivité territoriale » trouve ses fondements dans deux cadres principaux d'analyse théorique de l'attractivité : la nouvelle économie géographique et l'économie industrielle.

1.2.2.1. La nouvelle économie géographique (NEG)

Tout en reconnaissant à l'école géographique allemande la paternité des concepts fondateurs, l'expression « nouvelle économie géographique » est née du terme anglais « *New Economic Geography* » et a été par la suite utilisée par des économistes et chercheurs français et trouve ses fondements dans la théorie de localisation.

Certes, la nouvelle économie géographique permet d'étudier et d'analyser les choix de localisation des activités dans une économie globalisée et de connaître les mécanismes d'agglomération des activités économiques. Autrement dit, il s'agit d'analyser la croissance des territoires basée sur la capacité de ceux-ci à augmenter leur production de biens et services.

En 1977, la théorie de localisation a été renouvelée par Johanson, puis par Krugman au début des années quatre-vingts. Elle se base sur la perspective que les choix d'implantation résultent de deux catégories de forces antagonistes :

-Les forces d'agglomération, qui encouragent les entreprises à se concentrer géographiquement pour bénéficier d'économies d'échelle et externes. Parmi celles-ci, l'existence d'une zone qui présente des avantages pour les entreprises notamment au niveau des coûts et du pouvoir d'achat élevé (effet débouché : débouchés objectifs ou anticipés). Ne dit-on pas que l'agglomération nourrit l'agglomération. Pour Krugman, « la localisation des activités n'est que partiellement dépendante de la dotation initiale en facteurs de production. Elle est également conditionnée par des effets d'agglomération »[58].

---

[58] Catin M. (2000), « Régions centrales et périphériques : externalités et économie géographique », Revue Région et Développement, n° 11

-Les forces de dispersion, qui favorisent la dissémination des activités compte tenu des contraintes de disponibilité des ressources naturelles et de la fixité de certains facteurs de production. A titre d'exemple : si les coûts de transport entre deux régions sont élevés, cela encouragera les entreprises notamment les petites unités, les entreprises de service et de distribution ainsi que les fournisseurs à s'installer dans cette région.

L'intérêt de l'école de la nouvelle géographie économique, c'est qu'elle prend en compte la dissociation croissante entre ce qui a trait à la compétitivité des territoires et ce qui concerne et la compétitivité des entreprises. Elle permet donc à la fois de mieux comprendre le rôle des facteurs hors prix dans la compétitivité d'une nation et de rendre compte des situations où un ou plusieurs secteurs d'activités répartis auparavant entre plusieurs économies se concentrent dans une seule.

1.2.2.2. L'économie industrielle (EI)

L'économie industrielle apporte un éclairage complémentaire sur les choix de localisation des entreprises et sur leurs modes d'organisation. Selon les théoriciens de l'économie industrielle, les ressorts de la compétitivité d'une entreprise ne sont pas liés uniquement aux caractéristiques de son territoire d'élection, mais dépendent aussi des choix stratégiques spécifiques. Ainsi, l'attractivité dépend de l'évaluation de la compétitivité technologique et de l'analyse des liaisons interindustrielles. En outre, l'économie industrielle permet d'avancer certaines prédictions sur les formes d'agglomération qui peuvent être intersectorielles (clusters), ou intra-sectorielles.

Le rapprochement des cadres d'analyse de la nouvelle géographie économique et de l'économie industrielle conduit à remarquer qu'il y'a trois dimensions principales à considérer : le territoire, l'entreprise et les hommes. Le facteur humain notamment la présence d'une main d'œuvre hautement qualifiée paraît jouer un rôle particulièrement structurant dans l'une et l'autre approche.

1.2.3. Les différentes approches de l' « attractivité territoriale »

Fabrice Hatem (2004) a défini l'attractivité territoriale comme étant « la capacité d'un territoire donné à attirer une quantité importante d'activités productives »[59]. Il distingue trois approches complémentaires de l'attractivité : l'approche macro-économique, l'approche méso-économique et l'approche micro-économique.

Trois approches de l'attractivité

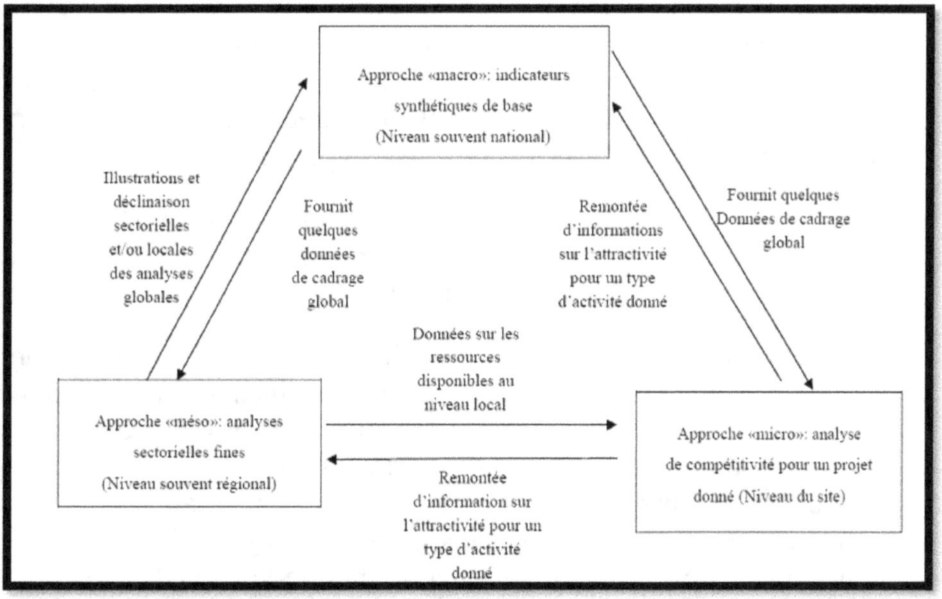

Source : F. Hatem (2007)

Par ailleurs, on peut distinguer d'autres approches complémentaires de l'attractivité territoriale pour en déduire en conclusion un certain nombre de conséquences pratiques sur la nature des politiques d'attractivité susceptibles d'être mises en œuvre.

---

[59] Fabrice Hatem (2004), « Attractivité du territoire : théorie et pratique, aller-retour », www.fabricehatem.fr

1.2.3.1. L'approche « macro-économique »

L'approche macro-économique consiste à comparer les territoires en fonction des principaux facteurs de localisation retenus par les entreprises en prenant en considération les critères globaux : disponibilité, qualité et coût des facteurs, caractéristiques générales de l'environnement d'affaire, marchés, infrastructures. Ces comparaisons peuvent concerner des régions, des villes…et sont dans la majeure partie des cas mises en œuvre au niveau national. Elles permettent, entre autres, l'élaboration d'un diagnostic d'ensemble sur l'attractivité du territoire et s'appuient sur la constitution d'une base de données comparatives dont le contenu (variables prises en compte, pays concernés par les comparaisons) est très directement issu de ce que nous savons des critères de localisation des projets.

Cette approche présente cependant l'inconvénient de ne pas pondérer les critères en fonction de l'importance que leur accorde l'entreprise dans le processus de choix.

Sur le plan théorique, cette approche peut être considérée comme une descendante de la théorie du commerce international. IL s'agit désormais d'expliquer, non plus seulement les conditions de spécialisation des territoires dans certaines productions à dotations données en facteurs fixes, et donc une certaine configuration de leur commerce international, mais plus en amont, les déterminants de la localisation d'un facteur de production mobile-le capital-. Autrement dit, on cherche ici à identifier les déterminants globaux de l'attractivité d'un territoire et donc sa capacité à attirer une part des investissements plus importante que d'autres territoires. C'est ce passage d'une problématique de spécialisation « à facteurs fixes » vers une problématique d'accueil d'un facteur mobile (le capital productif) qui légitime ici l'apparition de la notion d'attractivité territoriale, en complément de celle de compétitivité.

On voit cependant combien les deux notions d'attractivité territoriale et de compétitivité territoriale sont étroitement liées. Certes, par l'accueil des facteurs de production, on peut considérer que l'attractivité territoriale constitue en fait l'une des étapes de la dynamique de construction de la compétitivité territoriale.

1.2.3.2. L'approche « méso-économique »

Ce courant d'analyse dont le fondement théorique remonte jusqu'aux travaux d'Alfred Marshall n'est pas focalisé sur la question des investissements étrangers, ni même sur celle de la localisation du capital productif considéré comme un capital mobile, mais plutôt sur l'analyse des dynamiques locales permettant l'émergence endogène d'un pôle de production et de compétitivité. Dans cette approche, on cherche à comprendre pourquoi une catégorie spécifique d'activités sera davantage attirée par une région ou une zone particulière.

Ce cadre d'analyse peut cependant être élargi à la prise en compte des comportements de localisation du capital productif.

Ainsi, l'approche méso-économique vise à mettre en évidence les atouts d'un territoire pour une activité donnée, afin d'attirer les investisseurs susceptibles à se localiser sur ce territoire (entreprises spécialisées, centres de recherche et de formation, infrastructures dédiées, offre immobilière, ressources humaines, réseaux de coopération…). Ces analyses concernent en général le niveau local (région, agglomération urbaine..) ou national. Elles permettent notamment de définir les priorités de prospection en fonction des atouts du territoire, de rédiger des argumentaires sectoriels ciblés, d'orienter la politique locale de développement de manière à atténuer certaines des faiblesses mises en lumière par l'analyse[60].

1.2.3.3. L'approche « micro-économique »

Contrairement aux approches issues de la théorie économique (économie spatiale ou économie internationale), l'approche micro-économique par « l'offre territoriale complexe » conduit à définir l'attractivité comme la capacité à répondre à un grand nombre de projets individuels d'investissement par un « bouquet » d'offre de facteurs répondant de manière compétitive aux spécifications exigées par les entreprises. Elle s'intéresse à la manière dont le processus de décision de l'entreprise se déroule dans le cadre d'un projet donné. Elle consiste à évaluer d'une manière précise et réaliste les conditions

---

[60]Fabrice Hatem (2004), « Attractivité : de quoi parlons-nous ? », www.fabricehatem.fr

concrètes de fonctionnement et de rentabilité d'un projet d'investissement sur un territoire donné et de comparer le niveau des rentabilités escomptées selon la localisation choisie. Cette approche se base sur l'utilisation des techniques issues de l'analyse financière permettant de prendre en compte les incertitudes liées aux différents facteurs susceptibles d'influer sur le niveau des coûts et des recettes.

Elle peut s'appuyer sur l'utilisation couplée de "business plans" et de scénarios prospectifs, visant à reconstituer la logique du choix de l'investisseur entre plusieurs sites concurrents pour un projet donné.

Cependant, cette approche présente l'inconvénient symétrique de ne pas permettre de fonder un diagnostic général sur l'attractivité territoriale. Seulement, cette problématique peut être surmontée par un classement des différents territoires en fonction de la rentabilité moyenne des projets.

Selon Fabrice Hatem, les trois approches de l'attractivité doivent être utilisées de manière complémentaire pour évaluer l'attractivité territoriale.

-L'approche « macro » offre un cadrage global. Elle s'intéresse au classement des territoires par rapport aux critères globaux de localisation privilégiés par les entreprises,

-L'approche « micro » fournit des informations parcellaires, mais précises sur la compétitivité du territoire pour chaque type de projet. Elle définit l'attractivité comme la capacité à proposer, en réponse à chaque projet mobile, une "offre territoriale complexe" (site, main d'œuvre, infrastructures, etc.) suffisamment compétitive pour pousser l'investisseur à localiser son projet sur le territoire considéré.

-L'approche « méso » fournit des éléments d'analyses spécifiques à un secteur ou à une région. Elle s'intéresse aux effets de compétitivité sectorielle liée à la concentration sur une zone géographique donnée d'activités complémentaires ou similaires (cluster, district industriels).

1.2.3.4. L'approche en termes d'image

L'approche en termes d'image explique comment un territoire donné peut accroître son activité en cultivant et donc en créant un effet d'image dans l'esprit de l'investisseur, un peu comme l'existence d'une « image de marque » peut stimuler la vente d'un produit[61]. Bien entendu, cette approche est très fortement liée à l'approche « méso » précédemment décrite, puisque ces effets d'image peuvent difficilement prendre forme en l'absence d'une réalité industrielle et technologique.

Cependant, une telle approche est liée à la « communication territoriale » qui s'est développée au cours des années récentes de manière très autonome par rapport aux études économiques stricto sensu. Dans l'esprit des consultants en communication territoriale, l'existence de pôles de compétence ne constitue qu'une base utile, mais pas totalement indispensable à la mise en place d'un discours marketing visant à créer autour du territoire une image positive sur sa capacité à attirer un type d'activités particulier.

1.2.3.5. L'approche par les processus de décision

Au niveau de cette approche, la localisation d'un projet dépend directement de la prise de décision de l'investisseur. On peut donc considérer qu'il s'agit d'une variante de l'approche « micro ». Seulement, elle en diffère fondamentalement dans la mesure où c'est la logique de choix de l'investisseur qui est placée au centre de l'analyse, plutôt que les caractéristiques comparées des territoires en compétition.

En conclusion, nous pouvons affirmer que ces différentes approches de l'attractivité ont des conséquences en matière de politiques publiques notamment les politiques de développement territoriales. Cependant, la notion même d'attractivité dépendra plus des politiques de développement endogène que sur les politiques de promotion du territoire. Les investissements dépendront plus des conditions générales favorables au développement économique.

---

[61] C'est ainsi qu'en France par exemple, l'Alsace cultive l'image de la « Bio-valley » rhénane l'associant au Bade-Wurtemberg et au Nord-est de la Suisse, l'Aquitaine celle de son « Chempark » du côté de Larc, Rhône-Alpes celle de la « Plastic Valley » dans la région d'Oyonnax, etc.

2. La promotion territoriale, levier de l'attractivité économique et d'insertion dans l'économie mondiale

L'attractivité d'un territoire peut être identifiée par sa capacité à attirer les investissements. Or, l'attraction des IDE dépend de la capacité d'un territoire à remplir efficacement un certain nombre de conditions, d'où la nécessité de connaitre les conditions de l'attractivité territoriale ainsi que les composantes et les indicateurs de mesure de cette attractivité.

2.1. Les conditions de l'attractivité territoriale

Dans son ouvrage intitulé « *la déduction des nations ou comment attirer les investisseurs* », Michalet C.A. (1999) met en exergue les pré-conditions de l'attractivité et les conditions nécessaires à l'attractivité[62]. L'auteur montre que les pré-conditions et les conditions nécessaires à l'attractivité territoriale sont indispensables et doivent toutes exister pour qu'un territoire puisse exister sur la liste des pays attractifs des investissements étrangers.

2.1.1. Les pré-conditions de l'attractivité

Michalet (1999) précise que trois facteurs sont indispensables pour qu'un territoire puisse répondre aux pré-conditions de l'attractivité et être ainsi inscrit dans la grande liste des pays attractifs des IDE à savoir, la stabilité politique, la stabilité économique et l'existence d'un Etat de droit. Il ajoute que ces trois pré-conditions de l'attractivité sont interdépendantes[63].

-La stabilité politique

Elle constitue la condition préalable de l'attractivité territoriale et de l'implantation des investissements étrangers sur un territoire donné. D'ailleurs, pour un investisseur, même si le territoire offre plusieurs critères d'attraction notamment en ce qui concerne la rentabilité du

---

[62] Michalet C.A. (1999), « La séduction des nations ou comment attirer les investisseurs », Paris, Economica 1999

[63] Idem

projet, l'instabilité politique du pays d'accueil peut entrainer l'annulation de ce pays de la liste des pays attractifs.

-La stabilité économique

L'évaluation du cadre macroéconomique du pays d'accueil constitue un des facteurs clés de l'attraction des investissements étrangers. Certes, plusieurs variables économiques constituent des indices d'évaluation pour tout investisseur porteur d'un projet d'investissement notamment l'équilibre de la balance des paiements, le taux d'inflation, le taux d'endettement extérieur, la stabilité du taux de change et le climat des affaires. Concernant le climat des affaires, plusieurs facteurs entrent en jeu telle la transparence, les procédures administratives (liberté des transferts des capitaux et délais exigés à la mise en place d'une entreprise), les incitations fiscales, le système judiciaire, la protection des investisseurs et la non-discrimination, le cadre de vie des expatriés (scolarisation, santé, logement, loisirs, niveau de vie) ainsi que l'ouverture économique sur les pays étrangers.

-L'Etat de droit

Pour un investisseur, l'existence d'un Etat de droit est un facteur extrêmement important lors du choix de localisation.

2.1.2. Les conditions nécessaires de l'attractivité

Michalet C.A. (1999) a avancé quatre conditions nécessaires de l'attractivité des IDE qui permettent à un territoire d'exister sur la liste des investisseurs étrangers, après que les pré-conditions de l'attractivité soient remplies[64].

-La taille du marché et son taux de croissance

La délocalisation des FMN et l'attraction des investissements étrangers sont étroitement liées à la taille du marché et à son taux de croissance ainsi qu'à l'existence dans le pays d'accueil à la fois d'une demande potentielle forte et des coûts compétitifs. Autrement dit, l'attractivité des investissements est liée à l'existence de fournisseurs locaux ayant la capacité de répondre favorablement et efficacement

---

[64] Michalet C.A. (1999), op.cit.

aux besoins d'une FMN et de respecter nécessairement les normes de la compétitivité internationale.

-Le système de communication efficace et l'existence d'une infrastructure adéquate

La délocalisation d'une FMN vers un territoire donné et l'existence de liens permanents entre l'entreprise mère et les filiales à l'étranger exigent la disposition d'un réseau de télécommunication efficace et l'existence d'une infrastructure forte (transports aériens, routiers et maritimes).

-La qualification des ressources humaines

La qualification des ressources humaines et la disponibilité d'une offre de travail avec un haut niveau de formation constituent un facteur d'attractivité des investissements. Certes, les investisseurs étrangers ont besoin d'un personnel ayant des compétences linguistiques, informatiques et technologiques.

-L'existence d'un secteur industriel compétitif et performant

Les FMN exigent l'existence dans le pays d'accueil d'un secteur industriel compétitif et performant qui leur permet de trouver des fournisseurs locaux compétitifs. Ainsi, ces multinationales peuvent être considérées comme un catalyseur de formation et d'amélioration des pôles de compétitivité.

Ainsi, nous pouvons nous demander sur quelle base peut-on dire qu'un territoire est plus attractif qu'un autre ? Quels sont les déterminants de l'attractivité territoriale ? Peut-on disposer de données fiables pour la mesure des opérations réalisées ?

Comme nous l'avons signalé, avec la mondialisation, la multiplication des échanges, l'intensification des mouvements de capitaux et le développement des nouvelles techniques de communication et d'information, les anciens déterminants des IDE (disponibilité des matières premières, coût bas de la main d'œuvre, proximité géographique) sont moins pris en considération par rapport aux nouveaux déterminants notamment la taille du marché, la législation en vigueur (fiscalité, tarifs douaniers, quotas à l'importation..), la technologie et le degré du progrès technique, l'économie sans risques, la stabilité politique, la qualification de la main d'œuvre et les infrastructures logistiques d'où la nécessité d'une gouvernance logistique territoriale dans le pays d'accueil.

De ce fait, les déterminants des IDE se situent au carrefour des stratégies des FMN et des pays d'accueil et à l'intersection de leurs centres d'intérêt. Ils constituent d'une part la plateforme sur laquelle reposent les stratégies des FMN dans leur choix des pays d'accueil et d'autre part les éléments de base sur lesquels les pays d'accueil agissent lors de la mise en place des politiques d'attractivité. Certes, les IDE permettent aux FMN et aux pays hôtes la création des pôles de compétitivité, l'accroissement des échanges, le transfert de technologie. Quant aux pays d'accueil, les IDE peuvent contribuer au développement économique et social local par l'importation de la technologie et du savoir-faire, l'augmentation de la productivité, la lutte contre le chômage et la formation de la main d'œuvre…

2.2. Les composantes et les indicateurs de mesure de l'attractivité territoriale : Les critères de classement des territoires

L'attractivité d'un territoire peut être identifiée par sa capacité à attirer les investissements. Considérés comme élément moteur de la multinationalisation et comme un des aspects les plus visibles de la mondialisation, les IDE peuvent prendre plusieurs formes :

-La création d'une entreprise ou d'un établissement à l'étranger. Il s'agit de l'IDE de création.

-L'acquisition d'au moins 10% du capital social d'une entreprise étrangère déjà existante. Les fusions-acquisitions appartiennent à cette forme des IDE.

-Le réinvestissement des bénéfices par une filiale située à l'étranger. Il s'agit de l'IDE d'extension.

-Les opérations entre la maison mère d'une firme multinationale et ses filiales (souscription à une augmentation du capital, prêts…).

Il s'agit donc de mener une analyse sur les composantes et les indicateurs de mesure de la performance territoriale[65].

Cependant, certains indicateurs de « performance » ne fournissent pas d'informations sur les atouts et faiblesses du territoire (disponibilité et coût des ressources, qualité de l'environnement des affaires...)[66].

De ce fait, l'attractivité territoriale peut être mesurée au moyen d'indicateurs classiques (situation géographique, accessibilité...), mais aussi au moyen d'indicateurs plus pertinents (formations, qualifications, environnement, capital humain, nombre de projets qui s'implantent effectivement sur le territoire ...).

De plus, pour augmenter l'attractivité d'un territoire donné, il est important de prendre en compte les moyens matériels, mais aussi les moyens immatériels. Dans cette optique, les marques à indication géographique et les stratégies de labellisation des produits locaux constituent un facteur clé de succès.

De ce fait, chaque territoire doit désormais déployer des efforts pour que « sa valeur perçue soit durablement supérieure à celle des territoires concurrents »[67].

Il existe diverses approches pour classer les territoires selon le degré d'attractivité :

2.2.1. Les enquêtes d'opinions

Il s'agit des enquêtes d'opinion effectuées auprès des investisseurs notamment les investisseurs étrangers et les firmes multinationales en leur demandant de classer les critères de choix de localisation des différents territoires d'accueil selon le taux de croissance réalisé, le nombre d'emploi crée, la part des IDE, les secteurs attractifs...

---

[65] Hervé Alexandre, François Cusin & Claire Juillard (2010), « L'attractivité résidentielle des agglomérations françaises », www.researchgate.net

[66] Fabrice Hatem (2004), « Attractivité : de quoi parlons-nous » ? www.fabricehatem.fr

[67]Thébault Marc (2011), « Peau d'âme, le marketing territorial révélé », www.marketing-territorial.org

2.2.2. Les approches économétriques

L'intérêt des approches économétriques est qu'elles permettent d'expliquer l'attractivité comparée des différents territoires et de dégager les variables jugées significatives de l'attraction des IDE.

Généralement, ces approches prennent comme variable à expliquer les IDE et comme variables explicatives les différents facteurs ou critères de localisation notamment des indicateurs macroéconomiques.

2.2.3. Les indicateurs élaborés par les institutions internationales

2.2.3.1. Les critères de classement selon la CNUCED

La CNUCED publie chaque année un classement des pays en fonction de leur attractivité, classement qui est présenté sous forme d'une matrice, elle-même obtenue en croisant deux indicateurs :

-L'indicateur de performance en termes d'investissement entrant (IPIE)

Cet indicateur reflète la mesure dans laquelle un pays reçoit des IDE comparativement à sa taille économique. Si par exemple un pays représente 5% du PIB mondial, alors qu'il reçoit 5% de l'investissement mondial, l'indice IPIE est égal à 100. S'il reçoit plus de 5% de l'IDE mondial, l'indice sera supérieur à 100.

-L'indicateur de potentiel d'attractivité en termes d'investissement entrant (IPAIE)

Il reflète plusieurs facteurs censés mesurer l'attractivité d'un pays pour les IDE étrangers. La CNUCED a sélectionné 12 indicateurs statistiques : le PIB par habitant, le taux de croissance du PIB/habitant des 10 années précédentes, la part des exportations dans le PIB, le nombre des lignes téléphoniques fixes par millier d'habitant, ainsi que le nombre de téléphones mobiles, la consommation d'énergie du secteur privé par habitant, la part des dépenses en R&D publique et privée du pays dans son PIB, le pourcentage d'étudiants de troisième cycle dans la population, un indicateur du risque pays, la part de marché du pays dans les exportations mondiales de matières premières, la part de marché du pays dans les importations mondiales de parties et composants d'automobiles et de produits électriques, la part de marché du pays dans les exportations mondiales de services, la part du pays dans le stock mondial d'IDE entrants.

L'indicateur de potentiel est une moyenne simple (non pondérée) des valeurs, préalablement normalisées de 0 à 1, de ces 12 indicateurs. Plus cet indicateur tend vers 1 et plus le pays est considéré comme attractif pour les IDE et donc pour les entreprises multinationales. Plus il tend vers 0 et moins le pays est considéré comme attractif.

La CNUCED propose un autre indice, l'indice des entrées d'IDE qui prend en compte le poids économique relatif du pays récepteur, en indiquant sa capacité à attirer les investissements en fonction de ce poids. Cet indice composite est une moyenne non pondérée de trois indices mettant en relation la part relative d'un pays dans les flux mondiaux d'IDE et sa part relative dans le produit mondial, l'emploi et les exportations.

2.2.3.2. Les critères de classement selon la Banque Mondiale

Le classement de la Banque Mondiale repose sur 10 critères en prenant en considération la facilité qu'ont les entreprises pour faire des affaires de façon générale : création de l'entreprise, octroi de permis de construire, raccordement à l'électricité, transfert de propriété, obtention de prêts, protection des investisseurs, paiements des impôts, commerce transfrontalier, exécution des contrats, règlement de l'insolvabilité.

2.2.3.3. Les critères de classement selon les autres institutions internationales : Les baromètres d'attractivité

D'autres institutions réalisent des baromètres d'attractivité en se basant sur la collecte d'un très grand nombre d'indicateurs qui permettent de réaliser un étalonnage concurrentiel (benchmarking) entre les différents territoires.

De même, certains organismes ont pris en considération des indicateurs comparatifs de synthèse sur d'autres thèmes que la compétitivité : Indicateur du développement humain de l'ONU, indice de liberté économique de l'Heritage Foundation, indice d'ouverture économique de AT Kearney, indicateurs de l'innovation de la commission européenne, etc.

Afin d'avoir les informations de base sur le territoire, ces organismes s'appuient sur des méthodes spécifiques (les enquêtes, les entretiens, l'utilisation de bases de données spécialisées sur les laboratoires de recherche ou les entreprises…). De plus, partant de l'idée que « l'évolution du contexte économique invite les territoires à choisir un positionnement et à l'adapter en fonction des facteurs de localisation des activités », certains auteurs proposent une démarche dite « d'offre territoriale différenciée » reposant sur un diagnostic général sur le territoire, ses caractéristiques, ses potentialités, ses forces et ses faiblesses en termes d'attractivité, ses principaux concurrents…[68].

3. Les enjeux de l'attractivité territoriale

Historiquement, plusieurs travaux de recherche relatifs aux différentes approches du territoire ont connu une progression chronologique : les réflexions de Marx et Engels sur le rôle de la ville comme lieu de production des biens et des rapports sociaux capitalistes (Lefebvre, 1973), les travaux des chercheurs italiens sur la « construction sociale du marché » et les systèmes socioéconomiques locaux (Bagnasco et Triglia, 1988/93 ; Becattini, 1992), les recherches plus récentes sur les processus territorialisés d'innovation et l'efficacité économique de la proximité (Amin et Cohendet, 2004, Boschma, 2005 ; Rallet et Torre, 2007)[69].

Cependant, une telle progression ne permettrait pas de saisir les enjeux qui traversent la notion de territoire et par là celle de l'attractivité territoriale. Or, ces dernières décennies, l'attractivité territoriale peut connaître des limites liées aux difficultés de donner une définition précise de la notion d'attractivité et au caractère relatif de ce concept du fait qu'il recouvre plusieurs approches (quantitatives et qualitatives). De plus, ce concept est devenu ces dernières décennies un thème central des politiques locales par la mise en

---

[68] L'application « d'appui au diagnostic et à la construction d'une offre territoriale différenciée » développées par la Datar et Ernst and Young (2002). Fabrice Hatem, « Attractivité : de quoi parlons-nous ? », www.fabricehatem.fr

[69] René Kahn (2010), « La dimension culturelle du développement territorial », Revue d'Economie Régionale & Urbaine, 04/10/2010

concurrence des territoires et la concurrence interterritoriale d'où l'enjeu de l'attractivité.

3.1. Les difficultés de trouver une définition précise au concept d' « attractivité » : un modèle trivial

Il est très difficile de trouver une définition simple et unique de l'attractivité. Selon Fabrice Hatem (2004), « l'attractivité est la capacité pour un territoire d'offrir aux investisseurs des conditions d'accueil suffisamment intéressantes pour les inciter à y localiser leurs projets de préférence à un autre territoire »[70]. Ceci nécessite l'existence de caractéristiques à priori favorables à l'accueil des investissements étrangers, une hiérarchisation de ces caractéristiques en fonction de leur importance relative. Cette hiérarchie dépend évidemment des critères de localisation retenus par les investisseurs (ces critères sont extrêmement hétérogènes, par leur champ géographique (niveau du pays ou du site), leur nature plus ou moins quantifiable, leur rôle exact dans le processus de décision) et de la nature du projet considéré.

Ainsi, Fabrice Hatem part d'un modèle trivial pour analyser la notion d'attractivité. Un tel modèle est basé sur des hypothèses implicites qui dessinent une vision de l'investissement international comme un marché, avec son offre, sa demande et ses formes de concurrence. L'offre est portée par les « territoires » qui proposent aux entreprises un certain nombre de sites de localisation potentiels pour leurs projets mobiles. La demande émane des investisseurs qui sont à la recherche de sites de localisation favorables pour la réalisation de leurs projets d'investissement. De ce fait, l'investisseur choisira, pour chaque projet, la localisation garantissant une meilleure rentabilité avec un minimum de coûts et de risques. La concurrence entre territoires ou entre sites en compétition est basée sur des critères liés à la qualité et au coût des ressources locales, à leur adaptation aux besoins spécifiques caractérisant chaque projet, à la proximité au marché, à la qualité de l'environnement des affaires, aux risques attachés aux différents territoires, etc.

---

[70] Fabrice Hatem (2004), « Attractivité : de quoi parlons-nous » ? www.fabricehatem.fr

Cependant, un tel modèle peut connaître des limites liées aux difficultés de donner une définition précise de la notion d'attractivité, les incertitudes entourant la notion de compétition entre territoires, la complexité des critères choisis pour l'attractivité et donc pour la localisation des projets. Chaque territoire, considéré indépendamment des autres, attirerait tout simplement la quantité d'investissements compatibles avec les perspectives de marché et de croissance qu'il offre aux investisseurs, ce qui relève en fait largement d'enjeux de développement endogènes.

D'ailleurs, selon Paul Krugman (1994), il n'y a pas de « compétition » entre nations, mais simplement des dynamiques endogènes de croissance différentes selon les pays.

De plus, cette compétition opposerait en fait, non les « territoires », mais les « gouvernements locaux » censés prendre en charge leurs intérêts économiques (Breenann et Buchanan, 1985).

L. Rieutort et V. Angeon (2007) ont affiné la réflexion sur l'attractivité territoriale en distinguant trois notions complémentaires[71]

- L'attraction, définie comme « la force qui tend à rapprocher les corps. Du point de vue spatial, cette notion exprime ou qualifie des rapports de lieux (rapports d'influence ou hiérarchiques, quelles que soient les formes qu'ils revêtent : concentration, diffusion à partir d'un centre et gravitation autour d'un centre) ».

- L'attirance, définie comme « ce qui est susceptible de retenir l'attention, ce qui séduit, ce qui a des chances de fixer. Sa traduction spatiale explicite à la fois ce qui est à l'origine de l'attraction (exercée par des pôles urbains ou ruraux) et le résultat de cette même attraction (renforcement des pôles, constitution de réseaux, organisation de l'espace en aires urbaines) ». On peut assimiler la notion d'attirance à celle d'attrait.

- L'attractivité qui, selon les auteurs, découle du pouvoir d'attraction et qui est définie comme « la capacité à drainer et à attirer

---

[71] Rieutort, L. et Angeon V. (2007). « L'attractivité territoriale en questions ». Scholar.google.com 2007

des hommes et des activités, des capitaux et des compétences, sur un territoire ». Nous ajouterons que l'attractivité découle aussi de l'attirance ou de l'attrait d'un lieu.

3.2. Le concept d'attractivité, notion absolue, mais revêt un caractère relatif

La notion d'attractivité du territoire ne constitue donc pas une notion « absolue », comme par exemple la productivité ou la croissance. Elle revêt au contraire un caractère relatif. Il n'existe pas pour un territoire une mesure unique de l'attractivité, mais autant de mesures différentes que de types de projets d'investissement.

De même, l'attractivité du territoire, ne peut se définir en elle-même, mais de manière relative par une comparaison systématique entre territoires concurrents. Exemple, l'investisseur peut opter pour le territoire qui présente la meilleure « offre de sites » : les coûts du terrain, les coûts salariaux, la qualité des infrastructures, disponibilités des matières premières, l'existence d'une bonne coopération entre les acteurs locaux susceptibles de participer au montage de l'offre territoriale et de dialoguer avec l'investisseur pour identifier clairement ses besoins et l'aider à la réalisation de son projet.

3.3. L'attractivité : une notion à plusieurs approches, une approche quantitative et une approche qualitative

Le projet Attractinnov a pour objet principal de réinterroger les leviers de l'attractivité en construisant des indicateurs de mesure et de suivis inédits en s'appuyant ainsi sur un état de l'art de la question.

L'attractivité recouvre deux approches : l'une, quantitative, qui traite la question sous l'angle de l'attraction et l'autre, qualitative, qui l'aborde sous l'angle de l'attrait du territoire.

L'intérêt d'une redéfinition qualitative de l'attractivité est d'aborder la dynamique des territoires sous un angle social et culturel, en tenant compte des représentations individuelles et collectives. Il ne s'agit pas d'abandonner les orientations quantitatives de la recherche sur l'attractivité, mais bien de les compléter par une approche qui tient compte de la qualité de vie afin d'aboutir à une vision d'ensemble de la notion d'attractivité[72].

Selon H. Alexandre et al., les trois notions (attraction, attrait et attractivité) sont complémentaires[73] : l'attraction est la « capacité à drainer des flux et à fixer durablement des populations et des ressources ». L'attrait est la « capacité à se rendre désirable, quelle qu'en soit la raison ». L'attractivité présente l'avantage de mêler l'approche quantitative par l'objet attiré représenté par la notion d'attraction, et l'approche qualitative par les caractéristiques du territoire que représentent les notions d'attrait ou d'attirance. Ces travaux ont démontré que la qualité de vie pouvait être un élément important dans le processus décisionnel de localisation. A titre d'exemple, concernant l'attractivité de la population, nous pouvons distinguer l'attractivité à but résidentiel, l'attractivité à but professionnel et l'attractivité liée à la consommation et aux usages d'équipements et de services (publics ou privé).

Ainsi, en renversant l'approche de la notion d'attractivité, et en l'abordant sous l'angle des caractéristiques des territoires, notre objectif est d'intégrer la dimension qualitative dans les politiques d'attractivité, en particulier la notion de qualité de vie. Ce point de vue devrait alors fournir aux acteurs locaux et régionaux des outils leur permettant de mettre en valeur les atouts de leurs territoires dans une logique de développement durable.

De son côté, René Kahn (2010) avance différentes approches (économique et culturelles) pour analyser le développement du territoire. Ainsi, le territoire n'est que la résultante d'un dialogue économie - culture[74].

---

[72] Milhan Chaze, UMR (2017) Territoires « L'attractivité territoriale : éléments de définition-PSDR », www.psdr.fr

[73]H. Alexandre et al. « L'attractivité territoriale : éléments de définition » haishs.archives-ouvertes.fr

[74] Les analyses économiques spatiales associées à des facteurs de différenciation historiques, géographiques, culturels et sociaux pour caractériser l'identité territoriale ont déjà été exprimées dès le début des années quatre-vingt et maintenues ensuite (Aydalot, 1980 ; Greffe, 1984 ; Lacour, 1985, 1992, 1997). René Kahn (2010), « La dimension culturelle du développement territorial », Revue d'Economie Régionale & Urbaine, 04/10/2010

3.4. La concurrence interterritoriale et l'enjeu de l'attractivité

Dans un contexte d'accroissement de la compétition interterritoriale émanant du phénomène de la mondialisation, de la transition des économies industrielles vers un système postindustriel fondé sur les services et l'économie de la connaissance qui reconfigure la géographie des systèmes de production entre pays développés et pays émergents, de l'évolution politique et idéologique, caractérisée par l'abandon du mode de pensée interventionniste au profit d'une logique libérale de retrait de l'Etat et enfin de la redistribution géographique de la population des pays occidentaux à travers la fin de l'exode rural et la périurbanisation, renforçant la fragmentation des territoires nationaux, le concept d'attractivité devient un thème central des politiques locales par la mise en concurrence des territoires. Certes, avec le déplacement des populations et la concentration des activités les plus productives dans les grandes agglomérations, la compétition interterritoriale devient de plus en plus intense[75].

Cependant, une question préalable s'impose : Y'a-t-il vraiment concurrence entre les territoires ?

Bien souvent, les processus de décision des entreprises ne font pas intervenir une compétition explicite entre sites concurrents. La localisation du projet ne constitue pas un critère de choix en lui-même. Elle ne donnerait pas lieu à une mise en concurrence des sites, mais serait liée à l'exploitation systématique des potentialités offertes par chaque territoire. Ainsi, l'entreprise sait d'emblée où ce projet sera situé, et la seule question concerne l'opportunité pour sa réalisation.

Une telle vision conduirait à nier l'existence d'une compétition entre territoires pour l'attraction des investissements. Chaque territoire, considéré indépendamment des autres, attirerait tout simplement la quantité d'investissements compatibles avec les perspectives de marché et de croissance qu'il offre aux investisseurs.

---

[75] Milhan Chaze, UMR (2017) Territoires « L'attractivité territoriale : éléments de définition-PSDR, www.psdr.fr

De ce fait, le discours sur l'attractivité ne serait alors qu'une « figure de style » consistant à poser en termes de « compétition » entre territoires des problématiques qui relèvent en fait largement d'enjeux de développements endogènes.

Conclusion

Dans un contexte d'internationalisation des échanges et de globalisation des marchés, la mobilisation de l'Investissement Direct Etranger (IDE) et l'amélioration de l'attractivité territoriale constituent les éléments clés de la stratégie de développement des pays notamment les pays en développement et l'un des moyens de leur intégration dans l'économie mondiale. Les pays d'accueil des IDE sont devenus des promoteurs de la mondialisation de la production par la promotion du territoire en créant un climat d'investissement favorable et répondre ainsi aux exigences des investisseurs.

C'est ainsi que tout au long de ce premier chapitre à caractère théorique, nous avons analysé d'abord les cadres théoriques du développement régional et de l'attractivité territoriale, cerné le lien existant entre les deux concepts et comment les territoires se livrent à une concurrence acharnée sur le marché de localisation des activités économiques pour attirer les investissements tant nationaux qu'étrangers. Chaque territoire développe un ensemble d'instruments et de politique pour assurer une meilleure attractivité des capitaux. Un territoire compétitif et attractif est un territoire qui génère des ressources pour en attirer d'autres, c'est-à-dire aussi bien les investissements que les ressources humaines capables de produire, de déclencher, d'initier et de porter des projets d'investissement.

Cependant le concept d'attractivité territoriale peut connaître plusieurs enjeux liées d'abord aux difficultés de donner une définition précise de la notion d'attractivité et au caractère relatif de ce concept (approches quantitatives et qualitatives) et au fait que ce concept a fait l'objet ces dernières décennies d'un grand débat entre les économistes du fait qu'il constitue un thème central des politiques locales par la mise en concurrence des territoires et la concurrence interterritoriale d'où l'enjeu de l'attractivité.

Chapitre II

La politique d'attractivité des Investissements Directs Etrangers et dynamique territoriale

Chapitre II

La politique d'attractivité des Investissements Directs Etrangers et dynamique territoriale

« *L'attractivité est la capacité pour un territoire d'offrir aux investisseurs des conditions d'accueil suffisamment intéressantes pour les inciter à y localiser leurs projets de préférence à un autre territoire* » Fabrice Hatem (2004)

Avec la mondialisation des économies, l'attractivité des territoires est devenue une des grandes préoccupations des Etats et l'un des objectifs majeurs de toute stratégie de développement. Aussi bien les pays développés que ceux en développement mettent en place des organismes de promotion des investissements extérieurs et appliquent des politiques d'attraction de ces investissements.

Certes, dans le contexte actuel de la globalisation, l'attractivité est une question complexe. Les firmes cherchent à délocaliser leurs activités et leurs investissements vers les territoires les plus attractifs, d'où la concurrence entre les territoires afin d'attirer les investissements Directs Etrangers (IDE).

A l'instar des pays en développement, le Maroc a accordé au lendemain de son indépendance politique une grande importance à l'amélioration de l'attraction des IDE et des efforts conséquents ont été réalisés ces dernières années pour la promotion de ces IDE[76]. Ainsi, de profondes réformes ont été entamées et plusieurs mesures d'incitation et d'encouragement ont été adoptées afin de promouvoir l'attractivité de son territoire, faciliter l'implantation des firmes et

[76] -Ouazzani Chahdi Aicha (2016), « Attractivité des IDE au Maroc et dynamique du territoire : Quels enjeux ? « Colloque national organisé par le Groupe de Recherche en Economie Appliquée (GRECAP) du Laboratoire d'Etudes Economiques et Sociales (LERES) à la FSJES Meknès le jeudi 21 Avril 2016 sous le thème « Attractivité, gouvernance et développement ».

d'assurer un environnement attractif propice tant aux investisseurs locaux qu'aux investisseurs étrangers.

C'est dans un tel contexte que les pouvoirs publics ont accordé une importance majeure au développement régional à travers des stratégies de promotion territoriale et des plans nationaux de développement économiques et sociaux afin d'attirer et d'encourager l'implantation des IDE. Certes, le développement régional met en avant le rôle de la région dans la réalisation du développement territorial endogène et équilibré et dans l'encouragement des IDE qui présentent un élément clé dans le cycle du développement du pays.

Certes, le Maroc dispose d'un potentiel d'investissement non négligeable et a adopté des politiques et stratégies de promotion territoriale qui se sont traduites par l'implantation de plusieurs IDE.

Cependant, même si le Maroc dispose d'un important potentiel d'investissement qui constitue les atouts du Maroc en matière d'attractivité des IDE, des entraves affectent encore le pays notamment la complexité de l'environnement administratif, la faiblesse des infrastructures, la mauvaise exploitation des ressources humaines et naturelles, l'accès difficile au financement et l'insuffisance liée à l'innovation.

De ce fait, la question qui nous interpelle au niveau de ce chapitre est la suivante :

Quel est l'impact de la politique d'attractivité des IDE au Maroc sur la dynamique territoriale ?

Nous essayerons d'analyser successivement les fondements conceptuels et théorique de l'IDE, l'évolution des IDE au Maroc, les atouts du pays en matière d'attractivité, la politique d'attractivité et la dynamique territoriale, les réformes et les stratégies utilisées ainsi que les entraves au développement des IDE.

1. Les fondements conceptuels et théoriques de l'Investissement Direct Etranger (IDE)

1.1. Définition du concept « Investissement Direct Etranger »

Selon l'OCDE, l'Investissement Direct International (IDE) est l'un des principaux moteurs de la mondialisation. Ainsi, l'OCDE (2008) définit l'IDE comme, « un type d'investissement transnational effectué par le résident d'une économie (l'investisseur direct) afin d'établir un intérêt durable dans une entreprise (l'entreprise d'investissement direct) qui est résidente d'une autre économie que celle de l'investisseur direct. L'investisseur est motivé par la volonté d'établir, avec l'entreprise, une relation stratégique durable afin d'exercer une influence significative sur sa gestion »[77].

Selon Yves Crozet (2001), « l'IDE se définit comme toute opération se traduisant par une création d'entreprise à l'étranger ou une prise de participation dans des firmes étrangères[78] ».

De son côté, l'Office des Changes donne la définition suivante : « Par investissements étrangers au Maroc, il faut entendre, au sens de la présente instruction, les opérations donnant lieu à la constitution par les personnes morales étrangères, les personnes physiques de nationalité étrangère résidentes ou non-résidentes et les personnes physiques de nationalité marocaine résidant à l'étranger, d'un avoir financier ou réel au Maroc ».

Ces investissements bénéficient, lorsqu'ils sont financés en devises, d'un régime de convertibilité qui garantit aux investisseurs concernés, l'entière liberté pour le transfert des revenus produits par ces investissements et le transfert du produit de liquidation ou de cession de leurs investissements.

L'Office des Changes ajoute que l'investissement étranger au Maroc peut revêtir les formes suivantes : création de sociétés, prise de participation et souscription à l'augmentation de capital d'une société,

[77] OCDE (2008), « Définition de référence de l'OCDE des investissements directs internationaux », https://www.ocde.org

[78] Crozet, Y, Abdelmaki L et autres (2001), « Les grandes questions de l'économie internationale » 2ème édition, Paris, Nathan, 2001, www.eyrolles.com

création d'une succursale ou d'un bureau de représentation ou de liaison, acquisition d'instruments financiers, apport en compte courant d'associés en numéraire ou en créances commerciales, octroi de prêts apparentés, acquisition de biens immeubles ou de droits de jouissance rattachés à ces biens, réalisation de travaux de construction et/ou d'aménagement de biens immeubles, dépôts à terme auprès d'une banque[79].

De ces multiples définitions, on peut entendre par politique d'attraction des investissements étrangers, toute action cherchant à attirer sur le territoire national ces investissements et qui sont censés créer des emplois, générer de nouvelles explorations, transférer dans le pays des règles de gestion modernes et des technologies novatrices.

1.2. Investissements Directs Etrangers et théories économiques

Plusieurs théories économiques se sont intéressées à la contribution de l'innovation à la dynamique industrielle sur les pays d'accueil et donc sur les retombées des IDE sur ces pays[80].

L'abondante littérature qui traite des flux, causes et effets des IDE suggère que les théories concernées peuvent se répartir en trois écoles : Ecole de la dépendance, école de la modernisation et école de l'intégration.

1.2.1. Ecole de la dépendance

L'école de la dépendance s'est concentrée sur les conséquences de l'investissement Direct Etranger dans les pays en voie de développement. Florissante entre les années 1960 et 1980, les théories de la dépendance considèrent que l'exploitation des pays en développement par les pays industrialisés est la cause première du sous-développement et cherchent à réaliser une répartition plus égale de la richesse, du revenu et du pouvoir par une action autonome et collective des pays en voie de développement.

---

[79] Office des Changes (2022), « Réalisation de l'investissement étranger au Maroc », Article 155, Actualités 20 juin 2022

[80] Saskia Wilhelms (1998), « L'investissement direct étranger et ses éléments déterminants dans les économies naissantes », Agence des Etats Unis pour le développement international, Juillet 1998, pp9-10.

L'école de la dépendance regroupe deux grandes théories : les théories de la dépendance ou néo marxiste (Gunder Frank, Samir Amin, Pierre Samala) et celles de la structure avec Celso Furtado, F. H. Cardozo, A. Cordoba, A. Quijano, O. Sunkel.

-La théorie de la dépendance ou néo marxiste affirme que les pays en voie de développement sont exploités par le moyen du commerce international qui mène à la détérioration des termes de l'échange (un échange inégal dans le langage marxiste). Les firmes multinationales (FMN) rapatrient les profits réalisés dans les pays en développement dans leurs pays d'origine. L'investissement étranger est perçu comme un instrument de domination impérialiste.

-La théorie de la structure voit à travers la délocalisation un moyen d'exploitation des firmes multinationales de la main-d'œuvre à bon marché et des matières premières au plus faible coût de la périphérie. Les théoriciens de cette école de pensée estiment que les nations périphériques retirent peu d'avantages du capital étranger et que sa présence crée de forts liens de dépendance et détruit les économies traditionnelles. De plus, les investissements des firmes sont limités au secteur de l'exportation.

Pour l'école de la dépendance, l'investissement étranger apporte plus d'inconvénients que d'avantages et ne fait que renforcer le sous-développement. Selon les théoriciens de cette école, la solution réside dans la fermeture des économies en développement au commerce international.

Cependant, il est largement reconnu aujourd'hui que l'investissement étranger privé est indispensable à la croissance et au développement économique. Les théories de la dépendance ne sont donc plus une doctrine d'Etat.

1.2.2. Ecole de modernisation

L'école de la modernisation s'est développée avant l'école de la dépendance et elle garde encore beaucoup d'influence jusqu'à ce jour.

Les théoriciens de cette école préconisent que les pays en voie de développement doivent suivre un ordre naturel pour réussir leur développement notamment en passant par les mêmes étapes de développement que les pays développés. Par le moyen de l'industrialisation, la libéralisation et l'ouverture de l'économie, ils doivent surmonter les barrières endogènes pour suivre un développement exogène.

L'école de la modernisation considère l'IDE comme une condition préalable et un catalyseur pour une croissance et un développement durable. Il faut donc que les pays en développement élaborent des stratégies réformistes telles la privatisation (Europe de l'Est) ou la politique d'ajustement structurel (cas de l'Afrique et de l'Amérique Latine).

L'école de la modernisation se base sur deux théories : la théorie du marché parfait et la théorie du marché imparfait.

-La théorie du marché parfait trouve ses fondements dans les théories du libre-échange et repose sur les analyses d'équilibre général,
sur la concurrence parfaite entre les acteurs économiques dans un marché libre. Elle s'oppose à toute rigidité structurelle d'une économie qui entrave la société de profiter pleinement des IDE. Ainsi les firmes multinationales transfèrent leurs investissements des pays où le capital est abondant, donc moins bien rémunéré, vers les pays où il est rare,

-La théorie du marché imparfait regroupe la théorie de l'organisation industrielle, la théorie de la firme, la théorie de l'internalisation, de la localisation et de la mondialisation.

*La théorie de l'organisation industrielle repose sur l'opinion selon laquelle l'IDE prend place habituellement dans les oligopoles. Grâce à ces imperfections du marché, les firmes peuvent plus efficacement se diversifier ou s'intégrer verticalement ou horizontalement au lieu de se faire la concurrence. Selon la théorie de l'organisation industrielle, les firmes choisissent d'investir en un lieu à cause de son avantage comparatif.

*La théorie de la firme examine les éléments qui influent sur le choix que fait une firme des instruments d'investissement à l'étranger, depuis la vente d'un brevet ou d'une marque déposée jusqu'à un IDE à 100 % dans une filiale.

*La théorie de l'internalisation affirme que les firmes maintiennent les opérations au niveau interne par une filiale à 100 % parce qu'elles veulent contrôler les risques et garder le contrôle et conserver une part du marché. En d'autres termes, les décisions relatives à l'IDE sont déterminées par le marché.

*La théorie de la localisation : Les firmes décident d'investir à l'étranger en vue de s'assurer de la proximité des ressources (matières premières, main-d'œuvre) et des marchés. La globalisation réelle se définit comme l'interconnexion des marchés de facteurs et de produits à travers les échanges et l'investissement direct étranger. Ce processus de globalisation entraîne la substitution de l'internalisation par l'intégration des marchés. Or, l'investissement direct étranger est le principal support de cette intégration. Il existe une corrélation positive entre le développement de la globalisation et l'évolution des flux d'IDE.

*La théorie de la modernisation : Selon cette théorie, l'IDE est une condition nécessaire et un catalyseur pour une croissance et un développement économique durable. Il est entièrement avantageux pour un pays de recevoir et d'attirer des flux d'IDE. Ces derniers sont avantageux pour les pays d'origine et pour les pays d'accueil (avoir accès au capital, aux technologies et au marché mondial, lutter contre le chômage et générer des revenus). La décision d'investir à l'étranger n'est pas une contrainte comme le font croire les néo-marxistes, mais un choix motivé par la maximisation du profit qui est l'essence même du capitalisme. D'ailleurs, aucune théorie de l'école de la modernisation ne parle des inconvénients des flux d'IDE. Seulement, pour que l'IDE puisse jouer un rôle important, les économies réceptrices doivent être libérées des interventions étatiques mal coordonnées.

1.2.3. Ecole de l'intégration

Analysant la problématique du développement du lendemain de la seconde guerre mondiale, les théories de l'intégration prennent en considération la multiplicité des variables hétérogènes qui entrent dans le processus de l'IDE : les variables macro, méso et micro-économiques qui déterminent l'IDE. Il existe une corrélation positive entre le développement de la globalisation et l'évolution des flux d'IDE"[81]. L'école de l'intégration (J.Dunning de Koopman et Montias) cherche à analyser l'IDE du point de vue des pays hôtes ainsi que celui des investisseurs. Elle regroupe trois grandes théories : le paradigme OLI (propriété, localisation, internalisation)[82].

Ce qui distingue la théorie de l'intégration de l'IDE des théories précédentes est qu'elle accorde plus d'importance au niveau méso, l'espace dans lequel les variables macro et micro se rencontrent et les secteurs privé et public sont en interaction. C'est dans cette arène que les politiques publiques sont définies et exécutées pour la réalisation des IDE.

Parmi les trois grandes écoles présentées, seule l'école de la dépendance rejette l'importance de l'IDE pour les pays d'accueil. Elle considère que l'IDE renforce la dépendance et le sous-développement et n'apporte aucun apport incitatif à la croissance économique du pays hôte. Par contre, les deux autres écoles voient à travers l'IDE un élément positif, voire un catalyseur pour la croissance et le développement.

2. Politique d'attractivité des IDE et dynamique territoriale

Par politique d'attractivité des IDE, on entend toute action cherchant à attirer sur le territoire national des investissements pouvant contribuer à la croissance économique par le transfert des technologies et du savoir-faire, par la création de l'emploi et par l'installation de nouvelles règles de gestion.

De ce fait, face aux expériences internationales réussies en matière d'attraction des IDE, à la concurrence acharnée entre les pays et les exigences des firmes multinationales, le Maroc a placé la promotion de son attractivité territoriale au cœur de ses préoccupations et s'est lancé depuis le début des années 1990 vers une série de réformes tant

[81] Yves Crozet (1997), « Les grandes questions de l'économie internationale », Nathan, 1997, p138.
[82]Louis Muchielli (1991), « De nouvelles formes de multinationalisations », Problèmes économiques, juillet 1991, pp 25-32

internes qu'externes constituant des atouts en matière d'attractivité. Il s'est trouvé dans l'obligation de mettre en place une stratégie volontariste pour assurer une politique d'attractivité des IDE en dynamisant le territoire.

Cependant, si la taille et le dynamisme du marché intérieur constituent des conditions de base dans le choix des FMN, ces dernières deviennent de plus en plus exigeantes et prennent en considération d'autres facteurs notamment l'évolution des structures macro-économiques et l'environnement des affaires, la stabilité politique, le degré d'intégration dans l'économie mondiale, la qualité des ressources humaines, le niveau de développement des infrastructures et des télécommunications et l'efficacité du système financier[83].

2.1. Evolution des IDE au Maroc

Depuis l'indépendance, le Maroc a montré sa volonté d'attirer les investissements et les capitaux étrangers. Ceci s'est affirmé dans les différentes lois relatives à l'investissement. En effet, les ressources naturelles dont dispose le pays additionnées à de nombreux avantages comparatifs, tels que la proximité de l'Europe, l'infrastructure, la disponibilité de la main d'œuvre, la francophonie et les avantages fiscaux sont des déterminants favorables.

Ainsi, l'attractivité des IDE ne cesse de se confirmer comme le prouve le flux continu des implantations étrangères au Maroc. Outre les domaines d'intervention traditionnels des investisseurs étrangers, à savoir le tourisme, le textile et l'industrie, les IDE ont touché de nouveaux champs tels que l'équipement des voitures et la fabrication des pièces destinées à l'industrie aéronautique. De même, le Maroc est devenu une destination privilégiée pour la délocalisation des activités de service à l'échelle méditerranéenne (l'industrie automobile, l'industrie informatique…).

---

[83] Adil HIDANE et autres « Diagnostic de l'attractivité du Maroc pour les Investissements Directs Etrangers ». Ministère des Finances et de la Privatisation. Direction de la Politique Economique Générale. Document de travail n° 82 Novembre 2002.

L'analyse des flux des IDE au Maroc fait ressortir que ses différentes entrées connaissent des fluctuations au fil du temps et ceci quel que soit le secteur d'investissement. C'est ainsi que les IDE au Maroc ont d'abord connu un essor important dû en grande partie au démarrage en 1993 du processus de privatisation et à la conversion de la dette extérieure en investissement. Cependant, à partir de 1996, l'évolution des IDE connait une certaine irrégularité[84].

Certes, après une décennie de croissance ininterrompue, l'évolution des IDE au Maroc fut marquée depuis 2007 par une tendance générale stationnaire.

En 2009, les flux d'IDE ont connu une diminution (1,331milliards de dollars, soit une baisse de 40% en comparaison avec 2008 selon le rapport de la CNUCED, ce qui a classé le Maroc à la 12ème position au niveau du continent africain). Cette diminution est due essentiellement aux répercussions de la crise financière internationale.

En 2013, au moment où la reprise des IDE tarde à se confirmer à l'échelle mondiale, les IDE au Maroc enregistrent des résultats satisfaisants.

Après une chute de 33% entre 2015 et 2016, le flux net d'Investissement Direct Etranger (IDE) au Maroc connait une forte croissance en 2018 atteignant son plus haut niveau des dix dernières années soit 34,17 Mds MAD (+34,2% par rapport à 2017). Cette forte croissance intervient pour la seconde année de suite.

Par ailleurs, il est à signaler que, sur la période 2014-2018, la France demeure de loin le premier investisseur en stock et se positionne à la 1ère place des pays investisseurs au Maroc, représentant en moyenne 21,28% des flux nets d'investissement entrants, devant les Émirats Arabes Unis (13,17%), l'Irlande (9,33%), les États-Unis (8,4%) et l'Arabie Saoudite (7,26%).

---

[84] Belhaj Ismail « Facteurs d'attractivité des IDE : Cas du Maroc », thèse de doctorat soutenue à la Faculté Des Sciences Juridiques, Economiques et Sociales de l'Université Sidi Mohamed Ben Abdellah, Fès le 24/02/2018, toubkal.imist.ma

Selon la Banque de France, le stock d'IDE français au Maroc s'élevait à 10,2 Mds EUR à fin 2017, représentant ainsi 62,8% du stock total des IDE français en Afrique du nord et 19% du stock total des IDE vers l'ensemble du continent africain. L'Office des changes calcule que le stock d'IDE français compte pour 35,1% du stock total d'IDE au Maroc en 2017.

Seulement, la France, traditionnellement au premier rang, prend en 2018 la seconde place du classement des pays investisseurs au Maroc[85].

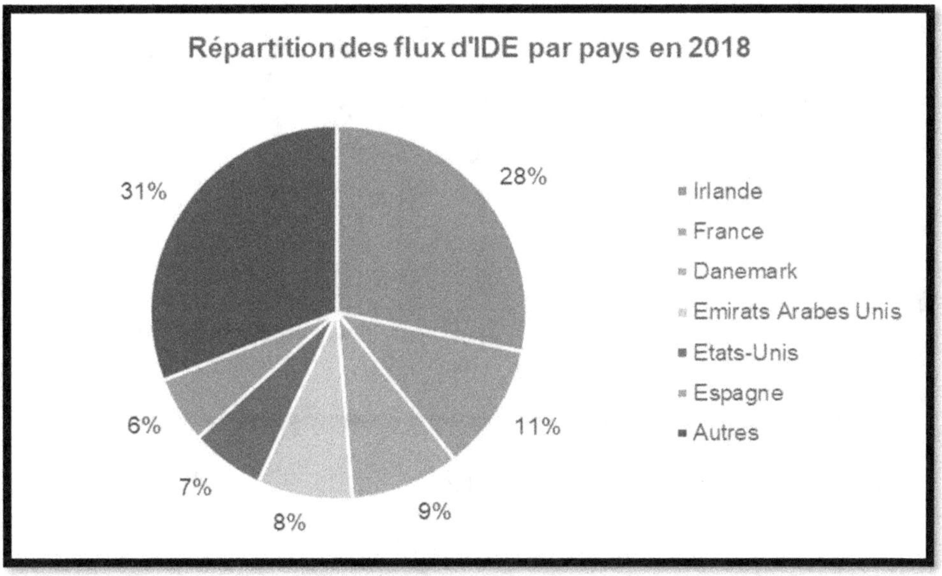

Source : Office des Changes 2018

La répartition des flux d'IDE par pays en 2018 a révélé que les principaux investisseurs au Maroc étaient : l'Irlande avec 9,7 Mds MAD, en hausse de 179,4% par rapport à 2017, la France avec 3,8 Mds MAD, en baisse de 31,3% par rapport à 2017, le Danemark avec 3,2 Mds MAD, en hausse de 2747,3% par rapport à 2017.

---

85 D G Trésor « Les investissements directs étrangers au Maroc et la position bilatérale en 2018 », article publié le 27 juin 2019, www.tresor.economie.gouv.fr

Cette répartition par pays en 2018 diffère de la tendance structurelle constatée ces 5 dernières années, en partie à cause d'opérations d'ampleur mais ponctuelles qui permettent à l'Irlande de prendre la première place et le Danemark la troisième.

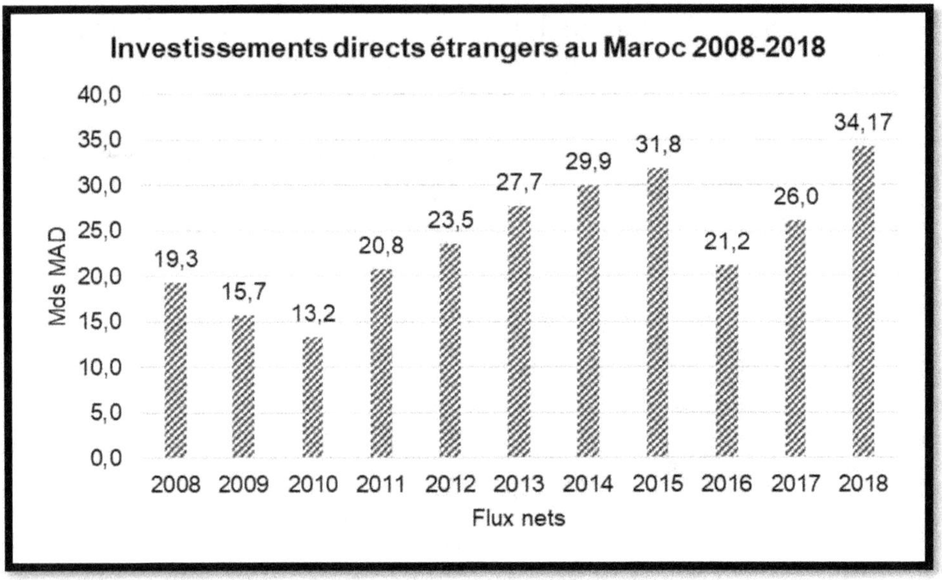

Source : Office des Changes 2018

En 2018, la croissance des IDE au Maroc est notamment due aux investissements dans le secteur financier (9,7 Mds MAD). Une opération explique cette performance, à savoir le rachat de Saham Assurances par le Sud-Africain Sanlam pour 1,05 Md USD (10 Mds MAD). Cette transaction est passée par la filiale irlandaise dédiée à la gestion d'actifs du groupe sud-africain.

Les investissements dans les secteurs industriels et dans le commerce se maintiennent, alors que l'immobilier enregistre en 2018 une nette baisse des investissements à 5,4 Mds MAD, contre une moyenne de 9,6 Mds MAD sur les 4 dernières années. Malgré cette baisse, l'immobilier reste en 2018 le premier secteur bénéficiaire des investissements français au Maroc suivi par l'industrie, le commerce, la Banque, les grands travaux, les assurances, le transport, holding, autres services et divers. A noter par ailleurs le dynamisme des investissements dans le secteur de l'énergie, qui atteignent 3,9 Mds MAD en 2018, contre une moyenne de 1,2 Md MAD sur la période 2014-2017.

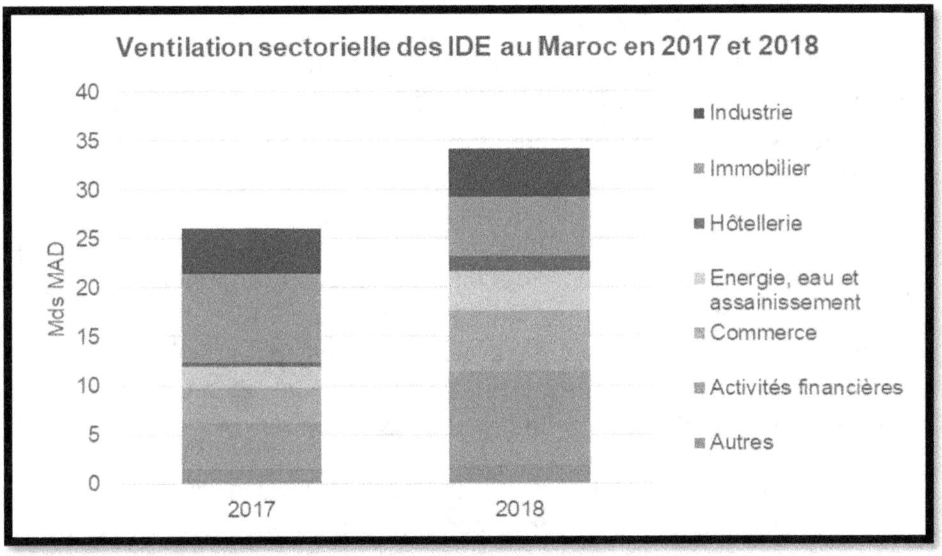

Source : Office des Changes 2018

Entre 2019 et 2020, le flux d'investissements vers le Maroc est resté largement inchangé, résistant aux tendances mondiales négatives en 2020 selon les éditions précédentes du même rapport, alors que « le Royaume détient un portefeuille d'IDE diversifié, avec la présence « établie » de multinationales dans des secteurs tels que la fabrication et l'exploitation minière ».

Les IDE au Maroc ont fortement baissé au premier trimestre 2021, du fait d'une tendance mondiale négative, due à la crise sanitaire, selon le dernier rapport de la Conférence des Nations Unies sur le commerce et le développement (CNUCED) (Annexe 1).

A fin décembre 2021, le rapport de l'Office des Changes révèle que le flux net des Investissements Directs Étrangers (IDE) a enregistré une hausse de 20,5% à plus de 20,17 milliards de dirhams (MMDH) contre 16,74 MMDH une année auparavant[86] alors que le flux net d'investissements étrangers a pris une trajectoire négative dans la plupart des pays, au cours du premier trimestre 2021, en raison de la crise sanitaire de la Covid-19[87].

Cette évolution est attribuable à une hausse des recettes de 17% (à 32,19 MMDH), plus importante que celle des dépenses (+11,5% à 12,02 MMDH), précise l'Office des Changes en publiant les indicateurs mensuels des échanges extérieurs du mois de décembre 2021.

De plus, en 2021, dans une déclaration annuelle sur le climat des investissements au Maroc, le Département d'Etat américain a noté dans son rapport : « Une situation géographique stratégique, un secteur industriel florissant, ainsi que des plans d'infrastructure ambitieux contribuent tous à l'émergence du Maroc en tant que plaque tournante régionale de fabrication et d'exportation ».

Certes, depuis le début de l'année, le Maroc a ratifié 72 traités d'investissement et 62 accords économiques avec divers partenaires internationaux, dans le but primordial de renforcer le profil du pays d'Afrique du Nord en tant que destination d'investissement incontournable.

Il est à noter que face aux répercussions de la crise liée à la pandémie de Covid-19, les Investissements Directs Etrangers (IDE) ont réussi à faire preuve d'une résilience remarquable et ce, à la faveur de mesures entreprises pour améliorer continuellement le climat des affaires et renforcer l'attractivité du Maroc[88].

Cette résilience s'inscrit dans un contexte de reprise économique, dans lequel les différents investisseurs avaient anticipé une

---

[86] Finances News, « Maroc: les IDE en progression de 20,5% en 2021 », le 01/02/2022, laquotidienne.ma boursenews.ma
[87] Industrie du Maroc Magazine, « Les investissements directs étrangers au Maroc ont pris un coup en 2021 », 4 novembre 2021
[88] Infomédiaire, « Les IDE tiennent le coup au Maroc », News Maroc, 31/01/2022

augmentation de la demande adressée au Maroc[89]. Malgré la récession de 2020, les flux des IDE n'ont connu qu'une légère contraction, à l'opposé d'autres pays de la région qui étaient beaucoup plus sensibles à ce choc. D'ailleurs, cette résilience a été confirmée par les récentes statistiques de l'Office des changes qui font état d'une amélioration du flux net des IDE de 13,9% à plus de 16,9 milliards de dirhams (MMDH) au titre des onze premiers mois de l'année écoulée. A l'origine de cette évolution, une hausse des recettes de 10,2% à près de 27,27 MMDH, plus importante que celle des dépenses (10,3 MMDH).

Les autorités économiques du pays ont contribué de manière significative à cette résilience, en envoyant plusieurs signaux aux investisseurs, aussi bien sur le plan sanitaire qu'économique.

Selon le dernier rapport de la CNUCED sur les investissements dans le monde en 2022, les IDE au Maroc ont augmenté de 52% en 2021[90].

C'est ainsi que le secteur industriel, tiré par l'industrie automobile, a joué un rôle capital dans l'attraction des IDE durant la dernière décennie, avec une part croissante dans ces flux qui a presque quadruplé en 10 ans. Cette dynamique a vocation à s'accélérer dans le cadre du nouveau modèle de développement (NMD) présenté en 2021, qui offre une perspective de long terme aux investisseurs sur les ambitions du Maroc.

Dans ce sillage, deux initiatives s'inscrivant dans cette dynamique à savoir la création de la marque « MoroccoNow » qui a pour but de faire connaître les ambitions du Royaume en matière d'investissements internationaux, ainsi que l'initiative « MoroccoTech » qui veut faire du pays une vraie « Digital Nation »

---

[89] « IDE: Un avenir prometteur en vue ». Interrogé sur les perspectives d'évolution des IDE, M. Chebihi, enseignant à l'Université de Bordeaux et membre du Laboratoire français « Bordeaux Sciences Économiques » (BSE). a souligné qu'elles sont « très positives », grâce à la dynamique créée par le Royaume, depuis les années 2000, à travers l'édification de plusieurs grands chantiers d'équipement, à l'instar des infrastructures et des grandes zones industrielles, notamment l'usine « Renault » à Tanger. Infomediaire (2022), www.infomediaire.net

[90] Khadija Khettou (2022), CNUCED/Rapport, « Les IDE au Maroc ont augmenté de 52% en 2021 », Hespress, le 16/06/2022

pour les investisseurs…Des actions parmi d'autres qui font montre d'une forte volonté d'améliorer davantage l'attractivité des IDE.

2.2. Les atouts du Maroc en matière d'attractivité des IDE

Ne faisant pas l'exception et dans l'ambition de devenir une des destinations privilégiées des investissements directs étrangers (IDE), le Maroc fait appel à tous ses atouts pour séduire les entreprises internationales. Certes, le Maroc fait partie du groupe des « pays potentiels » en matière d'attraction et présente des opportunités intéressantes pour les investisseurs étrangers. Il bénéficie ainsi d'atouts humains, culturels, politiques, infrastructurels et naturels, avec leurs points forts et leurs points faibles.

2.2.1. La stabilité politique et macro-économique

Le Maroc dispose d'une stabilité politique et d'une situation sécuritaire améliorée. De plus, pour la mise en valeur de son potentiel d'investissement, notamment les investissements étrangers orientés vers l'exportation, la recherche de la stabilité macroéconomique et la maîtrise de la dette publique extérieure constituent l'élément essentiel de l'organisation institutionnelle de la politique économique du Maroc, et ce depuis 1998[91].

Par ailleurs, pour veiller à la réalisation de l'équilibre macro-économique, l'Etat veille à la mise à niveau de l'économie et de l'entreprise marocaine par la mise en place d'un cadre institutionnel adéquat pour une gestion efficace de son développement.

La compétitivité-prix est une dimension importante de l'attractivité des territoires nationaux. Les performances des entreprises filiales des firmes étrangères sur les marchés d'exportation, comme sur le marché national, dépendent notamment de l'évolution des prix des biens produits localement par rapport à ceux de la concurrence étrangère.

Ainsi, dans le cadre d'une répartition appropriée des rôles entre les secteurs public et privé, l'Etat, tout en procédant à une refonte de la gestion publique, se retire progressivement des activités de production

---

[91] Nezha Yamani (2012), « Politique économique et piège du sous-développement au Maroc », thèse de doctorat, Université de Grenoble, 2012

de biens et services marchands assurées par les organismes placés sous sa tutelle afin de pouvoir mieux se consacrer aux missions de régulation, de supervision, de contrôle et de sanction des dépassements éventuels.

Au niveau de la gestion publique, les pouvoirs publics poursuivent la stratégie de réforme de l'administration publique visant à plus de modernité et contribuant à la compétitivité et au développement durable du pays tout en assurant la viabilité à moyen terme de son cadre macro-économique.

2.2.2. La position géographique stratégique et la proximité de marchés potentiels

Le Maroc, à l'instar des autres pays méditerranéens bénéficie d'une position géographique et maritime géostratégique pour la mise en valeur de son potentiel d'investissement avec sa proximité de l'Europe, de l'Afrique et des pays arabes. Cette remarquable position devrait en effet favoriser l'attractivité des investissements étrangers.

2.2.3. La disponibilité des ressources naturelles et minérales

La disponibilité des ressources naturelles et minérales représente un atout pour l'économie nationale. Il s'agit notamment des phosphates, des schistes bitumineux, des ressources halieutiques, forestières, du soleil… Seulement, certaines richesses restent peu exploitées[92].

2.2.4. Le développement des infrastructures

Depuis l'accession au trône du Roi Mohammed VI en 1999, le Maroc a amorcé une trajectoire l'inscrivant dans une dynamique de développement des infrastructures avec la mise en œuvre des projets structurants de vaste envergure. Cette impulsion est donnée dans l'optique de s'aligner aux standards internationaux.

---

[92] Labry Andre (2000), « Les ressources naturelles au Maroc : », la porte éditions, 2000

Constituant l'assise physique indispensable au fonctionnement normal des rouages économiques et un prérequis pour l'émergence d'une croissance soutenue, les infrastructures de base de qualité font partie des facteurs primordiaux d'attractivité du pays et renforcent sa compétitivité. Certains spécialistes en économie de développement estiment que les investisseurs internationaux accordent une attention particulière à l'état des infrastructures dans les pays où ils sont susceptibles d'investir.

Conscient de cela, et afin d'attirer les investissements étrangers, pour accroître son offre en infrastructures, le Maroc s'est lancé à mettre en place une offre en infrastructures de base nécessaires telles que les barrages, les établissements d'enseignement, les formations hospitalières, les équipements hydro agricoles… ainsi que la mise en place des infrastructures plus directement orientées vers les besoins immédiats des secteurs productifs. Il s'agit en particulier des infrastructures autoroutières (le réseau routier marocain est le meilleur du Maghreb et l'un des meilleurs d'Afrique), les infrastructures aéroportuaires, les infrastructures ferroviaires, les zones franches et logistique portuaire (port de Tanger, zone franche du port Tanger-Med), les infrastructures de télécommunication, etc.

Ainsi, entre 2018 et 2019, le Maroc a consolidé sa politique de développement des infrastructures avec l'inauguration de plusieurs projets d'envergure qui l'ont propulsé au-devant de la scène mondiale (et non seulement africaine) à commencer par le lancement du Train à Grande Vitesse Al Boraq reliant Tanger à Casablanca et qui est une première à l'échelle africaine, la construction de la phase II de Tanger Med qui a permis à ce terminal de devenir le premier port d'Afrique et d'entrer au top 50 mondial en surclassant au passage le port de Durban et celui d'Algésiras ou encore l'inauguration du nouveau Terminal 1 de l'aéroport Mohammed V de Casablanca.

2.2.5. La qualification et la valorisation du capital humain

Le renforcement du développement humain et la qualité des ressources humaines peuvent être considérés comme une condition nécessaire à l'investissement d'où l'intérêt porté à la valorisation des ressources humaines, au développement social, à la lutte contre la pauvreté, à la réduction des disparités spatiales et au développement du monde rural.

A cet effet, on peut noter que le Maroc dispose d'une abondance de ressources humaines et d'une main d'œuvre bon marché pour s'adapter aux enjeux économiques, sociaux et environnementaux en constante évolution. Certes, les ressources humaines constituent un atout majeur au service de l'investissement compétitif et la création de valeur ajoutée. A cet effet, le Maroc a engagé un programme ambitieux en vue de doter les entreprises des compétences nécessaires à leur développement notamment au niveau de la formation, de l'ouverture culturelle, de la maîtrise des langues et des nouvelles technologies, de l'attachement à l'esprit d'entreprise et de la capacité d'adaptation aux changements d'activités ainsi qu'au niveau des coûts salariaux compétitifs.

De plus, la valorisation du capital humain prend une nouvelle dimension avec le lancement de l'Initiative Nationale pour le Développement Humain (2006-2010). Cette Initiative s'articule autour de la réduction des déficits sociaux, particulièrement dans les communes rurales les plus démunies et les quartiers urbains pauvres en équipements et services sociaux de base, la promotion d'activités génératrices de revenus stables et d'emplois ainsi que l'aide aux personnes vulnérables ou à besoins spécifiques.

Parallèlement à cette initiative, des efforts intenses continuent d'être déployés pour promouvoir le capital humain sur toute l'étendue du territoire national. Il s'agit essentiellement de la promotion de l'emploi, du développement de l'éducation et de la lutte contre l'analphabétisme.

2.2.6. L'insertion du Maroc dans l'économie mondiale

Le Maroc consolide l'ouverture de son économie et son intégration dans l'économie mondiale, avec l'objectif de devenir une plateforme de production industrielle compétitive aux portes de l'Europe. Ainsi, l'attraction de l'investissement est également tributaire du degré d'intégration dans l'économie mondiale. Le Maroc, même si son insertion à l'économie mondiale a été relativement lente par rapport à ses concurrents, il dispose d'un marché des produits relativement ouvert.

De ce fait, le choix de la politique d'ouverture, de libération du commerce extérieur et d'intégration dans une économie de marché, la politique d'ajustement structurel et de stabilisation du cadre macro-économique menée depuis 1983, l'adhésion aux accords du GATT en 1987 et à l'OMC en 1995, le renforcement de l'ancrage à l'Euro, la simplification et l'harmonisation de la fiscalité douanière et son alignement sur les standards internationaux, la conclusion de l'accord d'association avec l'Union Européenne en 1996, la signature des accords de partenariat avec les Etats-Unis, l'approfondissement de l'intégration Sud-Sud, dont l'accord de libre-échange signé avec certains pays arabes (accord d'Agadir (Egypte, Jordanie, Maroc et Tunisie), certains pays asiatiques (la Chine, l'Inde), accord de libre-échange avec la Turquie, les pays africains, les pays d'Amérique-latine... constituent les atouts du Maroc en matière d'attractivité et d'intégration dans l'économie mondiale[93]. Ces accords visent à supprimer les barrières commerciales, à faciliter le commerce transfrontalier des biens et des services et à accroître les perspectives d'investissement des entreprises étrangères au Maroc[94].

Le Maroc a également eu recours à la réduction progressive des restrictions quantitatives, à l'allègement du niveau de protection tarifaire de la production nationale et à la libéralisation de la réglementation des changes. De même, pour réussir l'ouverture du Maroc sur l'économie mondiale, la libéralisation du commerce extérieur s'est poursuivie à travers la simplification et l'harmonisation de la fiscalité douanière avec la réforme du code des douanes et son alignement sur les standards internationaux, notamment ceux de l'OMC.

---

[93] Une série de réformes ont été entreprises par le Maroc depuis 1990 notamment l'abrogation de la loi sur la marocanisation en 1993, l'adoption de la charte d'investissement en 1995, nouveau code du commerce en 1995, code du travail en 2003, code des assurances, code des impôts en 2006, nouveau code de procédure civile, nouvelle réglementation des changes, réforme du marché financier et du secteur bancaire, révision de la loi sur la privatisation... Ismail Belhaj (2021), « Facteurs d'attractivité des Investissements directs étrangers au Maroc : Analyse et essai de modélisation », Revue Internationale de Sciences et de Gestion, volume 4, numéro 4 octobre 2021, Université Sidi Mohammed Ben Abdellah, www.revue-isg.com

[94] Aicha Ouazzani Chahdi (2007), « L'économie marocaine et les accords de libre-échange », article publié par l'auteur dans la revue AZZAITOUNA, Revue d'Etudes Juridiques et Economiques, n° 3, 2007

2.3. La politique d'attractivité des IDE : les principales réformes adoptées

Le Maroc a développé une stratégie efficace qui lui permet aujourd'hui de se positionner parmi les meilleurs pays africains et arabes bénéficiaires de l'IDE. Pour ce faire, il a entamé la réalisation d'un certain nombre d'actions en vue de promouvoir des investissements privés principalement étrangers. Il offre aux investisseurs étrangers un environnement économique, institutionnel et réglementaire globalement favorable. L'économie marocaine est considérée comme stable et sans risque majeur pour les affaires (notation A4/A4 de la COFACE en 2019).

2.3.1. La réforme du cadre juridique des affaires

Dans le but de promouvoir l'investissement privé national et étranger, les autorités marocaines ont entrepris plusieurs réformes qui ont permis de mettre en place un cadre juridique libéral. Celui-ci consacre la liberté d'entreprendre et offre les garanties nécessaires aux investisseurs tout en simplifiant les formalités et procédures requises en la matière.

2.3.1.1. La réforme fiscale

Le système fiscal marocain a connu une profonde amélioration. Certes, depuis le milieu de la décennie 1980, plusieurs réformes ont été entamées dont l'objectif est l'instauration d'un système fiscal simple, moderne et efficient. En effet, depuis cette date, plusieurs instruments d'imposition ont été adoptés à savoir, la Taxe sur la Valeur Ajoutée (TVA) en 1986, l'Impôt sur les Sociétés (IS) en 1988 et l'Impôt sur les Revenus (IR) en 1990. Dans ce même contexte et afin de renforcer la compétitivité internationale du système fiscal du Maroc, l'Etat marocain a élaboré le Code Général des Impôts en 2007 ayant pour objectif d'améliorer l'environnement juridique, fiscal et économique de l'investissement à travers notamment, la modernisation et la simplification des systèmes à caractère législatif, judiciaire et financier.

2.3.1.2. La réforme du secteur bancaire et financier

Avant la libéralisation de l'économie marocaine, le système financier était soumis à plusieurs contraintes réglementaires : taux d'intérêt administré, emplois obligatoires, accord des crédits conditionné par une politique sélective (seulement les secteurs jugés prioritaires (l'immobilier, l'agriculture et l'industrie) avaient la chance de recevoir un financement auprès des organismes financiers spécialisés).

Face à ces contraintes financières, les pouvoirs publics marocains ont adopté, dès les années 1990 des réformes visant à instaurer un système financier moderne et compétitif afin d'accroitre son efficacité et de faire converger la règlementation marocaine en la matière vers les standards internationaux afin de mieux répondre aux exigences de l'ouverture internationale et d'améliorer par là son attractivité territoriale. C'est ainsi que le secteur financier a connu une profonde mutation. Des réformes ont été engagées afin de doter le pays d'un système à même de mobiliser l'épargne de manière efficace et de l'allouer avec efficience au financement de l'économie.

Dans ce cadre, deux réformes ont été entamées à savoir, la réforme du secteur bancaire et celle du marché des capitaux, dont la première vise le respect du principe de la banque universelle, la surveillance du système bancaire ainsi que la libéralisation des taux d'intérêt débiteurs et la deuxième réforme a pour principal objectif de moderniser la bourse de Casablanca[95].

Cette dynamique de réformes a été consacrée avec la création de Casablanca Finance City qui érige la capitale économique marocaine en hub économique et financier au rayonnement régional. S'inspirant des meilleures pratiques internationales en matière de projet de place financière, les autorités marocaines ont mis en place une offre marocaine globale et intégrée qui garantit aux investisseurs étrangers un cadre juridique et fiscal et un environnement des affaires des plus avantageux[96].

---

[95]Khalid Hammes (2006), « prospective « Maroc 2030 » : Le système financier marocain. Rapport du Haut-Commissariat au Plan

[96]Ministère de l'Economie et des Finances, « Dossier : Le Système financier marocain », Al Maliya, N° 60 Juin 2016, www.finances.gov.ma

2.3.1.3. La réforme du cadre comptable

En vue d'améliorer l'information financière sur les entreprises exerçant au Maroc, les pouvoirs publics ont promulgué un certain nombre de textes de lois généralisant l'obligation du respect de nouvelles normes comptables. Ainsi, la loi relative à la prescription des obligations comptables des commerçants a généralisé l'usage du « code général de normalisation comptable » qui constitue le référentiel théorique et pratique de la nouvelle normalisation comptable marocaine. Ses dispositions rapprochent la comptabilité marocaine des principes et des règles standards internationaux devant régir l'information comptable.

2.3.1.4. La réforme du marché de change

Le processus de libéralisation a été couronné par l'adhésion du Maroc le 21 janvier 1993 à l'article VIII des statuts du Fonds Monétaire International relatif à la convertibilité des opérations courantes. De plus, en 1996, le Maroc se dote d'un marché de change, ce qui constitue l'une des principales manifestations concrètes de l'intégration de l'économie marocaine dans le circuit de la mondialisation et de la globalisation financière. Le marché de change permet aux investisseurs de négocier le taux de change préférentiel, mais également de se couvrir contre le risque de change. En 2007, les mesures de libéralisation prises par l'Office des Changes ont permis à l'économie marocaine de se prémunir contre les différents risques et de renforcer sa compétitivité[97].

2.3.1.5. La modernisation du cadre légal et réglementaire des affaires

Depuis le début des années 1990, le Maroc s'est engagé dans des réformes juridiques portant sur la modernisation du cadre légal et réglementaire des affaires. Un certain nombre de codes et textes législatifs ont été révisés y compris le code de commerce et le code du travail, la charte de l'investissement, la loi sur la propriété intellectuelle, la loi sur la liberté des prix et de la concurrence, la loi

---

[97]« Histoire de l'Office des Changes », https://www.oc.gov.ma/fr/nous-connaitre/histoire

sur le partenariat public-privé, la loi sur les sociétés anonymes et la loi sur l'arbitrage.

L'entrée du Maroc dans l'Organisation Mondiale du Commerce (OMC), la ratification de l'accord de libre-échange avec les Etats-Unis et les accords de partenariat avec l'Union européenne ont servi de catalyseur au processus de réforme législative[98]. Ainsi, le gouvernement marocain a fait des efforts inlassables en vue de garantir la conformité du droit marocain des affaires aux exigences de la libéralisation et de la globalisation des économies.

2.3.1.6. L'adoption de la Charte des Investissements et les Conventions relatives à l'investissement

Les objectifs fondamentaux de l'action de l'Etat pour les années à venir en vue du développement et de la promotion des investissements sont fixés conformément aux dispositions du deuxième alinéa de l'article 45 de la constitution. Ainsi, dans le cadre de la promotion de l'attractivité des IDE, le Maroc a adopté la Charte des Investissements en 1995 qui vise le développement et la promotion des investissements à travers l'amélioration du climat des affaires et des conditions d'investissement, la révision du champ des encouragements fiscaux et la prise de mesures d'incitation à l'investissement[99].

Dans le but de de promouvoir l'investissement privé, national et étranger, les autorités marocaines ont entrepris plusieurs réformes qui ont permis de mettre en place un cadre juridique libéral. Celui-ci consacre la liberté d'entreprendre et offre les garanties nécessaires aux investisseurs tout en simplifiant les formalités et procédures requises en la matière.

Ainsi, dans sa politique de promotion de l'investissement direct étranger, le Maroc a pris l'initiative de ratifier des accords et

[98] Commission Nationale de l'Environnement des Affaires (CNEA), « Droit des affaires », www.cnea.ma

[99] « Maroc. Charte des investissements », loi-cadre numéro 18-95 du 3 octobre 1995, www.droit-afrique.com

conventions de promotion et de protection de l'investissement à savoir[100] :

*Les accords et conventions bilatéraux relatives à la garantie et à la protection de l'investissement : La promotion de l'investissement étranger au Maroc ne se limite pas uniquement à l'adhésion aux conventions internationales à caractère multilatéral, mais s'étend également au niveau bilatéral dans le cadre de la consolidation des relations avec les principaux partenaires.

*Les accords multilatéraux : Dans le cadre de la promotion de l'investissement étranger, le Maroc a ratifié des conventions internationales relatives à la garantie et à la protection de l'investissement. Il s'agit notamment des conventions portant création du Centre International de Règlement des Différends relatifs aux Investissements (CIRDI), de l'Agence Multilatérale de Garantie des Investissements (AMGI) et de l'Organisation Interarabe pour la Garantie des Investissements (OIGI).

2.3.1.7. La loi relative à la liberté des prix et de la concurrence

Dans le cadre de l'amélioration de son climat des affaires, le Maroc a adopté la loi sur la liberté des prix et de la concurrence en 2001. Cette loi a pour objet de définir les dispositions régissant la liberté des prix et d'organiser la libre concurrence. Elle met en lumière les règles de protection de la concurrence afin de stimuler l'efficience économique et d'améliorer le bien-être des consommateurs. Elle vise également à assurer la transparence et la loyauté dans les relations commerciales. Le Conseil de la Concurrence au Maroc est chargé de garantir cette transparence à travers notamment, l'analyse de la régulation de la concurrence sur tous les marchés et le contrôle de toute pratique anticoncurrentielle ou déloyale, afin de lutter contre la monopolisation du marché par un groupe d'entreprises[101].

---

[100] Office des changes « Guide de l'investisseur étranger en matière de change », casainvest.ma

[101] Dahir N°1-14-116 du 2 Ramadan 1435 (30 juin 2014) portant promulgation de la loi N° 104-12 relative à la liberté des prix et de la concurrence, Ministère de la Justice et des Libertés, Direction de Législation, www.sante.gov.ma,

2.3.2. La modernisation du cadre institutionnel

Parallèlement à la réforme des textes législatifs et réglementaires relatifs à l'environnement de l'investissement, le Maroc a entamé la réalisation d'un certain nombre d'actions en vue de la promotion des investissements privés principalement étrangers. Il s'agit de la mise en place d'un cadre institutionnel au service de l'investisseur.

2.3.2.1. Le Fonds Hassan II

Le Ministère chargé de l'Industrie et le Ministère de l'Economie et des Finances ont signé le 15 mars 2016 une convention-cadre relative à l'appui à l'investissement industriel par le Fonds Hasan II. Pour bénéficier du soutien du Fonds Hassan II, les investisseurs doivent présenter un nouveau projet d'un montant total supérieur à 10 millions de DH hors taxes et à condition que le montant de l'investissement en biens d'équipement soit supérieur à 5 millions de DH hors taxes. Aussi, il doit être présenté par des investisseurs ayant le statut de société dans les secteurs suivants : automobile, aéronautique et électronique, chimique, para-chimique, pharmaceutique, microélectronique, et biotechnologie[102].

2.3.2.2. Le Fonds de Développement Industriel et de l'Investissement

Le Fonds de Développement Industriel et de l'Investissement (FDII) a été créé par la loi de finance 2015. Il est doté d'une enveloppe financière de 20 milliards de DH et a pour objectif de permettre au tissu industriel de se consolider, de se moderniser et de développer sa capacité de substitution aux produits importés. Ce Fonds est le fruit de la signature d'une convention qui vise principalement, l'accord des aides directes aux écosystèmes industriels[103].

2.3.2.3. Les Centres Régionaux d'Investissement

Les Centres Régionaux d'Investissement (CRI) ont été créés en 2002, suite aux recommandations de la lettre royale du 9 janvier 2002.

---

[102] Fonds Hassan II CRI, www.casainvest.ma

[103] Le Fond de Développement Industriel (FDI), fesmeknesinvest.ma

Ils ont pour principal objectif la promotion de l'investissement dans toutes les régions du Maroc. Dans le but d'améliorer le cadre d'accueil des investisseurs et de dépasser les obstacles à la réalisation des projets d'investissement, les CRI s'engagent à aider les investisseurs et encourager les porteurs d'idées à concrétiser leurs projets et à créer leurs entreprises. Ces centres s'engagent aussi à maintenir et développer les investissements existants, améliorer le climat des affaires au Maroc et promouvoir l'attractivité de toutes les régions marocaines. Ainsi, l'investissement et l'entreprenariat deviennent accessibles sur toute la région avec un système d'accompagnement décentralisé permettant l'optimisation du processus d'investissement au Maroc[104].

2.3.2.4. L'Agence Marocaine de Développement des Investissements et des Exportations

L'Agence Marocaine de Développement des Investissements et des Exportations (AMDIE) a été créée par le gouvernement marocain en 2017 dans le cadre du Plan d'Accélération Industrielle 2014-2020. Cette agence est chargée de promouvoir les investissements nationaux et internationaux ainsi que l'exportation des biens et des services. L'AMDIE est chargée aussi de[105] :

-Faire des études portant sur les opportunités d'investissement

-Assister et accompagner les investisseurs d'origine marocaine dans le développement de leurs affaires au niveau international

-Accueillir, informer, orienter et accompagner les investisseurs étrangers au Maroc

-Promouvoir en coordination avec les autorités, les collectivités territoriales et les organismes concernés l'offre exportable marocaine

-Promouvoir les foires et les expositions

---

[104]Les Centres Régionaux d'Investissement ? Que faut-il savoir, www.daralmoukawil.com

[105]Agence Marocaine de Développement des Investissements et des Exportations. Ministère de l'Industrie et du Commerce, www.mcinet.gov.ma

-Développer les zones d'activités industrielles, commerciales et technologiques

2.3.2.5. La Commission des Investissements

En septembre 1998, fut instituée une « Commission des Investissements » sous la présidence effective du premier ministre. Elle a pour rôle de décider sur les problèmes qui bloquent l'exécution de tout projet d'investissement, pour autoriser les contrats privés auxquels l'article 17 de la loi 18/95 portant approbation de la Charte de l'Investissement et toute autre convention liant l'Etat à l'investisseur et le suivi des projets d'investissement.

2.3.2.6. Le Comité National de simplification des Procédures liées à l'Investissement

En 2006, le Comité National de simplification des Procédures liées à l'Investissement (CNPI) a été institué. Sa principale mission est de proposer des mesures de simplification des procédures administratives. Le CNPI a élaboré un manuel des procédures liées à l'investissement dont il assure la mise à jour.

Le but de l'ensemble de ces organismes est de doter notre pays de mécanismes nouveaux et professionnels pour promouvoir l'investissement, valoriser l'avantage de proximité, attirer les délocalisations, encourager les opérations de partenariat entre entreprises locales et étrangères en encourageant les investisseurs nationaux à rapatrier leurs capitaux et à choisir des sites d'implantation stratégiques pour rationaliser leur processus productif. Leur mission consiste aussi en la mise à niveau et le soutien des entreprises en difficulté et l'assistance pour la création d'entreprises, à mettre à la disposition des opérateurs économiques de données et informations à caractère économique notamment l'exploitation des atouts et potentialités économiques régionales[106].

---

[106] Il importe de réfléchir à la mise en place d'une agence unique en charge de la promotion économique, telles que KOTRA en Corée du Sud, l'entreprise IRELAND en Irlande ou le PAIZ en Pologne. Cette structure pourrait coordonner la mise en œuvre des objectifs définis dans le cadre d'attractivité des IDE comme la consolidation de l'image de marque du pays et la promotion économique du Maroc tant au niveau global que national.

2.3.3. La mise en œuvre des stratégies sectorielles

Soucieux de promouvoir les activités où il dispose des meilleurs avantages comparatifs, de reconstruire un potentiel de production compétitif dans le but de promouvoir l'attractivité des IDE et de donner davantage de visibilité aux investisseurs étrangers, des stratégies sectorielles de grandes envergures ont été mises en œuvre, en partenariat avec le secteur privé. Ces stratégies s'inscrivent dans une double logique de modernisation des secteurs traditionnels à l'instar de l'agriculture, de la pêche et des mines, et de développement des secteurs innovants tels que les énergies renouvelables, la logistique, l'industrie automobile, l'aéronautique, les services à forte valeur ajoutée où le Maroc offre de véritables avantages compétitifs. Il s'agit de grands projets structurants : Le Plan Emergence, le Plan « Maroc- Vert », le Plan Halieutis, la stratégie du secteur du tourisme, la vision 2015 pour l'artisanat, la stratégie énergétique nationale à l'horizon 2020, le commerce : Plan Rawaj 2020, le secteur de la logistique, la stratégie nationale portuaire à l'horizon 2030[107].

2.3.3.1. Le « Plan Emergence »

Afin de redynamiser l'économie marocaine, faire face à l'insuffisance des progrès réalisés en matière de compétitivité, à la faible contribution de l'industrie à l'emploi et à la concurrence et de s'intégrer davantage dans le commerce international en consolidant la place du Maroc dans les échanges internationaux, le Maroc s'est orienté depuis 2005 vers une stratégie de développement industrielle[108]. C'est ainsi que le pays a vu se succéder le « Plan Emergence 1 » (2005-2009), le « Pacte National pour l'Emergence industrielle 2 » et le « Plan d'Accélération Industrielle » (2014-2020) renouvelé sous le nom de « la 2ème génération du Plan d'Accélération industrielle » (2021-2025) en vue de concrétiser les acquis et leur généralisation à toutes les régions.

---

[107] Commission Nationale de l'Environnement des Affaires (CNEA), « Stratégies sectorielles » www.cnea.ma

[108] Mokhtari B. et Ettaibi M (2021), « Le management des connaissances (MDC), levier de compétitivité organisationnelle (COMO) : cas de l'industrie aéronautique au Maroc dans le cadre du Plan Emergence », Revue Française d'Economie et de Gestion, volume 2,N° 3, pp 149-178

2.3.3.1.1. Le « Pan Emergence I » (2005-2009)

Lancé par le Ministère du Commerce et de l'Industrie et des Nouvelles Technologies (MCINT), le « Plan Emergence I» (2005-2009) est une politique volontariste et ciblée au service de l'essor de l'économie nationale. Il se décline en contrats d'engagements entre l'Etat et les représentants des secteurs clés afin de réaliser des investissements infrastructurels avec un objectif général de création de 100000 emplois et un chiffre d'affaires de plus de 20 milliards de dirhams vers 2015.

2.3.3.1.2. Le « Pacte National pour l'Emergence Industrielle » : « Plan Emergence II »

C'est en février 2009 que les pouvoirs publics et le secteur privé ont lancé conjointement le « Pacte National pour l'Emergence Industrielle » (PNEI) qui s'inscrit dans la continuité du « Plan Emergence 1» et qui a pour objet de mettre en œuvre une stratégie à long terme visant à améliorer la compétitivité de l'économie marocaine et à diversifier ses produits d'exportation. Ce pacte a permis la lancée des secteurs de l'automobile et l'aéronautique, qui ont attiré plusieurs investisseurs étrangers et dont la croissance n'a cessé de croitre au fil des années.

2.3.3.1.3. Le « Plan d'Accélération Industrielle » (2014-2020)

L'objectif du Plan d'Accélération Industrielle (PAI) est de poursuivre les réalisations et les acquis atteints par le « Plan Emergence 1 » et le « Pacte National pour l'Emergence Industrielle ». Pour mettre en œuvre cette nouvelle stratégie, de nouvelles mesures ont été prises pour créer un environnement favorable et compétitif aux investisseurs marocains et étrangers. Ces mesures se répartissent en trois grandes catégories :

-La création des écosystèmes industriels pour une industrie mieux intégrée

-La mise en place des outils de soutien adaptés à la réalisation des plateformes industrielles intégrées

-Un positionnement plus ancré de l'industrie marocaine au niveau international

2.3.3.1.4. Le « Plan de Relance Industrielle » (2021-2025)

Pour renforcer le positionnement de l'industrie marocaine, trois projets stratégiques ont été mis en place dans le cadre du Plan de Relance Industrielle (2021-2025) :

-L'utilisation des marchés publics comme catalyseur de reconquête du territoire industriel afin de favoriser le développement des entreprises nationales.

-L'amélioration de la compétitivité du Maroc : en partant du secteur automobile dont le taux d'intégration doit être porté de 60% à 80%.

-L'amélioration attendue de la compétitivité du Maroc contribuera amplement à améliorer son positionnement en tant que base industrielle considérée comme un autre axe stratégique.

2.3.3.2. Le « Plan Maroc-vert »

La stratégie du « Plan Maroc-vert » a été lancée en 2008 avec pour objectifs de lutter contre les graves problèmes qui entravent le développement du secteur agricole (dépendance aux aléas climatiques, dégradation des ressources naturelles, infrastructure déficiente et structure foncière complexe[109]...) et de faire de ce secteur un levier prioritaire du développement socio-économique du Maroc[110]. Certes, l'agriculture marocaine a été caractérisée, jusqu'en 2007, par l'absence d'une stratégie formelle pour son développement.

2.3.3.3. Le « Plan Halieutis »

Lancée le 29 septembre 2009, sous la présidence de Sa Majesté le Roi Mohamed VI, le « Plan Halieutis » a pour objectifs le développement d'une nouvelle dynamique dans le secteur de la pêche, augmenter le nombre d'emploi, lutter contre l'informel, augmenter le chiffre d'affaire des exportations. Ce plan repose sur trois axes stratégiques : la durabilité, la performance et la compétitivité.

---

[109]Akesbi N. (2009), « Le Plan Maroc-vert : une analyse critique », in Azzedine Akesbi et autres (2011), « Questions d'économie marocaine », Association marocaines des sciences économiques, juin 2011pp. 9-48

[110]Ministère de l'agriculture et de la pêche maritime (mai 2009), « Plan Maroc-vert»

Selon l'ex ambassadeur de l'Union européenne, Joy Rupert, « Le secteur de la pêche et de l'agriculture au Maroc revêt une importance croissante en raison de ses dimensions économiques, sociales et environnementales »[111].

2.3.3.4. La stratégie nationale du tourisme : Vision 2020

La stratégie nationale du tourisme vise l'encouragement du secteur touristique notamment rural par l'augmentation du budget attribué à la promotion touristique, la démocratisation du secteur, la consolidation des partenariats avec les professionnels, les opérateurs et les régions, l'amélioration du cadre fiscal et financier. Cette stratégie veille également la création de 470 000 nouveaux emplois directs sur l'ensemble du territoire marocain ainsi que l'augmentation de la part du PIB touristique dans le PIB national.

2.3.3.5. Vision 2015 pour le développement du secteur de l'artisanat : Contrat-Programme 2006- 2015

Le secteur de l'artisanat est un secteur porteur et dynamique de notre économie. Outre la place importante qu'il occupe, il a la particularité de véhiculer le contenu civilisationnel et artistique de notre pays. Cette stratégie a été mise par le Ministère de l'artisanat à l'horizon 2015 sur la base d'une étude menée par le cabinet MC Kinsey et qui s'inscrit dans le cadre du Plan Emergence. Elle répond à un double objectif :

-Aider au développement d'un réseau d'acteurs-producteurs

-Soutenir les artisans individuels ruraux et urbains en améliorant leurs conditions de vie[112].

2.3.3.6. La stratégie énergétique 2030

Dans son discours à l'occasion de la fête du trône le 30 juillet 2007, Sa Majesté a avancé : « La problématique de l'énergie se pose

---

[111]Joy Rupert (2015), « La pêche au Maroc », Trait d'Union, la Newsietter de la délégation européenne auprès du Royaume du Maroc, n° 203, avril 2015

[112] Vision 2015 de l'Artisanat : Notre authenticité moteur de de notre essor : Contrat-Programme 2006-2015, www.abhatoo.net.ma

également comme une question fondamentale qu'il faut aborder dans le cadre d'une vision prospective. L'objectif est de garantir la sécurité énergétique de notre pays, de diversifier les sources d'énergie nationales, par le recours à des énergies alternatives et d'en assurer un usage rationnel ».[113] La stratégie énergétique, adoptée en mars 2009 vise également l'accès généralisé à une énergie à prix compétitif et l'adoption d'une technologie avancée pour promouvoir l'expertise et le savoir-faire, protéger l'environnement et préserver la sécurité et la santé des citoyens[114].

2.3.3.7. La stratégie de développement du secteur commercial : Le Plan Rawaj

Le commerce intérieur est l'un des secteurs les plus dynamiques du pays, mais il demeure soumis à plusieurs contraintes qui freinent son évolution. Rappelons que le gouvernement a mis en place une stratégie pour le développement du secteur commercial basée sur le plan d'action 2008-2012 baptisé Plan Rawaj Vision 2020. Cette stratégie a pour objectifs l'organisation, la modernisation et la redynamisation de ce secteur, l'amélioration des conditions d'approvisionnement des marocains et le niveau de vie des commerçants, l'augmentation de la contribution de la valeur ajoutée du secteur au Produit Intérieur Brut national et la création des postes d'emplois. Cette stratégie vise également l'équilibre du tissu commercial, l'attractivité de l'appareil commercial et la diversification des produits offerts pour faire du secteur commercial un levier d'investissement et de développement socio-économique[115].

Un premier bilan de ce plan a été donné lors de la journée nationale du commerce et de la distribution organisée, le 29 juin, par le ministère de l'industrie, du commerce et des nouvelles technologies.

---

[113] Discours royal à l'occasion de la fête du Trône le 30/07/2007

[114] Ministère de l'Energie, des Mines, de l'Eau et de l'Environnement (MEMEE) (2008), « Stratégie énergétique du Maroc à l'horizon 2030 »

[115] Belhaj I. (2019), « La politique d'attractivité des Investissements Directs Etrangers : analyse et perspectives », journal d'Economie de Management, d'Environnement et de Droit (JEMED), Vol 2, N° 1, février 2019

Sur les ressources globales de 900 MDH dont dispose le Fonds Rawaj, 100 millions ont été débloqués au titre de l'exercice 2008-2009[116].

2.3.3.8. La stratégie de compétitivité logistique et la stratégie portuaire à l'horizon 2030

D'autres stratégies sectorielles contribuent à la promotion de l'attractivité des IDE, notamment la stratégie de compétitivité logistique et la stratégie portuaire à l'horizon 2030.

Proclamée en 2010, la stratégie de compétitivité logistique a pour objectifs l'émergence d'un secteur logistique compétitif et la contribution au développement durable du pays à travers l'accélération de la croissance du PIB, l'augmentation de la valeur ajoutée induite par la baisse des coûts logistiques, la réduction des émissions CO2 liées au transport routier de marchandises et le désencombrement des routes et des villes. Cette stratégie vise à « atteindre une compétitivité globale et à hisser l'économie marocaine aux meilleurs standards internationaux. De plus, elle permet de répondre aux besoins logistiques des différentes stratégies sectorielles initiées, ou en cours de mise en œuvre au niveau national »[117]. La stratégie logistique ambitionne la réduction des coûts de logistique à 15% du PIB national d'ici 2030.

La nouvelle stratégie portuaire nationale à l'horizon 2030 a pour objectifs le développement des infrastructures portuaires afin d'optimiser la compétitivité de la chaîne logistique, d'assurer la sécurité des approvisionnements stratégiques, d'accompagner les mutations et les aléas économiques, de doter le système portuaire de capacités opérationnelles pour pouvoir s'adapter aux changements régionaux et internationaux et permettre au système portuaire de saisir

---

[116]Finances News (2018), « Commerce : Quel bilan pour le plan Rawaj ? », jeudi 12 Avril 2018

[117] Ministère de l'équipement et de transport (2010), « Stratégie nationale de développement de la compétitivité logistique », 2010

les futures opportunités géostratégiques intégrant davantage le Maroc dans la compétitivité mondiale [118].

2.3.4. La politique de l'Etat en matière de promotion des investissements à l'horizon 2026 : Pour une nouvelle génération de réformes

Dans le cadre de la promotion des investissements, le chef du gouvernement Aziz Akhannouch a présenté devant la chambre des représentants une feuille de route pour l'amélioration du climat des affaires à l'horizon 2026 qui repose sur trois principaux piliers. Il s'agit de l'amélioration structurelle de l'environnement des affaires via le renforcement du cadre juridique (la simplification et la digitalisation des démarches administratives, l'amélioration de l'accès au foncier, aux zones industrielles et aux commandes publiques, le développement de nouveaux outils de financement et la promotion de l'innovation et la culture entrepreneuriale, de l'amélioration de la numérisation du parcours de l'investisseur, ainsi que de la mise en place de mécanismes de coordination et de suivi[119].

Le chef du gouvernement a aussi soutenu que son exécutif mise sur la consécration de la dimension régionale et le renforcement de la gouvernance unifiée. C'est ainsi que 84 projets ont été approuvés pour un montant total de 67,6 milliards de DH (MMDH) permettant la création de plus de 43.000 emplois (10.250 emplois directs et 33.418 emplois indirects).

Afin de réaliser ces projets, l'Etat a procédé à l'augmentation du budget de l'investissement public en 2023 pour atteindre 300 MMDH, contre 245 MMDH en 2022, soit une augmentation de 55 MMDH. De plus, afin de promouvoir l'investissement privé, qui ne représente

---

[118] Louzi I. (2020), « Stratégie nationale portuaire à l'horizon 2030, dimension spatiale des infrastructures portuaires dans le contexte de la planification de l'espace marin », Direction des ports et du domaine public maritime le 02/12/2020

[119] Lors de son grand oral à la Chambre des représentants, Aziz Akhannouch, chef de gouvernement a affirmé que l'exécutif œuvre à l'élaboration d'une nouvelle feuille de route pour l'amélioration du climat des affaires à l'horizon 2026. Manal Ben El Hantati (2023), « Promotion de l'investissement : Akhannouch fait le point » Lebrief.ma, le 31/01/2023

qu'un tiers de l'investissement total, la politique de l'Etat vise à asseoir une sorte d'égalité entre public et privé avant 2026 et à ce que l'investissement privé puisse contribuer aux deux tiers à l'horizon 2035.

Par ailleurs, le chef du gouvernement a dressé le bilan positif d'un ensemble de politiques sectorielles notamment le secteur automobile, l'aéronautique, les industries chimiques et parachimiques, l'industrie pharmaceutique. C'est ainsi que les exportations de l'industrie automobile ont dépassé pour la première fois le seuil des 100 MMDH à fin 2022, soit une augmentation de 35% en glissement annuel. L'industrie aéronautique connaît un développement important et rapide. Les exportations du secteur ont enregistré une augmentation de 40% à fin novembre 2022 par rapport à la même période de l'année 2021. Le Maroc se place au 15e rang mondial en termes d'investissements.

Les industries chimiques et parachimiques révèlent que les capacités de production du Royaume ont triplé pour devenir l'un des plus grands producteurs et exportateurs d'engrais phosphatés au monde. Ces industries occupent une place importante dans l'économie nationale, grâce à la présence remarquable du groupe OCP.

Concernant l'industrie pharmaceutique, l'Etat cherche à renforcer la souveraineté sanitaire du Maroc et d'assurer la poursuite de l'approvisionnement en médicaments et fournitures médicales. C'est l'un des secteurs porteurs où le Maroc occupe la deuxième place sur le continent africain. Quant au secteur agricole, la politique de l'Etat vise à promouvoir l'activité agricole et ses activités connexes pour la rendre plus attractive pour les investisseurs, notamment dans le cadre de la stratégie « Génération Green ».

En outre, le chef du gouvernement a relevé que les principaux objectifs de la Charte de l'investissement sont la réduction des disparités régionales, la création des emplois el d'attraction des investissements nationaux et étrangers et leur orientation des vers les secteurs prioritaires et les métiers d'avenir, l'encouragement des exportations et l'implantation des entreprises marocaines à l'échelle internationale, ceci afin de faire du Royaume un pôle continental et international pour les investissements directs étrangers (IDE).

C'est ainsi que dans le cadre de la gestion des investissements, l'Etat vise, à travers la Charte de l'investissement la consécration de la dimension régionale et le renforcement de la gouvernance unifiée par la politique de décentralisation et de déconcentration administrative en faisant des Conseils régionaux de véritables pôles d'investissement et d'emploi d'où le rôle de ces derniers dans le développement régional et national.

3. Les obstacles à l'attractivité des IDE au Maroc

Le Maroc a déployé des efforts louables en vue d'améliorer l'attractivité des IDE et a accompli un certain nombre de progrès concernant l'attraction de l'investissement étranger, vu l'importance de celui-ci dans le développement économique du pays. Toutefois, malgré ces atouts, un certain nombre d'obstacles se dressent toujours devant la promotion de l'investissement et les réformes adoptées présentent quelques insuffisances. Les entraves majeures aux investissements sont avant tout de nature macroéconomique et sociopolitique. Elles sont liées à la complexité de l'environnement administratif, la faiblesse des infrastructures, la mauvaise exploitation des ressources humaines et naturelles, l'accès difficile au financement et l'insuffisance liée à l'innovation.

3.1. Les obstacles d'ordre macroéconomique

3.1.1. L'exiguïté du marché local

La taille du marché constitue un énorme obstacle pour le Maroc en termes d'accueil des IDE. En effet, le marché intérieur est l'un des éléments les plus déterminants de l'attractivité des investissements étrangers directs. Or, les pays à faible revenu ne sont attrayants que s'ils ont une population importante et des perspectives raisonnables de développement. Au Maroc, bien que les perspectives macro-économiques soient relativement rassurantes, l'absence d'une classe moyenne, entre les couches pauvres et l'élite révèle une insuffisance de la demande.

3.1.2. La faiblesse des infrastructures

Parmi les critères d'attractivité des IDE figure le niveau de l'infrastructure d'accueil. Cependant, on constate qu'au Maroc, la qualité de l'infrastructure mise en place est insuffisante. Sur un territoire de 710 850 Km2, le réseau routier ne couvre qu'une partie très étroite du pays. Quant aux voies ferrées elles se limitent aux régions côtières. S'agissant des infrastructures portuaires, elles sont marquées par la lenteur du service, le coût élevé et la faible capacité de stockage.

S'agissant du foncier, ce dernier représente une entrave importante à l'investissement. L'examen des dossiers des investissements montre que 54% des problèmes qui retardent l'investissement restent liés au foncier et aux questions d'urbanisme. Au-delà du coût élevé, lié à une forte spéculation, le foncier souffre d'une multiplicité de régimes de propriété qui complique le processus de cession. Cependant, il faut souligner que des actions sont menées pour faciliter l'acquisition ou la location de terrains industriels (création de zones industrielles).

De plus, des insuffisances logistiques privent le Maroc d'une place dans la liste des sites d'implantation potentielle des investisseurs.

Ainsi, malgré les efforts colossaux fournis par le Maroc en vue d'améliorer la qualité de ses infrastructures, l'Indice Africain de Développement de l'Infrastructure (AIDI), dans sa dernière édition de l'année 2019 a évincé le Maroc du Top 5 auquel il faisait partie dans le classement de l'année 2018. En effet, le Royaume du Maroc est tombé à la septième position avec une note de 64,87 sur 100, en se retrouvant derrière 6 pays dont la Tunisie, l'Ile Maurice, la Lybie, l'Egypte et les Seychelles qui revendiquent des notes impressionnantes[120].

3.1.3. La mauvaise exploitation des ressources humaines et naturelles et faible niveau de qualification de la main d'œuvre

La Banque mondiale avait révélé que malgré le fait que le Maroc dispose de ressources humaines, naturelles et techniques, celles-ci sont mal exploitées. En effet, même si le royaume du Maroc est un pays attractif pour les IDE sur le continent africain par rapport à l'Algérie, la Tunisie, l'Egypte et autres, il faut bien noter que ce pays attire surtout les investissements de sous-traitance.

---

[120] Challenge (2019), « Indice africain de développement des infrastructures », www.challenge.ma

De plus, le faible niveau de qualification des ressources humaines marocaines est un véritable handicap pour la productivité, la rentabilité et la qualité du produit « Made in Morocco ».

Or, la qualité de la main d'œuvre, sa productivité, sa formation constituent un élément primordial de localisation pour les IDE, comme en témoigne l'expérience des pays Sud-Est asiatique. De ce fait, la faible qualification de la main d'œuvre donne naissance à des investissements de faible productivité, exploitant une main d'œuvre non qualifiée et moins coûteuse, et diffusant une technologie peu sophistiquée. Les bas salaires ne sont plus considérés comme des éléments essentiels permettant l'afflux massif des IDE, d'où la nécessité de développer la productivité du travail par l'amélioration des ressources humaines.

Selon C.A. Michalet : « il serait alors illusoire de croire que la compétitivité en matière de coût de la main d'œuvre demeure encore le déterminant majeur de l'attractivité des IDE »[121].

3.1.4. Les difficultés d'accès au financement

En délocalisant leurs projets d'investissement, les investisseurs se trouvent face à des difficultés d'accès au financement, aux taux d'intérêts élevés et au retard de traitement des dossiers de crédits. Selon le classement Doing Business 2019, le Maroc est classé 119/190 pays en ce qui concerne l'obtention de prêts.

Cependant, selon certaines sources, le Maroc atteindra le top 50 dans le classement Doing Business grâce à la grande réforme des sûretés mobilières qui permettra d'améliorer le score du pays sur l'indicateur de l'obtention des prêts. Une politique nationale de l'environnement des affaires a révélé que l'accès au financement est enfin facilité. Plusieurs réformes ont été en effet comptabilisées et à leur tête celle ayant trait à l'accès au crédit. C'était l'indicateur qui nivelait le Maroc vers le bas, mais visiblement, ce ne sera pas le cas grâce à la grande réforme portant sur les sûretés mobilières qui n'avait pas été comptabilisée dans le classement 2020. La lenteur dans la

---

[121] C.A. Michalet « Les IDE et le développement : l'expérience tunisienne ». in « IDE : facteurs d'attractivité et de localisation ». L 'harmattan.1997. Page 105

finalisation de cette réforme avait pénalisé le Maroc qui avait même enregistré une régression de sept places en 2020 sur l'indicateur « Obtention des prêts » par rapport à 2019 en passant du 112ème au 119ème rang[122].

3.1.5. L'insuffisance liée à l'innovation

L'exploitation des atouts naturels d'un pays dépend, entre autres, de l'évolution des données technologiques et scientifiques. Certes, l'existence d'une économie de la connaissance et du savoir est un facteur essentiel d'attractivité de l'investisseur étranger dans la mesure où elle permet de développer une capacité de recherche et de développement forte, meilleur moyen de pénétrer les marchés à demande élevée (en particulier les marchés des produits technologiques), de favoriser les gains de productivité et de créer de nouveaux avantages comparatifs. Ainsi, les données technologiques et scientifiques peuvent aussi bien valoriser que dévaloriser les atouts d'un pays.

Or, au Maroc, le développement technologique est faible avec une insuffisance liée à l'innovation malgré la création depuis 2000 de l'Office Marocain de la Propriété Industrielle et Commerciale (OMPIC). Ceci s'explique par la difficulté à exploiter les résultats de la recherche académique au travers d'un « système national d'innovation » suffisamment performant, associant de manière harmonieuse et efficace pouvoirs publics, entreprises, universités et laboratoires de recherche.

L'enjeu de la formation professionnelle serait précisément de développer de nouveaux savoir-faire et des compétences susceptibles de générer des avantages en matière de maîtrise des nouvelles technologies et d'accès à la société de l'information.

Le Maroc est classé 74ème parmi les 129 économies évaluées selon l'Indice Mondial de l'Innovation (IMI). Cet indice se base sur 80 critères notamment l'éducation, l'infrastructure, le cadre politique et la compétitivité des entreprises. A noter qu'en Afrique, le Maroc se positionne derrière l'Afrique du Sud (63ème/129 pays) et la Tunisie (70ème/129 pays).

---

[122]Doing Business (2021) : « Le Maroc sur la bonne voie », leseco.ma

3.1.6. L'avantage de la proximité géographique de l'Union Européenne revêt de moins en moins d'importance

Le Maroc bénéficie d'une situation géographique qui le met à la porte du plus grand marché du monde à savoir celui de l'Union Européenne. Cependant, cet avantage a de moins en moins de l'importance en raison des avancées techniques qui réduisent régulièrement la part des coûts de transport dans les charges totales, et aussi en raison des nouvelles relations Est-Ouest avec la reconversion des anciens pays socialistes de l'Est à l'économie de marché ainsi que le renforcement progressif de leurs relations économiques et sociales avec les pays de l'Ouest[123].

3.1.7. Les coûts des facteurs de production

Le niveau des coûts de production revêt une grande importance du fait qu'il regroupe les salaires et les charges sociales, les coûts du capital, de l'énergie et de l'immobilier, les services de transport, des télécommunications et des divers infrastructures, la fiscalité, etc. Ils constituent un des éléments pris en considération par l'investisseur pour décider de la réalisation d'un investissement dans tel ou tel pays.

De plus, les coûts de production, s'ils revêtent une grande importance pour l'entreprise, leur signification réside encore plus dans la comparaison avec ceux en vigueur dans les pays concurrents.

Ainsi, à titre d'exemple, en comparant le Maroc à d'autres pays concurrents en matière d'attraction des investissements notamment dans le domaine fiscal, on peut noter que les entreprises exportatrices en Tunisie sont exonérées de l'impôt sur les sociétés (IS) pendant les dix premières années alors que le Maroc n'accorde une exonération totale que sur les cinq premières années. De même, en matière d'impôt général sur le revenu (IGR), la fiscalité sur les revenus salariaux est supérieure de 20 à 30 % à au Maroc par rapport à celle appliquée par la Tunisie.

---

[123]Mohamed Larbi El Harras (2002), « Attraction de l'investissement étranger et dynamique de l'économie marocaine », N 7, 2002, revues.imist.ma

3.2. Les obstacles d'ordre microéconomique

Plusieurs facteurs peuvent bloquer l'entreprise marocaine et constituer ainsi des entraves aux investissements étrangers :

-La faiblesse du marché intérieur résultant de la faiblesse du pouvoir d'achat et donc de la demande

-Le risque d'une mise en place de lois restrictives aux activités des investisseurs étrangers

-Le poids excessif de la fiscalité

-Le blocage administratif et le non-respect de certains engagements

-L'insuffisance du niveau de la formation professionnelle

-La concurrence déloyale due à la contrebande, la contrefaçon et la puissance du secteur informel. Ce sont des points noirs qui entachent l'image du Maroc et le privent des IDE essentiels à la mise à niveau de son économie et pour assurer la performance de sa croissance économique.

Certes, la dépendance de l'économie marocaine du marché informel représente 30% du PIB global. Ce secteur a même rendu le marché local inefficace, peu compétitif et a réduit graduellement le volume des exportations de l'industrie nationale.

En effet, le textile et le cuir, à titre d'exemple, qui attiraient par le passé des IDE ont le plus souffert du développement des articles contrefaits.

De ce fait, et afin de faire face à ce fléau et d'atténuer son ampleur, le Maroc s'est doté d'une loi contre la contrebande et la vague des produits contrefaits[124].

---

[124] Adil Hidan (2002), « diagnostic de l'attractivité du Maroc pour les IDE » novembre 2002. www.memoireonline.com

3.3. Les obstacles d'ordre sociopolitique :

Les facteurs de blocage dont souffre l'investissement au Maroc en général et l'investissement étranger en particulier ne sont pas dus seulement aux obstacles d'ordre macroéconomique (insuffisance de l'infrastructure, mauvaise application de la législation, inadaptation de l'environnement législatif et réglementaire) et microéconomique, mais aussi à des obstacles d'ordre non économique qu'on peut qualifier d'ordre sociopolitique, c'est à dire ayant trait aux facteurs immatériels, notamment politiques, organisationnelles, éthiques, culturels, et qui influencent tés fortement la sphère économique.

3.3.1. La complexité de l'environnement administratif

Les problèmes posés par le poids de l'administration constituent une limite à l'implantation des investissements étrangers au Maroc. Certes, l'un des obstacles qui entravent l'attractivité des IDE au Maroc réside dans la faiblesse de l'administration publique en termes d'efficience, de gouvernance et de prestations offertes aux investisseurs. De ce fait, l'efficience et l'efficacité de l'administration publique marocaine restent faibles. Le nouveau Mémorandum économique de la Banque Mondiale sur le Maroc « le Maroc à l'horizon 2040 : investir dans le capital immatériel pour accélérer l'émergence économique », affirme que le Royaume du Maroc avait engagé en 2002 un programme de réformes de l'Etat dans le but d'améliorer l'efficience et la productivité de son administration publique. Toutefois, le statut de la fonction publique dans ce pays demeure insuffisant pour que les exigences d'une gestion moderne des ressources humaines soient prises en compte.

Pascal Perez et Benedict de Saint Laurent soulignent « les investisseurs ne savent pas à qui s'adresser, ils reçoivent des messages et des informations différentes d'un organisme à l'autre. C'est pourquoi ils se plaignent plus que les nationaux de l'absence d'un interlocuteur unique dans leurs démarches de choix et de réalisation de leurs projets »[125].

---

[125] Pascal Perez et Benedict de Saint Laurent (2005), « image de la région MEDA pour les investisseurs », réseau euro-méditerranéen d'Agences de promotion des investissements, Paris, 2005

De plus, au Maroc, même avec la mise en place des Centres Régionaux d'Investissement, la multiplicité des intervenants ne facilite pas la tâche aux investisseurs étrangers.

Ainsi, avec la lourdeur des procédures administratives, il serait illusoire de prétendre garantir un cadre propice à l'investissement, dans un environnement international, où les incitations à l'IDE connaissent une grande concurrence.

3.3.2. L'instabilité des règles administratives : faiblesse d'un l'Etat de Droit

Dans la quasi-totalité des études et enquêtes réalisées sur les obstacles à l'investissement étranger au Maroc apparaît le phénomène de la corruption qui constitue un des freins à la réalisation d'une croissance économique, d'un développement durable et des bases de la démocratie. Le Maroc a réalisé, certes, de grandes avancées dans la voie de la démocratie. Seulement, Il a besoin actuellement d'une administration qui s'inspire plus de l'Etat de Droit et qui par son comportement, ses actions assure la stabilité et la sécurité, incite au progrès économique et à l'épanouissement du potentiel humain.

En réalité, deux caractéristiques privent le Maroc d'un nombre important d'investisseurs potentiels : la lourdeur des procédures administratives et d'une part, et la corruption d'autre part.

Pour ce qui est de la corruption, un rapport récent de l'OCDE conclut à partir des données recueillies dans 28 pays que : « plus que la corruption elle-même, c'est l'incertitude liée à l'instabilité des règles administratives, dont la corruption n'est qu'un élément parmi d'autres, qui affecte négativement les investissements »[126].

3.3.3. La propagation de l'esprit de rente et de spéculation

A l'instar d'un certain nombre de pays en développement, le comportement d'un grand nombre d'opérateurs économiques au Maroc reste manqué par l'esprit de la rente et la recherche des opportunités de

---

[126] OCDE (2021), « affairisme, la fin d'un système : comment combattre la corruption ». OCDE, 2001, www.ocde.org

spéculation. Il est évident que l'Administration n'est pas étrangère à cet état de fait (clientélisme, réseau de relations, etc.).

Or, l'investissement national ou étranger ne peut se développer sans l'existence de règles de jeu claires et transparentes qui font face à tout « pouvoir de nuisance » de l'Administration et aux situations de rente et de privilèges.

De plus, les exigences de l'ouverture économique et les impératifs de la création de la « zone de libre-échange » impliquent un tout autre comportement qui doit être orienté plutôt vers la recherche de l'efficacité économique, la valorisation de la production, l'intégration du savoir etc. Ces valeurs constituent les outils d'une bonne intégration dans l'économie mondiale et d'une attraction de l'investissement étranger productif[127].

De même, une croissance forte et durable n'est pas seulement une question de gestion financière, elle est, de plus en plus, une affaire du niveau qualitatif des institutions qui suivent et accompagnent le développement économique et social et surtout leur aptitude et leur disponibilité au changement[128].

Ceci nécessite un nouveau rôle de l'Etat, dans ses dimensions de stratège d'incitateur, de pédagogue et d'arbitre.

3.3.4. L'ampleur des disparités sociales

Les tendances observées jusqu'à présent montrent que l'évolution de l'investissement privé au Maroc est étroitement liée à la demande des ménages et donc à la demande intérieure qui semble exercer une influence plus forte que la demande externe. C'est dans ce cadre que la théorie keynésienne a bien analysé l'impact de la demande sur la croissance économique et considère la demande comme l'un des déterminants essentiels de la croissance économique.

---

[127] Mohamed Larbi El Harras (2002), « attraction de l'investissement étranger et dynamique de l'économie marocaine », Critique économique N° 7 (2002) revues.imist.ma

[128] Les chroniques de M. Driss Benali publiés dans l'hebdomadaire « la vie économique » 2000.

D'ailleurs, sur le plan social, malgré l'amélioration quantitative de « l'Indicateur de Développement Humain », le Maroc reste classé en 2008 au rang 126ème dans le « Rapport mondial sur le développement humain »[129].

3.3.5. La faiblesse du système judiciaire

La mise en confiance de l'investisseur étranger et sa protection constituent l'un des éléments déterminants de l'implantation des IDE. Or, cette protection dépend avant tout de l'existence d'un système judiciaire fiable.

Selon le rapport de la Banque Mondiale, le Maroc a fourni des efforts louables pour la modernisation de son système judiciaire. Or, la réalité de la justice marocaine a révélé une tendance en faveur des nationaux en cas de litiges entre investisseurs nationaux et étrangers d'une part, et en faveur des employés en cas de litiges entre employés et employeurs d'autre part.

De plus, la faiblesse du système judiciaire, réside dans la nature des compétences et de la formation des juges, chargés de statuer et de rendre des jugements sur des conflits opposants les investisseurs étrangers aux locaux.

De ce fait, la mise à niveau du système judiciaire marocain est basée sur la crédibilisation de la justice aux yeux des citoyens et des investisseurs.

3.3.6. Les déficiences du système d'éducation-formation

Le système éducatif marocain connait une grande déficience. Les grands problèmes liés au système d'éducation-formation sont :

-Le niveau élevé de l'analphabétisme en dépit des investissements éducatifs réalisés depuis l'indépendance.

-Le faible niveau scolaire et du nombre de diplômés de la population active.

---

[129] Statistiques effectuées par Perspective monde 2009.

-L'inadéquation formation-emploi surtout chez les jeunes diplômés. La majorité des jeunes ne sont pas formés face aux nouvelles données de l'entreprise et de son environnement

Face à de telles limites, le PNUD a classé le Maroc 126e sur 177 pays sur le plan du développement humain et c'est la santé fragile du secteur de l'éducation-formation qui le pénalise. D'ailleurs, le Maroc est classé parmi les pays les moins avancés de la région MENA (Moyen-Orient et Afrique du Nord) au même rang que Djibouti, le Yémen et l'Iraq, comparé aux autres pays les plus avancés de la même région notamment la Jordanie et le Koweït.

3.3.7. L'évaluation des « Agences de notation internationales sur le « Risque-pays »

L'un des indicateurs utilisés pour apprécier les capacités d'un pays à attirer l'investissement international réside dans l'évaluation et les appréciations fournies par les « Agences de notation internationales » sur le « Risque-pays ».

Cet exercice donne lieu à un classement des pays, particulièrement, ceux en voie de développement sur la base d'une pondération prenant en considération certains paramètres d'ordre économique, politique, sociale, financier etc.[130]

C'est ainsi que certains organismes internationaux ont analysé le « Risque-Maroc » telle la dette extérieure marocaine vue par Moody's et S&P et publiée dans son rapport annuel sur le Maroc en avril 2004. Pour sa part, dans son rapport publié en mars 2004, l'Agence Internationale de Rating Standard & Poor's (S&P) relève la perspective de la dette marocaine libellée en devises de stable à positive. Dans un raisonnement similaire à celui de Moody's, S&P estime que la stabilité politique du Maroc ainsi que sa politique monétaire plus prudente contribuent à l'amélioration de la liquidité

[130] CMC (2012), « Evaluation du risque-pays : une tâche complexe », wikimemoires.net

externe du pays[131]. Cependant, le même organisme estime que la crise financière internationale augmente le « Risque-Maroc ».

[131] Mohamed GADI(2007), « L'Entreprise dans son Environnement », www.memoireonline.com

Conclusion

Dans un contexte de globalisation et face aux expériences réussies de certaines économies performantes en matière d'attractivité des IDE, le Maroc s'est lancé vers la mise en place d'une stratégie volontariste pour assurer l'attractivité de son territoire national en luttant contre tout obstacle bloquant les investissements locaux et étrangers et en créant un environnement favorable à l'investissement notamment les conditions macro-économiques saines, la stabilité politique et un cadre réglementaire efficient et transparent.

C'est ainsi que l'Etat marocain s'est lancé vers la création des Centres Régionaux d'Investissement (CRI) en 2002 et l'Agence Marocaine pour le Développement des Investissements (AMDI) ainsi que la signature de plusieurs accords de protection et de promotion de l'investissement avec des pays étrangers.

Parallèlement à l'amélioration de l'environnement institutionnel, d'autres actions économiques et sociales sont de nature à permettre la dynamisation de l'investissement étranger au Maroc notamment poursuivre la stabilisation du cadre macro-économique, réformer l'administration, la justice et la législation du travail, développer davantage les infrastructures en respectant les délais de leur réalisation, lutter contre l'analphabétisme en valorisant les compétences et le capital humain par une politique de scolarisation généralisée tant en milieu urbain qu'en milieu rural, encourager l'entrepreneuriat et améliorer l'environnement de l'entreprise notamment l'amélioration des conditions de financement de la PME, développer la compétitivité nationale par une véritable politique de développement et d'aménagement du territoire, favoriser l'intégration sectorielle du Maroc dans le cadre d'une dynamique régionale en encourageant les articulations entre les dynamiques sectorielles et les organisations territoriales, renforcer la stabilité sociale en développant la solidarité et le partenariat et en poursuivant les politiques de lutte contre la pauvreté, particulièrement en milieu rural.

C'est ainsi qu'à l'instar d'autres pays, le Maroc s'est positionné comme l'un des territoires les plus attractifs des IDE notamment sur le continent africain. Selon le classement 2020 du Doing Business, le Maroc a été classé au 53ème rang des pays les plus accueillants des IDE. Il est considéré le quatrième pays arabe qui attire le plus d'investissements étrangers dans la région du Royaume-Orient et de l'Afrique du Nord (MENA) en 2019[132].

Cependant, malgré l'ensemble de ces réformes, plusieurs obstacles affectent l'attractivité des IDE au Maroc notamment l'environnement administratif complexe avec la lourdeur des procédures administratives, la faiblesse des infrastructures, la mauvaise exploitation des ressources humaines et naturelles, les difficultés d'accès au financement, l'insuffisance liée à l'innovation… Aussi, en dépit de multiples facteurs positifs, il faut bien noter que le Maroc draine surtout des investissements de sous-traitance.

Ainsi, avec un ensemble de limites à l'attractivité des IDE, il serait illusoire de prétendre garantir un cadre propice à l'investissement, dans un environnement international, où les incitations à l'IDE connaissent une grande concurrence. L'économie marocaine apparait moins compétitive par rapport à certaines économies émergentes et performantes (Chine, Malaisie et Corée du Sud…) malgré les efforts fournis par les pouvoirs publics pour rendre le territoire de plus en plus attractif.

De plus, il est à signaler que l'attractivité des IDE a contribué à renforcer les inégalités régionales entre régions attractives répondant aux exigences des FMN et de la mondialisation accueillant les flux d'IDE et les autres régions moins attractives.

C'est face à ces inégalités interrégionales et dans l'objectif de rendre le territoire marocain attractif que le Maroc s'est lancé vers la nouvelle stratégie de développement basée sur la « régionalisation avancée » et le développement régional, processus qui tend à faire des régions marocaines des acteurs incontournables du développement économique, d'où le rôle des acteurs locaux dans le développement territorial. Certes, le développement de l'attractivité des IDE s'appuie sur une bonne gouvernance territoriale. C'est une responsabilité partagée entre les composantes d'un territoire, d'où le rôle de la « régionalisation avancée » comme levier du développement régional au Maroc. Certes, la « régionalisation avancée » jouera un rôle important en matière de stimulation des investissements privés et

---

[132] Selon le rapport annuel de la Société Arabe pour la Garantie des Crédits et des Exportations, 2019

l'attractivité des investissements directs étrangers (IDE) à travers une technique de marketing territorial.

Chapitre III

La « régionalisation avancée », le nouveau mode de gouvernance territoriale

Chapitre III

La « régionalisation avancée », le nouveau mode de gouvernance territoriale

« Le territoire est avant tout un construit d'acteurs en vue de résoudre un problème productif » (Hatem 2004).

Durant les dernières décennies, l'environnement socio-économique mondial se trouve confronté à une période de mutations profondes, génératrices de multiples tensions, capables de peser lourdement sur la cohésion sociale et l'efficacité économique (globalisation, régionalisation, décentralisation…), et seuls des territoires bien pensés disposant d'outils d'accompagnement, d'assistance, de gestion et de promotion pourront affronter les exigences de la mondialisation et relever ses défis[133].

Ainsi, le Maroc à l'instar des pays en développement, confronté aux défis et aux exigences de la mondialisation s'est lancé depuis son indépendance politique vers un modèle de développement basé sur la « la régionalisation avancée » et sur la contribution de la région au développement économique et social du pays à travers la valorisation des potentialités et des ressources propres à chaque région, la mobilisation des différents acteurs locaux, la participation à l'élaboration et à la mise en œuvre des grands projets structurants et le renforcement de l'activité des régions.

Certes, afin de promouvoir un développement intégré du royaume et faire face à l'hétérogénéité qui caractérise le développement des régions, l'amélioration des régimes d'organisation du territoire devient une nécessité.

---

[133]Aicha Ouazzani Chahdi (2020), « La régionalisation avancée », levier du développement économique du Maroc », Revue de Recherches en Droit, Economie et Gestion, Revue Semestrielle N° 13, décembre 2020, Université Moulay Ismail, Faculté des Sciences Juridiques, Economiques et Sociales, Meknès

Dans son Discours royal du 03 janvier 2010, Sa Majesté le Roi a avancé : La « régionalisation élargie et escomptée n'est pas un simple aménagement technique ou administratif. Elle traduit plutôt une option résolue pour la rénovation et la modernisation des structures de l'Etat, et pour la consolidation du développement intégré »[134].

Le Maroc a adopté plusieurs plans de développement, qui ne lui ont pas permis d'atteindre l'ensemble des objectifs escomptés d'une manière efficace dont les plus ultimes sont l'amélioration des conditions de vie des citoyens et la réduction des disparités entre les espaces marocains, à cause de la déclinaison des stratégies du développement telles qu'elles sont conçues au niveau central à l'échelle des régions.

Ainsi, le territoire s'est affirmé comme un acteur du développement socio-économique capable de concevoir et de mettre en œuvre des stratégies de développement adaptées à ses spécificités, ses moyens et aptes à répondre aux aspirations de la population locale. De ce fait, le Maroc a procédé à la mise en œuvre du processus de la « régionalisation avancée » qui met en avant le rôle de la région dans la réalisation du développement territorial endogène et équilibré. La « régionalisation avancée » a donc des perspectives de développement prometteuses.

Cependant, malgré les efforts employés par l'Etat depuis le début du lancement du chantier de la « régionalisation avancée », sa mise en œuvre subit encore des défis à surmonter[135].

Certes, la « régionalisation avancée » connait plusieurs enjeux qui entravent le processus de son exécution. La non convergence des politiques publiques territoriales constitue l'une des entraves à la réussite de ce chantier. Pour ce faire, il faut impérativement redoubler les efforts pour mettre en place non seulement les structures nécessaires à la réalisation de la politique de la « régionalisation avancée », mais aussi une convergence des politiques publiques

---

[134] Discours royal du 03 janvier 2010 à l'occasion de l'installation de la Commission Consultative sur la régionalisation, www.regionalisationavancee.ma

[135] El Moujaddidi Noufissa et Jafari Maria (2016), « La régionalisation avancée au Maroc : Perspectives et défis », Faculté des Sciences Juridiques, Economiques et Sociales, Université Mohammed V, Rabat, https://revues.imist.ma/

impliquant la contribution de toutes les forces vives de la nation et donc tous les acteurs économiques et sociaux au développement local.

Dans ces conditions, la promotion du développement sur un territoire repose sur des politiques nationales transversales qui s'imposent aux acteurs nationaux et locaux, exerçant des compétences sectorielles et les engageant à intégrer dans leur mode de travail les dynamiques territoriales et l'existence d'une gouvernance locale par une adaptation des normes et des procédures aux contingences locales, un appui aux instances publiques territoriales, une prise en compte des impacts de leurs actions au-delà de leur secteur d'intervention.

De ce fait, la question qui nous interpelle est la suivante :

Dans quelle mesure la « régionalisation avancée » peut-elle contribuer au développement économique et social du pays ?

De cette question principale découlent des questions secondaires :

En quoi consiste le modèle de développement basé sur la « régionalisation avancée » ? Dans quelles mesures la valorisation des potentialités économiques et sociales régionales et le rôle des différents acteurs locaux peuvent-ils être un levier du développement national ? Quels sont les enjeux et les limites de ce modèle de développement ? Quelles stratégies adopter pour que la région soit un véritable acteur décentralisé du développement régional, et que le développement régional soit un levier du développement économique et social national ?

1. Le développement régional et la « régionalisation avancée » : Fondements conceptuels et historiques

1 .1. Le développement régional : Eléments de définition

1.1.1. Définition de la « région »

Il est difficile d'élaborer une définition unanime de la « région », car elle est abordée selon différentes perspectives. La région est un terme latin « regîo » qui signifie tracer une ligne ou une frontière. Il était considéré comme synonyme de province[136]. Il désigne une portion du territoire déterminée par certaines caractéristiques en commun ou des circonstances spéciales telles que le climat, la topographie ou le moyen de gouvernement[137].

Etymologiquement, le mot « région » peut désigner une destination, une direction, un sens, une orientation ou un positionnement, dans l'espace céleste, terrestre ou maritime. Il peut être traduit par « côté » ou « partie ». Il peut désigner la destination des quatre points cardinaux. Par exemple : région du Nord ou région du Sud. Souvent, le langage courant désigne par région l'aire territoriale qui regroupe plusieurs agglomérations, villes, communautés ou tribus ou tout simplement une partie de celles-ci.

L'Union européenne définit la région comme étant « l'échelon immédiatement inférieur à celui de l'Etat, qui en fonction qu'on lui accorde dans le cadre des systèmes centralisés ou qu'elle accorde à soi-même dans le cadre du système fédéral, gère sur le plan administratif et politique une communauté territoriale dont la dimension varie beaucoup ».

La région est souvent perçue différemment dans les pays de l'Union européenne, mais elle signifie généralement une communauté de personnes qui vivent dans le cadre d'une unité plus large, celle d'un pays. Cette communauté est caractérisée par une certaine homogénéité historique, culturelle, géographique et économique, ce qui la conduit à poursuivre les mêmes buts[138].

Ainsi, les définitions attribuées à la région par les différentes institutions européennes contiennent une série d'éléments communs à savoir l'espace avec des limites plus ou moins présentes, la collectivité humaine qui occupe cet espace et qui possède des traits

---

[136]Jacques de Lanversin (1979), « La Région et l'aménagement du territoire », 3ème édition, Paris, Librairies techniques. Revue Organisation et Territoire n°2, 2016, p. 11-13

[137]https://lesdefinitions.fr/region, 7/1/ 2012

[138] Pavlina Koubska (2005), « La place des régions dans l'Union européenne, l'analyse comparative des régions françaises et tchèques : le cas de l'Alsace et de la région de Bohême centrale dans l'Union européenne », Mémoire de Master en Administration Publique, Cycle International Long, ENA, promotion Romain Gary 2003-2005

spécifiques, ainsi qu'une certaine unité ou identité et finalement les compétences attribuées à la région. Ainsi, la région constitue le cadre spatial intégrant des dimensions économiques, sociales et culturelles permettant de consolider les bases de la démocratie locale, la solidarité inter et intra-régionale et la coordination entre les différents acteurs composant la région en vue de réaliser un développement régional intégré et diversifié[139].

Certains auteurs définissent la région en se référant à un ensemble de caractéristiques qui permettent de construire des régions qui dépassent les frontières administratives et celles des Etats. Les critères de délimitation de la région sont nombreux, humains, culturels, linguistiques, de tradition, d'appartenance à une région géographique, style de vie et manière de penser, climatiques ou topographiques, industriels ou urbains, de spécialisations économiques, unité administrative, aires politiques internationales.

C'est selon la manière de l'organisation de l'Etat que les critères choisis pour délimiter la région diffèrent d'un pays à un autre. Les conditions de la délimitation d'une région peuvent être : faciliter l'intégration des activités dans un cadre spatial supérieur à celui départemental, contribuer à la réduction des déséquilibres régionaux entre les régions quel que soit leurs emplacements géographiques ou leurs niveaux de développement économique et social, c'est-à-dire entre les régions du Nord et celles du sud, et aussi entre les régions développées et celles pauvres. Pour ces dernières, des programmes prioritaires spéciaux doivent être appliqués pour leur permettre un développement plus rapide et pour éviter que le fonctionnement des régions cause des troubles au système économique national ou affecte l'intégrité et la sécurité de l'Etat. Il est nécessaire de ne pas faciliter des autonomies territoriales de type ethnique, mais seulement des autonomies administratives et culturelles, avoir une infrastructure communicationnelle, chemins et systèmes de transport modernes, qui soutiennent les flux de biens, de services et de population, dans le cadre de chaque région, mais aussi vers l'extérieur, et enfin individualiser dans le cadre de chaque région un endroit central ou

---

[139] Créée en 1992 en tant que collectivité locale de plein exercice, la région est présentée dans le discours royal en janvier 2010 et réaffirmé dans le discours royal du 9 mars 2011.

deux places gémelles à structure bipolaire qui développe des relations actives avec d' autres régions.

1.1.2. Le développement régional

Le développement régional constitue la pièce angulaire du développement durable de la nation et un moyen équitable pour la répartition des richesses nationales et l'agencement de la croissance économique globale entre les différentes franges socio-économiques et régionales du pays. En effet, le développement économique régional forme l'ensemble des transformations économiques, sociologiques et politiques qui affectent une région et qui accompagnent le processus de croissance qui lui sied afin de satisfaire les besoins qui lui sont fondamentaux.

Dans ce contexte, le développement économique régional permet de satisfaire les besoins des régions les plus démunies, en tenant compte de leurs particularités, sans compromettre celles des autres régions dans une stratégie intégrée pour la prospérité de la nation toute entière. Cette approche implique une coopération et une solidarité entre les régions notamment par l'instauration d'un système productif complémentaire entre les régions et la circulation des flux d'investissement et des compétences humaines et techniques des régions excédentaires vers les plus dépourvues.

1.2. La « régionalisation avancée » : Fondements conceptuels et historiques

1.2.1. La « régionalisation avancée » : Définition et terminologie

La « régionalisation avancée » peut être considérée comme une nouvelle organisation territoriale, un nouveau mode de gouvernance et de structuration du territoire caractérisé par le passage de la phase de l'aménagement du territoire au développement du territoire à travers un processus de décentralisation et de déconcentration. Par le biais de ce système, l'Etat central accorde aux collectivités territoriales la responsabilité de gestion des régions en leur transférant des attributions administratives et financières en vertu du principe de la subsidiarité.

La « régionalisation avancée » constitue l'aboutissement d'un certain nombre de mutations concernant les modes d'organisation territoriale qui se sont succédé à travers le temps. C'est donc une organisation structurelle et administrative, un mode d'organisation et de modernisation territoriale de l'Etat basé sur le développement régional. Ainsi, la politique de « régionalisation avancée » vise à faire de la région un véritable acteur décentralisé du développement régional.

La « régionalisation » est une décision politique qui concerne la réorganisation administrative territoriale d'un pays. Il s'agit de fonder un nouveau niveau dans l'organisation territoriale d'un Etat par la mise en place des institutions régionales et de compétences administratives au niveau régional : décentralisation et déconcentration. La décentralisation est « le transfert de pouvoir et de responsabilités du centre vers la périphérie », alors que la déconcentration désigne un processus par lequel l'Etat procède à l'implantation des agences et des services gouvernementaux dans les régions et des directions ministérielles dirigées par le niveau central[140]. En général, la décentralisation peut avoir plusieurs dimensions : politique, économique et financière, administrative et fonctionnelle :

-La décentralisation politique des systèmes gouvernementaux repose sur la dévolution du pouvoir. Elle représente la forme de décentralisation qui correspond le plus à un véritable transfert des responsabilités, des compétences et du pouvoir de décision vers les instances régionales ou locales, ce qui nécessite souvent des réformes constitutionnelles. Les autorités régionales ou locales sont dirigées par des représentants élus par la population et jouissent d'une grande autonomie décisionnelle et financière dans leurs secteurs d'attribution respectifs.[141].

---

[140] Lemieux Vincent (2001), « Décentralisation, politiques publiques et relations de pouvoirs ». Les presses de l'université de Montréal Canada. p 35 et 36. Revue Organisation et Territoire n°2, 2016

[141] Éric Champagne (2012), « L'organisation et les structures gouvernementales dans le contexte canadien Fédéralisme, centralisation et décentralisation », chapitre 1, Administration contemporaine de l'État. Québec : Presses de l'Université du Québec, pp 20-26

-La décentralisation économique et financière signifie que les organismes locaux et les autorités régionales ont le pouvoir de prendre des décisions importantes en matière de dépenses et de fiscalité, la possibilité de poursuivre des politiques de développement économique régional, de favoriser des activités économiques décentralisées en prenant en considération les richesses propres à chaque région (ressources naturelles, capital humain, emplacement stratégique, etc.)[142].

-La décentralisation administrative se caractérise par le transfert des pouvoirs de décision aux responsables locaux[143]. Elle renvoie à la redistribution des responsabilités financières et de gestion de l'appareil gouvernemental de l'Etat. L'Etat central conserve ses responsabilités, mais il fait exécuter ses pouvoirs en dehors de la capitale, c'est-à-dire par des antennes ou des bureaux de l'administration situés en région. Le transfert des responsabilités se limite généralement à des fonctionnaires des ministères ou du gouvernement central qui travaillent dans les divisions administratives régionales de l'Etat.

-La décentralisation fonctionnelle où l'Etat procède au transfert des responsabilités vers des organisations semi-autonomes qui ne sont pas entièrement contrôlées par le gouvernement central, mais qui lui sont néanmoins redevables. Les responsables de ces organismes assument des responsabilités déléguées par le gouvernement central auprès des citoyens pour la gestion de certains services publics.

Cependant, malgré les effets positifs de la décentralisation sur le développement régional, certaines études ont commencé à mettre en doute les gains d'efficacité liés à la décentralisation dans les pays en développement. Les résultats montrent que la décentralisation peut

[142] Jin H, Qian Y, and Weingast BR., (2005), Regionaldecentralization and fiscal incentives : Fedelarism, Chinese style. Journal of Public Economics, 2005, 89 (9), 1719-1742

[143] Barshan P., (2002), « Decentralization of Governance and Development ». Journal of Economic Perspectives.16(4), 185-205

entraîner une réduction de la coordination et une augmentation des coûts administratifs[144].

1.2.2. Le contexte historique de « la régionalisation avancée »

Depuis son apparition, (l'ère de la culture de « régionalisation avancée » s'est amorcée vers la moitié du XXème siècle dans plusieurs pays développés (France, Italie, Espagne, Allemagne...) avant de s'étendre au Maroc), la « régionalisation avancée » a occupé une place centrale dans la gouvernance des Etats bien qu'elle diffère d'un pays à un autre en fonction des spécificités de chaque économie.

Au Maroc, la question de la gouvernance territoriale a toujours été au centre du débat politique. Elle est considérée comme la stratégie de base d'une démocratie locale et d'un développement régional. C'est ainsi que le royaume a opté après plusieurs années de réformes et de changements pour un processus de la « régionalisation avancée », comme mode de gestion territoriale qui n'est que le fruit d'une longue évolution historique. Certes, « La régionalisation avancée » représente l'aboutissement d'un long processus de réformes structurelles entamées depuis le début du XXème siècle, d'où la nécessité d'analyser au préalable l'évolution du processus de la décentralisation au Maroc et le passage du stade de la décentralisation à l'étape de la régionalisation.

En réalité, le processus de régionalisation au Maroc a connu une évolution en trois phases successives : La phase du développement local, la phase de la régionalisation restreinte et la phase de la régionalisation élargie.

1.2.2.1. La phase du développement local :

Cette phase remonte à la période coloniale durant laquelle le Maroc cherchait à structurer son territoire selon une logique essentiellement administrative. Le décret du 31 juillet 1913 a instauré la première région civile marocaine (la Chaouia, région entourant Casablanca) et l'arrêté résidentiel du 19 septembre 1940 définit trois régions civiles

---

[144] Tanzi. Fiscal Federalism and Decentralization : A review of Some Efficiency and macro economc Aspects Annual World Bank Conference on Development Economics 2015, 295-317

(Rabat, Casablanca et Oujda) et des régions militaires (Fès, Meknès et Agadir) (Annexe 1).

Au lendemain de son indépendance, le Maroc s'est efforcé d'établir un mode de gouvernance territoriale caractérisé par une organisation administrative décentralisée[145].

Déjà en 1959, l'instauration du processus de la décentralisation a été effectivement entamée. En effet, le Dahir du 2 décembre 1959 a posé les germes fondateurs de la première organisation communale au Maroc. Ce Dahir Royal se rapportant à la division administrative du territoire marocain scinde le pays en 16 provinces et 2 préfectures (Rabat et Casablanca) et a permis la création de 801 communes urbaines et rurales dans le but de constituer des entités territoriales de proximité pour mieux gérer le pays.

Mais, c'est depuis les années 1970 que la régionalisation connait un développement en adoptant le premier texte sur la décentralisation. Le 16 juin 1971, la régionalisation économique est lancée sous l'initiative du Roi Hassan II. Sept régions ont été créés (Sud, Tensift, Centre, Nord-Ouest, Centre-Nord, Oriental et Centre-Sud). Cependant, ces régions ne disposent ni de pouvoir de décision ni de gestion. La Charte communale de 1976 qui régit les collectivités locales définit les missions et les prérogatives de ces dernières.

1.2.2.2. La phase de la régionalisation restreinte :

Durant la décennie 1990, le processus de la régionalisation est devenu une des priorités dans les stratégies de développement du Maroc. La constitution de 1992 reconnait à la région le statut de collectivité territoriale (Annexe1).

La constitution de 1996 définit la loi sur les régions basée sur un nouveau découpage en 16 régions[146]. Un nouveau cadre juridique précise l'organisation et les compétences des régions ainsi que leur autonomie financière. Le Conseil régional est alors crée. En 2002,

---

[145] SABINE PLANEL (2009), « Transformations de l'Etat et politiques territoriales dans le Maroc contemporain », https://doi.org/10.4000/espacepolitique.1234

[146] Constitution de 1996, la loi 47-96 du 2 février 1997 relative à l'organisation de la région, www.rgg.gov.ma

avec la révision du code juridique des collectivités locales et la réduction de la tutelle de l'Etat, les régions connaissent un repositionnement et deviennent les locomotives du développement économique par le lancement de plusieurs projets d'investissements. La loi de finance de 2006 a renforcé les missions des régions en leur attribuant un budget propre.

1.2.2.3. La phase de la régionalisation élargie

La régionalisation étendue ou élargie est la dernière étape du développement régional. Elle est donc une forme d'autonomie qui garantit l'identité territoriale, la souveraineté et l'indépendance financière du territoire tout en gardant la souveraineté de l'Etat dont la sphère d'intervention se limite aux secteurs souverains tels que la défense, la sécurité, les communications.

Certes, avec l'adoption de la Constitution de 1992 et de la Constitution de 1996, le discours régional a commencé à occuper une place importante dans le débat public ouvrant la voie à l'ouverture démocratique du pays.

Cependant, avec l'accès au trône du roi Mohammed VI en juillet 1999, Sa Majesté a manifesté le désir d'accentuer le développement régional et de régler le différend sur le Sahara marocain. Cette tendance a abouti à la soumission par le Maroc en 2007 d'une proposition visant à étendre l'autonomie des territoires du Sahara sous la souveraineté marocaine.

La proposition marocaine a accéléré le rythme de la direction du royaume dans la région, et le roi Mohammed VI a promis de faire des régions sahariennes un pionnier dans la transformation du Maroc en une région développée à l'occasion du 40eme anniversaire de la Marche verte le 06 novembre 2015. A cette occasion, Mohamed VI a annoncé l'octroi de pouvoirs importants aux régions sahraouies en tant que porte d'accès à la régionalisation au Maroc.

Il ne fait d'aucun doute que l'objectif principal du discours royal concernant le champ des unités territoriales, que ce soit des villes ou d'autres régions, est d'attirer les investissements étrangers et de créer un dynamisme développemental qui redessine les paramètres du terrain et assure son bien-être et sa tranquillité. Cette stratégie repose sur l'établissement d'une régionalisation basée sur la redistribution de l'autorité et du potentiel du Centre sur les régions pour jeter les bases des grands ateliers structurels avancés.

Certes, le 6 novembre 2008, le processus de régionalisation a connu une nouvelle phase et le système de la décentralisation au Maroc a connu une évolution majeure. Dans son discours royal à l'occasion de la Marche Verte, Mohamed VI a invité les partis politiques, les académiciens, la société civile à réfléchir sur la mise en œuvre d'une « régionalisation avancée » pour englober toutes les régions du royaume dans le cadre de l'unité nationale en adoptant une politique démocratique et participative fondée sur une bonne gouvernance et un partenariat regroupant toutes les forces vives de la nation[147] : « Nous procédons aujourd'hui à l'installation de la Commission Consultative de la Régionalisation. C'est un moment fort et solennel. Nous considérons qu'il marque le lancement d'un chantier structurant, dont nous voulons qu'il constitue un tournant majeur dans les modes de gouvernance territoriale. Nous entendons également en faire un prélude à une nouvelle dynamique de réforme institutionnelle profonde »[148].

De plus, dans son discours du 3 janvier 2010, le Roi a annoncé la création de la Commission Consultative de la Régionalisation (CCR) en insistant sur la nécessité de créer un modèle « maroco-marocain de régionalisation ».

Entre 2002 et 2012, le Maroc connait d'importantes mutations : le modèle de régionalisation de 1997 n'est plus en phase avec les réalités sociogéographiques et économiques du pays et avec l'actuel découpage administratif en 12 régions, 17 wilayas, 62 provinces et13 préfectures. Le choix stratégique du Maroc d'appliquer le processus

---

[147] « Aussi avons-nous décidé, avec l'aide de Dieu, d'amorcer une nouvelle phase dans le processus continu des réformes globales que nous conduisons, en lançant la dynamique d'une régionalisation avancée et graduelle, englobant toutes les régions du Maroc, avec à leur tête, la région du Sahara marocain » Discours royal du 6 novembre 2008 à l'occasion du 33ème anniversaire de la marche verte, www.sahara.ma

[148] Konrad-Adenauer- Stiftung (2017), La régionalisation avancée, le nouveau mode de gouvernance territoriale au Maroc http://wwwkas.de/marokko/frpublications/496'45/

de « la régionalisation avancée » trouve son fondement juridique dans la Constitution et dans les lois organiques s'y afférents.

La nouvelle constitution de 2011 a considéré les régions comme les premières collectivités territoriales d'où la « régionalisation avancée » avec la nouvelle organisation territoriale décentralisée. (Annexe 1)

Devant cette situation, se pose la question suivante : « Comment le Maroc assure-t-il le passage de l'approche de décentralisation vers le processus de la régionalisation avancée ? ».

2. La « régionalisation avancée », un processus au service du développement durable et intégré

Depuis les années 1990, le Maroc a entrepris une politique qui vise la mise en place d'une « régionalisation avancée » afin de mettre en œuvre une forme d'organisation institutionnelle avec des fonctions réglementées. Elle se positionne dans la politique publique où les secteurs d'activité se sont classés à partir de leurs priorités par rapport aux territoires. Ainsi, Cette politique de régionalisation constitue la pierre angulaire du modèle de développement. C'est un déterminant majeur du bien-être socio-économique et le fondement de toute politique qui vise à réaliser un développement endogène, durable et intégré[149].

L'objectif de la « régionalisation avancée » est double : répondre aux grands défis du XXIème siècle et renforcer le processus démocratique à travers l'instauration d'une démocratie locale et l'assurance de la gestion de proximité en incluant les acteurs locaux dans la gestion autonome de leurs affaires adaptés à leurs spécificités et aux potentialités de leurs régions.

---

[149]Pigalle G. (1990), « La théorie de convergences régionales et disparités non compensatrices », Economie et Prévision, n° 92-93

2.1. La « régionalisation avancée », solution aux défis du XXIème siècle

La régionalisation bien conçue et bien menée contribuera au bon règlement des grands défis du Maroc du XXIe siècle :

2.1.1. Un défi historique

L'évolution historique du Maroc milite pour une « régionalisation avancée ». Dans le Maroc historique, l'existence affirmée des régions territoriales a coïncidé avec des périodes de stabilité politique et généralement de progrès. Le XXIème siècle étant l'ère de la compétition des territoires, le Maroc affrontera mieux les défis de ce siècle par un Etat à structure régionale solidement édifiée qu'un Etat à organisation unitaire classique.

2.1.2. Un défi juridique et institutionnel

La « régionalisation avancée » peut être à la base de la réalisation effective de l'Etat de droit. Elle est présentée comme une solution afin de moderniser les institutions de l'Etat et assurer une nouvelle répartition des pouvoirs fondée sur la rationalité. Certes, le développement d'un Etat de droit se réalisera par le biais du renforcement de la démocratie participative et représentative, c'est-à-dire par la participation des acteurs locaux à la prise des décisions et à l'élaboration des projets au niveau régional. Dans cette optique, la région est analysée comme un cadre pour favoriser le pluralisme préconisé par la démocratie dans la perspective de permettre l'émergence d'une nouvelle élite en mesure de rétablir la confiance et la crédibilité dans les institutions représentatives de l'Etat[150].

2.1.3. Un défi politique

C'est en régionalisant plus que l'Etat marocain sera plus unitaire. Le Maroc a aujourd'hui pour priorité de conduire avec succès son passage de la région unidimensionnelle à la région pluridimensionnelle.

---

[150]Tarik Zaïr (2015), « Les enjeux de la régionalisation avancée », édition N°4597, L'Economiste.com. http://www.leconomiste.com/article/976343-les-enjeux-de-la-regionalisation-avancee.

L'Etat unitaire au Maroc a visiblement atteint aujourd'hui ses limites. L'Etat à organisation régionale doit prendre la relève. Le potentiel local des différentes régions du royaume est étouffé par les lourdes structures de l'esprit étatique centralisateur.

L'architecture des sphères de pouvoir s'articulera vraisemblablement autour des trois blocs classiques de compétences : les attributions exclusives de l'Etat, celles de la région, et les compétences partagées. La « régionalisation avancée » encouragera la modernisation de la structure administrative et l'instauration du principe de la territorialisation des politiques publiques. De plus, elle pourra donner une nouvelle dynamique territoriale dans les régions du Sud.

2.1.4. Un défi économique et social

Le devenir du Maroc est dans la région. Le déterminisme du développement durable imprime au Maroc de s'orienter vers le développement de la région : le développement des atouts de l'économie, la lutte contre la pauvreté, l'éradication de l'analphabétisme, la dynamisation de l'emploi[151].

« La régionalisation avancée » pourra faire des régions des pôles de développement attractifs par l'exploitation des potentialités économiques, sociales et environnementales, contribuer à lutter contre les déséquilibres régionaux et réaliser un développement national intégré par une complémentarité régionale et la répartition équitable des richesses[152]. Ainsi, « la régionalisation avancée » jouera un rôle important en matière de stimulation des investissements privés et l'attractivité des investissements directs étrangers (IDE) à travers une technique de marketing territorial.

2.2. Les objectifs et les moyens de la « régionalisation avancée »

Le besoin du développement régional a émergé à travers des domaines vitaux tels que le développement économique et social, la

---

[151] Abdelfattah Naimi (2010), « La régionalisation avancée : l'avenir de la démocratie locale au Maroc », L'Economiste.com n°3263 le 27/04/2010

[152] Rapport de la CCR sur la régionalisation avancée. Livre 1 : Conception générale p.5, www.regionalisationavancee.ma

planification et l'attractivité des investissements directs étrangers, d'où le concept de « régionalisation avancée », qui est une étape de décentralisation qui donne aux autorités une indépendance presque totale par rapport au centre dans divers domaines.

Les objectifs de « La régionalisation avancée » restent impératifs. Il s'agit de rapprocher l'Etat des préoccupations des citoyens et ceci par la formulation de politiques locales propres à chaque région au niveau politique, économique et social, de créer un équilibre entre les différentes régions pour éviter l'émergence de zones très prospères et productives par rapport aux zones marginalisées et vivant aux dépens des autres.

Du point de vue historique, on constate une forte corrélation entre le pouvoir de l'Etat marocain et le management de l'administration centrale ainsi que l'expansion régionale. Ce qui a occasionné des disparités de plus en plus ancrées au niveau territorial. Pourtant, l'atténuation des disparités régionales s'avère primordiale pour la mise en œuvre et l'opérationnalisation des structures décentralisées[153]. Le modèle de développement marocain nécessite de structurer des institutions de base afin de mettre en place une « régionalisation avancée » comme étant un choix stratégique.

En vue d'insertion du Maroc dans la mondialisation et dans le développement durable, Sa Majesté le Roi Mohammed VI a mis l'accent dans son discours du 9 mars 2011 sur l'importance de bien exploiter les richesses du pays et cela en se basant sur une profondeur stratégique qui se concrétise par la nouvelle étape constitutionnelle du nouveau découpage du pays : « Cher peuple, je m'adresse à toi aujourd'hui pour t'entretenir de l'amorce de la phase suivante du processus de régionalisation avancée… »[154].

Ainsi, si l'expérience de la régionalisation au Maroc a connu une évolution à travers des étapes historiques, la question de la région et sa relation avec le développement durable a reçu une grande attention,

---

[153] Fadlallah A. et Chakhat Z. (2019), « Disparités géographiques, croissance et convergence régionale : étude empirique pour le cas marocain », Finance & Finance Internationale, N° 15 Juillet 2019

[154]Discours de Sa Majesté le Roi Mohammed VI du 9 mars 2011, www.regionalisationavancee.ma

surtout depuis l'annonce faite par le Roi de l'autonomie du Sahara, qui permet à la population locale de gérer ses affaires locales[155]. Certes, l'adoption de la « régionalisation avancée » comme base pour soutenir le développement à travers les grands chantiers lancés par Sa Majesté le Roi donne un nouvel élan non seulement à la question du Sahara, mais aussi à un modèle d'organisation administrative marocain basé sur la décentralisation. Ainsi, le Maroc a opté pour la « régionalisation avancée » pour parvenir à un développement local, ce qui impose une planification stratégique dont la région contribue efficacement à l'instauration de ses fondements et moyens de sa mise en œuvre.

Cependant, l'Etat central a ses propres comptes où il est sorti avec sa proposition de la régionalisation étendue à caractère marocain conformément au dernier discours royal sans copier les autres modèles des autres pays. Certes, afin de réussir la « régionalisation avancée », le Maroc ne doit pas imiter les modèles d'organisation régionale de certains pays, car les systèmes régionaux sont des réponses à des besoins et des cheminements historiques spécifiques. La régionalisation marocaine intégrera l'universalité de l'organisation régionale en induisant la particularité de l'évolution historique de l'Etat marocain.

De plus,, la planification stratégique devrait s'appuyer sur un ensemble d'outils et de mécanismes de gestion pouvant se résumer en fournissant l'environnement approprié aux initiatives locales afin de renforcer les capacités individuelles et collectives en matière d'investissement et de production, le lancement de nouvelles réformes basées principalement sur l'utilisation de toutes les énergies et l'auto-

---

155 L'Etat marocain a accordé cette autonomie dans le cadre de la souveraineté nationale marocaine, en accordant de larges pouvoirs dans la gestion et l'exploitation de la richesse aux populations des provinces du sud. Plusieurs mouvements ont émergé au Maroc réclamant le droit de gérer les affaires locales et de partager équitablement les ressources locales et nationales entre toutes les composantes de la société marocaine. Nada et Nadia Berchane (2017), « L'intelligence économique territoriale, levier stratégique pour une régionalisation avancée au Maroc », Master Intelligence Economique et Stratégies Compétitives (M2 IESCI), 1 décembre 2017, promotion 2017-2018, master-iesc-angers.com

qualification de la région, un partenariat avec tous les acteurs locaux afin d'exploiter leur potentiel productif, développer des alternatives au développement basées sur la diversité des ressources et créer de nouvelles formes d'organisation et de production qui intègrent les préoccupations sociales, culturelles et environnementales dans la dimension économique du développement, de l'adaptation et de l'auto-réhabilitation comme condition préalable au développement durable.

Afin de faire réussir la « régionalisation avancée », un comité de plus de 25 membres, présidé par M. Omar Azziman (ancien ambassadeur de Rabat à Madrid) désigné par le Roi Mohamed VI, a été chargé d'écouter la population locale sur différentes régions du territoire national pour présenter un rapport détaillé et complet sur les mécanismes et les exigences du peuple marocain en ce qui concerne la « régionalisation avancée », d'autant plus qu'il y a des partis qui ne sont pas satisfaits de l'ancienne division régionale, qui ne prend pas en compte les spécificités historiques, culturelles, économiques et linguistiques de chaque région. De ce fait, si la division territoriale ne change pas, elle renforcera davantage la question du Maroc utile et inutile, le Maroc riche et pauvre, et par là l'échec de la « régionalisation avancée ».

Ainsi, le découpage régional est un volet qui revêt une grande importance pour l'aménagement du territoire en général et pour la concrétisation du processus de la régionalisation en particulier. Il s'agit de mettre en place des régions viables et stables dans le temps, fondées sur des critères rationnels et réalistes.

En réalité, il n'y a pas une science exacte du découpage régional. Ce dernier doit permettre de matérialiser au niveau territorial les finalités institutionnelles et fonctionnelles recherchées, qui sont de nature politique, économique et sociale. La validité du découpage régional dépend de sa viabilité, c'est-à-dire de sa capacité à créer des entités territoriales qui permettent aux citoyens de vivre ensemble et évitent l'instabilité, chose qui est tributaire de la cohérence créée par le découpage régional. Elle dépend de la pertinence de ce dernier, c'est-à-dire de sa capacité à créer des territoires qui sont en mesure d'assurer une bonne conduite des politiques du développement humain, économique et culturel avec efficacité et efficience[156].

Les critiques portées à l'ancien découpage concernent ses soubassements et ses fondements ainsi que sa pertinence et son efficacité. Il a été considéré comme un frein au renforcement du rôle de la région. Les données historiques, géographiques et sociologiques ne peuvent être considérées comme des critères du découpage. Elles ne permettent que de faire des entités à caractère de localisation ou d'identification, et non pas des régions ayant une quelconque légitimité pour devenir un statut institutionnel et fonctionnel. Le découpage régional reste tributaire du contenu institutionnel de la réforme régionale dans ses aspects institutionnels et fonctionnels. D'ailleurs, dans l'ancien découpage territorial, cinq régions concentrées dans le centre, représentent environ 60% du revenu national brut alors que les onze autres régions représentent 40% du revenu national, d' où le déséquilibre régional.

Généralement le découpage régional repose sur des choix déterminés par des considérations stratégiques. Le processus de la régionalisation s'appuie sur deux impératifs :

- Un impératif à caractère institutionnel et politique. Il vise à faire de la région un échelon d'action efficace, c'est-à-dire un échelon de décentralisation et de déconcentration.

Certes, la décentralisation constitue un pilier du processus de la « régionalisation avancée » au Maroc. C'est un instrument efficace de l'instauration d'une bonne gouvernance territoriale par l'instauration d'un nouveau mode qui régit la relation entre le niveau central et les niveaux régionaux à travers les contrats programmes qui permettent la déclinaison territoriale des plans d'actions sectoriels et le transfert des compétences et des ressources du centre vers les niveaux régionaux, chose qui permet plus de transparence et de responsabilisation dans la gestion de la chose publique. Ce processus constitue le fondement de la régionalisation et son rôle dans le renforcement du processus démocratique et de la bonne gouvernance.

---

[156] Revue Organisation et Territoire n°2, 2016

L'élaboration de la charte de la déconcentration constitue aussi un pilier du processus de la « régionalisation avancée » au Maroc en dotant les conseils régionaux de réelles marges d'initiative et de pouvoir de décision, d'où l'intérêt d'une coordination efficace.

-Un impératif à caractère fonctionnel et pratique. Il permet d'améliorer l'efficience de l'action publique et de réaliser le développement économique et social. Il s'agit donc de créer des régions institutionnelles et fonctionnelles en ne se reposant pas seulement sur des critères administratifs, mais bien sur d'autres critères qui permettent d'assurer l'efficience et la viabilité du découpage. Certes, la recherche de l'espace qui garantit la viabilité et la pertinence est très complexe vu que les critères constitutifs d'une même région sont rarement similaires ou identiques.

Dans ce cadre, la politique de régionalisation vise la répartition du territoire marocain de façon que les nouvelles régions puissent réaliser un développement autocentré, c'est-à-dire chaque région favorise le développement et la croissance de l'économie du pays. Cette logique cherche à ce que chaque région présente un groupe complet de secteurs économique : industrie, agriculture, tourisme…L'objectif est de trouver pour chaque indicateur socio-économique régional une valeur proche des moyennes nationales.

De ce fait, les cinq dimensions qu'aborde le dispositif de la « régionalisation avancée » sont :

-Une dimension historique d'ancrage de la modernité dans les articulations démocratiques traditionnelles du pouvoir marocain.

-Une volonté de contrecarrer la concentration tendancielle de l'activité sur les franges atlantiques, phénomène popularisé par le concept « Maroc utile et Maroc inutile ». (Annexe 2)

-L'instauration d'un nouvel étage institutionnel, pour approfondir la démocratie et donner un cadre d'expression aux identités régionales.

-L'attribution à cet étage régional des responsabilités liées spécifiquement au développement durable et à la projection vers l'avenir.

-Le choix le plus pertinent possible des espaces géographiques régionaux.

2.3. La « régionalisation avancée » au service d'un développement intégré et durable

Pour réaliser un développement intégré, durable et endogène, le découpage territorial doit reposer sur les règles suivantes : l'efficience, l'accumulation sur l'existant, l'homogénéité, la fonctionnalité, l'accessibilité et la proximité, la proportionnalité et l'équilibre.

-Le principe de l'efficience concerne la taille (superficie et population) et le nombre de régions à mettre en place. Il s'agit bien d'une dimension politique et économique que géographique. Chacune des régions doit avoir la taille suffisante pour pouvoir être en prévalence par rapport aux autres régions en terme de compétences de planification, de coordination et d'animation à l'échelle régionale.

Le nouveau découpage régional s'est basé sur la répartition administrative provinciale actuelle, en vue de continuer sur l'existant et de s'accroître sur la décentralisation administrative du Royaume. Il se base sur le regroupement de zones (régions) qui ont les mêmes caractéristiques en se conformant aux exigences de la continuité, la contigüité et l'intégrité des entités administratives.

-L'homogénéité : Ce principe renvoie aux caractéristiques physiques du territoire : plaines et plateaux, villes impériales, les grands axes de communication, densité de la population, les espaces désertiques...

-La fonctionnalité : Ce principe fonctionnel lié à la polarisation urbaine doit occuper une place déterminante dans la délimitation des régions. Il renvoie à décrire les régions selon le rôle de ville métropolitaine dans l'organisation de la vie économique du territoire. Il dépend aussi des flux des biens et services qui s'organisent et s'articulent autour de la ville. En fait les domaines atlantiques, méditerranéens et intermédiaires constituent des espaces de très fortes densités humaines, des villes impériales de grands ports, des métropoles régionales. L'économie de ces territoires ne s'appuie pas seulement sur leurs ressources naturelles mais sur les échanges de biens et services qui s'organisent dans et autour des grandes villes et de leurs aires d'influence. La mise en évidence de ces régions pourrait favoriser l'application du principe de solidarité à leur égard.

L'application des deux règles d'homogénéité et de fonctionnalité n'est pas fortuite. Elle est prise en charge afin de permettre la distinction qui caractérise le territoire national selon des critères géographiques, économiques et géostratégiques et en fonction de deux grands domaines. Ces domaines sont partagés par une ligne allant de Sidi Ifni à Taza tout en s'appuyant sur les différentes chaines de montagne de l'Atlas au Rif Oriental, vers le Sud d'Oujda. Il s'agit, d'un côté, du domaine atlantique, méditerranéen et intermédiaire, qui contient 87% de la population, et d'un autre côté, du domaine semi-désertique à saharien (au Sud, Sud-Est et Nord-Est) qui contient seulement 13% de la population. La problématique de la régionalisation repose sur la considération de plusieurs critères propres à chacun des domaines en question.

Le domaine atlantique, méditerranéen et intermédiaire s'étend sur des espaces caractérisés par l'existence de plaines, de plateaux, une partie de montagnes, ouvert sur l'influence de l'océan et sur les apports d'eau de l'arc montagneux. Ces espaces connaissent une importance de densité humaine et ils sont dotés d'armatures urbaines hiérarchisées : des villes impériales telles que Fès, Marrakech, Rabat et Meknès, de grands ports : Agadir, Tanger et surtout Casablanca, et des métropoles régionales : Oujda, Béni Mellal, Laayoune. L'économie territoriale est une combinaison qui relie à la fois les ressources naturelles et humaines d'un territoire et aussi les services et échanges qui s'organisent dans et autour des grandes villes d'influence. Cet avantage métropolitain s'impose actuellement et plus que jamais comme étant une ressource qui qualifie d'avoir un avantage concurrentiel. Le principe fonctionnel relatif à la polarisation urbaine doit être fortement pris en considération dans la délimitation des régions qui appartiennent à ce premier domaine.

En revanche, le deuxième domaine « atlasique », au Sud, Sud-Est et Nord-Est qui va de Jerada à Guelmim, en passant par Errachidia, comporte les bassins de la Moulouya à l'Est, du Ziz et du Draa supérieur au Sud-Est et les bassins de l'Oued Noun, Seguia al Hamra, et Oued Eddahab au Sud. Aussi, ce domaine se caractérise par des conditions délicates relatives aux reliefs et aux climats, des milieux naturels fragiles, un peuplement peu dense et des niveaux de vie peu élevés. Le découpage de ce domaine était difficile et ne s'est pas basé sur le principe de fonctionnalité appliqué pour le domaine précédant, et cela en raison de la faiblesse que présentent ces locomotives urbaines. Il est vu que le découpage pertinent pour ce deuxième domaine doit être fait selon le critère de l'homogénéité, tout en tenant compte de l'importance reconnue de ces régions sur le plan historique, environnemental, culturel, et géostratégique (zones frontières).

-Les règles d'accessibilité et de proximité concernent la distance kilométrique entre deux entités (200 à 250 km) et donc la durée du trajet (2 à 3h) ainsi que le coût du déplacement. La notion de proximité renvoie à une distance relationnelle. La région doit être un lieu d'identification et un cadre d'implication des acteurs locaux où les citoyens partagent un minimum de repères communs et perçoivent, majoritairement, un tel espace régional comme efficace et pertinent. De plus, ce principe implique non seulement la délimitation d'une zone géographique selon les perceptions et coutumes, mais aussi la considération des espaces actifs et dynamiques d'interactions effectives entre populations en question.

-Quant aux deux autres règles de la proportionnalité et de l'équilibre, leur importance provient du fait qu'elles questionnent la pertinence et la validité de l'importance d'établir un équilibre entre les régions pour éviter et écarter le risque que les grandes régions écrasent les petites. Le découpage territorial fait face à des défis des villes métropoles (Casablanca et Rabat). Or, les villes capitales sont toujours des zones de concentration des ressources, des services et d'activités par excellence et donc elles disposent d'un niveau de commandement très élevé. Par conséquent, la logique de la « régionalisation avancée » est de prendre en considération le pouvoir de ces villes, par la formation de régions d'interaction qui ne vont pas s'affecter aux limites des grandes villes.

L'objectif de tout cela est de parvenir à un développement intégré et durable, qui portera ses fruits dans toutes les villes et villages du Royaume, y compris les zones montagneuses et les zones les plus vulnérables.

De ce fait, malgré l'importance du débat sur le découpage régional, le plus important est le débat de l'activation de la « régionalisation avancée » qui portera inévitablement sur l'élargissement des compétences et la réhabilitation des élites ainsi que sur le renforcement des mécanismes de surveillance et de responsabilisation à distance. Ces axes représentent l'essence de la réforme régionale et les conditions de son succès.

3. Rôle des acteurs locaux dans le développement régional

Au Maroc, l'Etat demeure l'acteur principal au niveau du développement régional. Le rôle de l'Etat diffère selon le niveau territorial. Toutefois, d'autres acteurs contribuent aussi au développement régional. Il s'agit du secteur privé, des collectivités territoriales, des Centres Régionaux d'Investissement (CRI), de l'Agence de Développement (AD), de l'Agence Régionale de l'Exécution des Projets (AREP) et de la société civile.

3.1. Le rôle de l'Etat dans le développement régional : les principales réformes

L'Etat central joue un rôle prépondérant dans la mise en œuvre du développement régional. L'équilibre des rapports entre l'Etat et la région sera l'épine dorsale du nouveau schéma régional au Maroc[157].

D'abord, l'administration centrale et ses services déconcentrés aux niveaux régionaux ont les missions de l'orientation, de la conception, de l'animation, de l'accompagnement, de l'assistance, de l'évaluation, du contrôle et de la gestion des programmes et des projets de développement au niveau de la région avec la délégation progressive des missions opérationnelles et de gestion.

L'administration régionale est chargée des missions de la coordination, de la mise en cohérence des programmes et des actions des services et des organismes publics, de la contractualisation avec l'administration centrale et du suivi de la mise en œuvre des programmes et puis l'administration préfectorale ou provinciale qui met en œuvre les actions et les projets et assure leur maintenance et leur gestion courante. Le Wali est le représentant de l'Etat au niveau

---

[157] «La réforme régionale ou les sept péchés capitaux du Maroc» dans l'édition du 3 mars 2010 de L'Economiste.

de la région, le gouverneur est son représentant au niveau de la préfecture ou de la province. Ils ont pour mission de veiller à l'application des lois, règlements et décisions du gouvernement. Ils ont également des prérogatives pour assurer la coordination des services étatiques déconcentrés de leurs ressorts, veiller à leur bon fonctionnement et s'assurer de la bonne conduite de leurs projets et programmes. Ils sont donc des interlocuteurs entre les conseils territoriaux et l'administration centrale, en matière d'information, de planification et de réalisation de leurs projets et veillent sur le partenariat entre les deux parties.

L'Etat vise à réaliser une dynamique au niveau local à travers la décentralisation de certaines responsabilités aux collectivités territoriales. Le Maroc a connu dans son évolution politico-administrative les différents types de régions : région historique, région économique, région administrative ayant toutes un rapport fortement hiérarchisé avec l'Etat. Le modèle marocain se situera à la lisière de la décentralisation et du fédéralisme[158].

Afin de concrétiser le processus de la régionalisation sur le territoire national et installer les règles de bonne gouvernance, plusieurs réalisations ont été effectuées aussi bien sur le plan territorial, institutionnel que législatif dont la plus importante est celle de la rénovation de la constitution en 2011[159].

-Sur le plan territorial : Le Maroc a connu une nouvelle configuration régionale en réduisant le nombre des régions. Le Décret n°2-15-40 stipule que le territoire du Royaume est composé de 12 régions (au lieu de 16 soit une réduction de 25%) définies selon des critères démographiques, géographiques, économiques et culturelles. De même, cette nouvelle configuration régionale a été faite sur les principes d'efficience, d'homogénéité, de proportionnalité et d'équilibre, mais aussi d'accessibilité et de proximité.

---

[158] Mohamed Amine Ben Abdellah (2006), communication présentée à l'occasion du colloque sur «Les enjeux constitutionnels de la régionalisation, perspectives marocaines et expériences étrangères-24 et 25 mars 2006».
[159] Konrad-Adenauer- Stiftung, Op.cit.

-Sur le plan institutionnel : « la régionalisation avancée » de par son ampleur institutionnelle, ses multiples implications, est une véritable refondation de l'Etat marocain et de ses institutions. Il ne s'agit pas d'une réforme technique du cadre régional existant ni un pas de plus dans le processus de décentralisation engagé depuis les années soixante par le Maroc. C'est une mutation. Le système de la « régionalisation avancée » apporte une nouvelle configuration institutionnelle au niveau local. La région aujourd'hui est une collectivité locale à part entière. Elle est appelée à devenir une collectivité possédant les pouvoirs d'agir sur son destin régional dans l'ensemble national. Chaque région doit comprendre trois grands organes : Le Conseil régional, le Conseil de la ville et les communes.

-Sur le plan législatif : Le Maroc a adopté trois Lois organiques et 22 Décrets gouvernementaux destinés à la réglementation du processus de la régionalisation et fixant les procédures techniques.

Parallèlement à l'amélioration de l'environnement institutionnel, administratif et législatif, d'autres actions économiques et sociales ont été entreprises afin d'encourager les investissements nationaux et étrangers et lutter contre les déséquilibres régionaux[160].

3.2. Rôle du secteur privé dans le développement régional

Il s'agit d'un acteur important dans le développement régional constitué par l'ensemble des entreprises appartenant aux personnes physiques ou morales autres que l'Etat et contribuant au développement économique et social des régions par les investissements privés.

Vu le rôle du secteur privé dans le développement régional (lutte contre les inégalités sociales, la pauvreté et le chômage par l'offre d'emploi, la distribution des revenus et la participation au circuit économique de la région et donc à sa croissance économique), chaque région doit procéder à l'amélioration de son climat des affaires et le renforcement de sa compétitivité territoriale afin d'attirer le maximum des entreprises et mettre en place des mécanismes de concertation

---

[160] Voir Chapitre IV sur les nouveaux fondements des politiques publiques territorialisées

avec le secteur privé et le développement des partenariats publics-privés.

De ce fait, le Conseil régional est engagé dans un processus de développement qui vise à stimuler le développement de la région par l'utilisation des potentialités propres de la région, la création des conditions avantageuses pour les nouvelles entreprises et l'amélioration du climat des affaires pour réaliser une attractivité territoriale (amélioration des services, infrastructure, performances logistiques, création d'un système fiscal favorable, la formation des techniciens et des cadres supérieurs, la stabilité et la nouvelle gouvernance).

De son côté, l'Etat s'est lancé vers plusieurs politiques et réformes d'encouragement et d'attractivité des investissements privés nationaux et étrangers du fait que le secteur privé joue un rôle fondamental dans le développement économique et social au niveau régional et national sans oublier ses contributions fiscales effectives aux recettes de l'Etat (Impôts sur les sociétés et impôts sur les revenus). Tel est le cas à Tel est le cas par exemple de l'installation des entreprises industrielles de production des voitures dans les régions de Casablanca, Tanger-Tétouan, Kenitra et Meknès[161].

3.3. Rôle des collectivités territoriales dans le développement régional

Les collectivités territoriales en tant que partenaires de l'Etat dans le développement de la nation jouent un rôle moteur dans le développement régional et peuvent mettre en place des stratégies de développement économiques, sociales et culturelles dans la mesure où elles connaissent mieux les spécificités et les potentialités des régions.

Ainsi, chaque région doit comprendre trois grands organes : Le Conseil régional, le Conseil de la ville et les communes.

---

[161] Selon la Conférence des Nations Unies pour le commerce et le développement (CNUCED) et dans le rapport publié le 25/06/2015 dans l'économiste sur les investissements dans le monde, les IDE au Maroc ont atteint 3,6 milliards de dollar en 2014, en hausse de 19% par rapport à 2013 http://www.usinenouvelle.com/article/les-investissements-étrangers-au-maroc.

Le Conseil régional présidé par le Président du Conseil régional dispose d'une administration régionale autonome dont les prérogatives concernent le développement économique, la formation continue et le développement rural.

Elus au suffrage universel direct, les conseils régionaux sont chargés de l'élaboration de la stratégie nationale en matière du développement économique et social, de mettre en œuvre et de suivre la réalisation des plans sectoriels de développement économique et sociaux aux niveaux national, régional et provincial, réaliser les travaux d'équipements et d'infrastructures de base, du schéma national de l'aménagement du territoire et du schéma du développement urbain et des stratégies nationales et régionales en matière de promotion des investissements et de l'emploi, de l'eau, de l'énergie, de l'environnement, de l'éducation, de la formation, de la culture et de la santé. Ils sont également consultés pour tout projet d'envergure que l'Etat entamera. Les conseils régionaux ont également pour mission de réaliser les travaux d'infrastructures et d'équipements pour renforcer l'attractivité économique de la région, les travaux de promotion de l'habitat social, la mise à niveau économique du monde rural et le soutien de la population en situation précaire. Ils font des partenariats et des coopérations internationaux avec des régions ou des organismes ainsi que des coopérations universitaires.

Le Conseil de la ville a conservé les mêmes prérogatives qui lui sont allouées dans la Charte Communale. Les Conseils préfectoraux et provinciaux sont chargés de l'élaboration et de la mise en œuvre des programmes de développement humain en cohérence avec les plans de développement au niveau régional, de l'élaboration et de la mise en œuvre des programmes d'équipements et d'infrastructures de base en adéquation avec le niveau intermédiaire de ces territoires qui est la région, de la coordination et de la concertation entre les Conseils régionaux et ceux communaux, de la mise en œuvre des programmes et des plans de développement régionaux dans la préfecture ou la province dans le cadre de la contractualisation, de la promotion et de la garantie du développement et de la pérennisation de l'intercommunalité afin de prendre en charge des projets communs et mutualiser les moyens.

Quant aux communes, leurs compétences ont évolué. Ainsi, selon l'article 140 de la Constitution, les collectivités territoriales ont des compétences propres, des compétences partagées avec l'Etat et celles qui leur sont transférables par ce dernier sur la base du principe de subsidiarité. La loi organique n° 111-14 précise les trois types de compétence :

***Les compétences propres des collectivités territoriales :**

Les collectivités territoriales disposent de compétences propres notamment l'élaboration d'un plan d'action communal afin de contribuer au développement économique et social régional et à l'aménagement du territoire : formation professionnelle, formation continue et emploi, développement rural, infrastructures, transport régional, équipements collectifs, conservation du patrimoine culturel de la région, gestion des parcs régionaux, etc.

***Les compétences partagées des collectivités territoriales** :

Les collectivités territoriales ont des compétences partagées avec l'Etat notamment le développement économique (amélioration de l'attractivité régionale pour les investissements privés, recherche scientifique), le développement agricole (création de pôles agricoles, électrification et adduction d'eau potable aux villages isolés, etc.), le développement social (promotion de l'emploi, de l'habitat social, sports et loisirs, etc.), le développement culturel (valorisation du patrimoine régional, entretien des monuments, gestion des établissements culturels), la protection de l'environnement (gestion du patrimoine communal et des ressources naturelles, lutte contre la pollution et la désertification, gestion des parcs protégés et des forêts), la promotion du tourisme…

***Les compétences transférables aux collectivités territoriales :**

Ce sont des compétences étatiques qui seront graduellement transférées aux régions. Il s'agit notamment des équipements et infrastructures régionaux, de l'industrie, de la santé, du commerce, de l'enseignement, de la culture, du sport, de l'énergie, de l'eau et de l'environnement.

Ainsi, les collectivités territoriales peuvent contribuer au développement des infrastructures, à la modernisation de l'administration, à l'attractivité des investissements privés nationaux et étrangers, à lutter contre la pauvreté et les inégalités sociales.

D'autre part, afin d'accomplir leur mission et de renforcer leur autonomie, la constitution a doté les régions et les autres collectivités territoriales de ressources financières propres et de ressources financières affectées par l'Etat (Article 141). Les collectivités territoriales disposent aussi des ressources émanant de l'emprunt[162]. Tout transfert des compétences de l'Etat vers les collectivités territoriales doit s'accompagner d'un transfert des ressources correspondantes.

De même, un fonds de mise à niveau sociale est destiné au profit des régions pour la résorption des déficits en matière de développement humain, d'infrastructures et d'équipements et un fonds de solidarité interrégionale visant une répartition équitable des ressources, en vue de réduire les disparités entre les régions.

3.4. Les Centres Régionaux d'Investissement, l'Agence de Développement de et l'Agence Régionale de l'Exécution des Projets

Dans le cadre du développement régional et pour attirer les investissements locaux et étrangers, l'Etat marocain s'est lancé vers la création des Centres Régionaux d'Investissement (CRI) en 2002 et l'Agence Marocaine pour le Développement des Investissements (AMDI) ainsi que la signature de plusieurs accords de protection et de promotion de l'investissement avec des pays étrangers. Le but est de doter notre pays de mécanismes nouveaux et professionnels pour promouvoir l'investissement, valoriser l'avantage de proximité, attirer les délocalisations, encourager les opérations de partenariat entre entreprises locales et étrangères en encourageant les investisseurs nationaux à rapatrier leurs capitaux et à choisir des sites d'implantation stratégiques pour rationaliser leur processus productif. Leur mission consiste aussi en la mise à niveau et le soutien des

---

[162] Rapport de la Commission Consultative de la Régionalisation (CCR) sur « la régionalisation avancée » / Livre III ; la régionalisation avancée au service du développement économique et social : p 29 et suivantes, www.regionalisationavancee.ma

entreprises en difficulté et l'assistance pour la création d'entreprises, à mettre à la disposition des opérateurs économiques de données et informations à caractère économique notamment l'exploitation des atouts et potentialités économiques régionales[163].

De même, dans le cadre du développement régional, l'Etat a créé plusieurs agences. On distingue :

-L'Agence de Développement (AD) est chargée de créer une dynamique de développement et de promotion territoriale ainsi que de renforcer la fédération des projets et programmes économiques et sociaux réservés aux provinces[164]. Elle joue un rôle de liaison entre les différents opérateurs publics et privés, selon une démarche partenariale qui favorise l'approche participative et l'implication des départements ministériels, des collectivités locales, des investisseurs privés, des organisations non gouvernementales et des bailleurs de fonds étrangers. L'intervention de l'Agence est conduite dans le cadre de la prise en compte des attentes et spécificités locales et régionales avec un souci de positionnement fort de la région dans le système territorial national. L'Agence intervient pour offrir une expertise au service du développement durable et territorial. Elle est considérée comme un intégrateur territorial qui apporte un appui technique et financier aux projets de développement, consolide des interventions des acteurs de développement en programmes intégrés. Elle catalyse et accélère certains programmes et interventions publics, revalorise l'espace rural par le désenclavement et l'accès aux services de base, réhabilite l'espace urbain par la requalification et la mise à niveau des villes et préserve les écosystèmes en mettant en place des systèmes de protection du milieu et de l'environnement. L'Agence agit comme animateur de développement local en mobilisant des fonds pour les populations vulnérables à travers notamment les activités génératrices de revenus, en étant à l'écoute des initiatives locales en accompagnant

---

[163] Il importe de réfléchir à la mise en place d'une agence unique en charge de la promotion économique, telles que KOTRA en Corée du Sud, l'entreprise IRELAND en Irlande ou le PAIZ en Pologne. Cette structure pourrait coordonner la mise en œuvre des objectifs définis dans le cadre d'attractivité des IDE comme la consolidation de l'image de marque du pays et la promotion économique du Maroc tant au niveau global que national.

[164] http://www.apdn.ma/ Revue Organisation et Territoire n°2, 2016

le renforcement des capacités locales et en stimulant la société civile et notamment le dynamisme des associations de développement.

-L'Agence Régionale de l'Exécution des Projets (AREP) est une personne morale de droit public, dotée de l'autonomie administrative et financière. Elle se trouve dans le cadre territorial de la région, placée sous la tutelle du Conseil Régional, pour veiller au respect des dispositions de la loi régissant la région. Son principal rôle est de faciliter au Conseil Régional l'exercice de ses missions, lui apporter toute forme d'assistance juridique, de l'ingénierie technico-financière lors de l'étude et de la préparation des programmes du développement et l'exécution des projets et des programmes décidés par le Conseil Régional. Ce dernier peut confier à l'Agence la gestion de certains projets pour le compte de la région.

En plus de ces deux dernières agences, d'autres agences contribuent au développent régional. On distingue les Agences de Développement Social (ADS), les Agences de Développement Agricole (ADA), les Agences Urbaines (AU) …

3.5. La Société civile

Elle concerne la population et les associations. La population n'est sollicitée que pour choisir et voter ses élus qui vont la représenter et défendre ses intérêts. L'implication directe de la population dans la gestion a certainement des effets positifs à différents niveaux, notamment veiller à une meilleure exécution et suivi des projets ainsi qu'à une meilleure prise de décision par les responsables lors de l'élaboration des stratégies de développement. Elle offre des services adaptés aux besoins de la population.

Quant aux associations, elles sont caractérisées par leurs forces de proposition, de veille et d'interpellation auprès des pouvoirs publics et des instances élues. Leur contribution apparait dans le cadre de la mobilisation et l'implication croissante de la population dans la vie de la région et leur participation à la réalisation des projets de développement régional en faisant bénéficier la collectivité d'importantes ressources en termes de savoirs et de savoir-faire : Réduire le prix de certaines prestations de services, réaliser des projets dans le cadre de partenariat entre les acteurs qui représente un mécanisme de la réalisation de la mission des associations considéré comme un engagement mutuel entre deux ou plusieurs parties pour atteindre les objectifs communs relatifs au développement de la région.

4. La « régionalisation avancée » : Etat des lieux et principaux enjeux du développement territorial

Durant les dernières décennies, le Maroc a entrepris plusieurs réformes ayant pour ambition d'asseoir les bases d'un développement territorial équilibré basé sur le processus de décentralisation et de déconcentration. Certes, le Maroc est une monarchie constitutionnelle, démocratique et l'organisation territoriale du Royaume est fondée sur une « régionalisation avancée ». Le Maroc comprend douze régions, soixante-quinze provinces et quatre-vingt-neuf préfectures (annexe 2). Les régions disposent d'une autonomie étendue.

Il est à remarquer que l'ensemble de ces réformes ont permis de donner un élan supplémentaire à la dynamique des territoires. Cependant, malgré les efforts employés par l'Etat depuis le début du lancement du chantier de la « régionalisation avancée », cette dernière connait plusieurs enjeux et défis qui entravent le processus de son exécution. D'ailleurs, les questions majeures qui sont au centre des débats des acteurs régionaux concernent la répartition des responsabilités entre l'Etat et la région, la révision des critères de répartition du budget de l'Etat et surtout une convergence des politiques publiques et des plans régionaux de développement.

De plus, il faut se rendre à l'évidence que ces réformes n'ont pas réussi à corriger les disparités territoriales dans la mesure où la richesse nationale demeure portée par un nombre réduit de régions. Ce constat a été avancé par le HCP dans son rapport relatif aux comptes régionaux en 2019.

Ainsi, si la régionalisation a été toujours au centre des préoccupations des responsables politiques, force est de constater que malgré le lancement des plans de développement et un ensemble de réformes, les réalisations n'ont pas atteint les résultats escomptés. En effet, le bilan du processus de la régionalisation au Maroc demeure très mitigé pour diverses raisons d'où les différents enjeux de la « régionalisation avancée ».

4.1. La « régionalisation avancée », victime de la logique de la décentralisation administrative et de la dépendance de l'Etat central

Le principe de base de la régionalisation avancée au Maroc est que chaque région doit gérer de manière indépendante ses affaires et ses ressources en comptant sur ses propres compétences, car ce sont les acteurs de la région qui sont supposés mieux connaitre leurs problèmes et leurs potentialités. La régionalisation est donc un instrument de renforcement du processus démocratique à travers une réelle décentralisation du pouvoir, ce qui nécessite plusieurs réformes des structures de l'Etat, à travers la modernisation des institutions et l'assurance d'une nouvelle répartition des pouvoirs basée sur la rationalité faisant de la région un cadre qui garantit la démocratie et le pluralisme.

Certes, la région est un cadre pour l'unité et la stabilité comme base du respect des différences et comme une assurance de la conduite des affaires publiques locales à différents niveaux économiques et productifs, afin de servir la prospérité de la citoyenneté.

Or, le processus de la « régionalisation avancée » est victime du problème de l'autonomie décisionnelle de la région et de la répartition des compétences entre l'Etat et la région.

En effet, si la régionalisation suppose le transfert des responsabilités de l'Etat aux élus locaux et la prise d'initiative et de décision de la part de ces élus pour le lancement de projets de développement et la gestion de la chose publique au niveau local, la libre administration demeure très limitée en raison du maintien de l'approche d'autocensure et de l'esprit de tutelle chez les élus locaux et les responsables régionaux[165].

La région reste dépendante dans sa gestion du niveau central. Même en ce qui concerne la déconcentration, il n'y a pas une réelle délégation du pouvoir vers les services déconcentrés de l'Etat, car malgré l'existence de contrat entre les deux niveaux, toute prise de

---

[165] Global Home Konrad-Adenauer-Stilton, « La régionalisation avancée, le nouveau mode de gouvernance territoriale au Maroc », http://wwwkas.de/marokko/frpublications/49745/

décision par les services déconcentrés dépend de l'administration centrale, tout en sachant que ces derniers sont les acteurs représentatifs de l'Etat au niveau de la région, ce qui rend les décisions régionales dépendantes du centre d'une manière directe et indirecte. Les décisions des Conseils régionaux doivent être approuvées par l'Etat central, et aussi le président du Conseil fait appel au représentant de l'Etat qui est le Wali ou le gouverneur dans l'exercice de ses compétences. On peut même dire que la déconcentration au Maroc bloque la mise en place d'une réelle décentralisation territoriale, car elle renforce l'autorité de la tutelle, ce qui fait augmenter la bureaucratie et entrave la mise en place d'une bonne gouvernance territoriale. Donc, il faut chercher un équilibre entre les deux processus d'où la complexité de l'avancement du chantier de la « régionalisation avancée »[166].

De même, les responsables locaux au niveau régional prennent en charge la lourde mission de développement du territoire et cherchent à adapter les politiques publiques territoriales aux espaces régionaux. Pour le pouvoir central, le processus de transfert des compétences peut être assimilé comme un contre-pouvoir des régions agissant comme des entités autonomes. Ainsi, les compétences de chaque collectivité territoriale sont déterminées de manière limitative.

4.2. La « régionalisation avancée », victime de la lourdeur des procédures réglementaires

L'exécution du chantier de la « régionalisation avancée » devait être accompagnée d'un long processus de procédures réglementaires et d'élaboration de lois notamment les lois organiques relatives aux régions. Or, il n'y a pas encore de loi relative aux régions qui permet de clarifier et de séparer les responsabilités et les pouvoirs entre l'Etat central, les Conseils régionaux, les préfectures, les provinces et les communes pour répondre au principe correspondant entre l'autorité et

---

[166] S.M. le Roi Mohammed VI n'a pas manqué d'inciter, lors de son discours à l'occasion de la fête du trône, de s'activer davantage sur ce dossier. Le Roi a également insisté auprès des différentes institutions compétentes de mettre en œuvre le processus de la « régionalisation avancée » au Maroc et de prendre les mesures nécessaires pour dépasser les nombreux obstacles nuisant à sa concrétisation. Global Home_ Konrad-Adenauer-Stilton, « La régionalisation avancée, le nouveau mode de gouvernance territoriale au Maroc », op.cit.

la responsabilité et au principe de l'efficacité[167]. Donc, sur le plan technique, il existe un grand écart entre le contenu des lois organiques et leur application réelle sur le terrain. En effet, plusieurs régions n'ont pas encore mis en place « les structures administratives et exécutives » prévues par la loi n°111-14 de mai 2015.

Certes, depuis l'adoption des 4 lois organiques des collectivités territoriales, le renouvellement des Conseils des élus en 2015 et l'élargissement des attributions des élus locaux, le chemin parcouru a été marqué par une lenteur des décideurs politiques dans l'exécution des procédures réglementaires[168].

Il s'agit, en particulier, de la Direction des services et la Direction des Affaires du Conseil régional qui constituent des organes administratifs très importants. S'agissant de l'appareil exécutif de la région, les agences réglementaires d'exécution des projets régionaux ne sont pas encore instituées dans la majorité des régions.

De ce fait, on ne peut pas parler d'une indépendance de la gestion des affaires de la région tant qu'elle ne dispose pas d'une autonomie réglementaire qui lui donne une autorité de mise en place des règlements nécessaires pour la réalisation d'une gouvernance efficace. Ainsi, pour passer d'un processus de décentralisation à celui de la régionalisation, les régions doivent être dotées des pouvoirs normatifs. Or, la constitution de 2011 n'a pas apporté des clarifications à ce sujet. Donc, on se trouve en face d'une décentralisation administrative ou d'une déconcentration plutôt qu'une réelle délégation de pouvoir.

4.3. La « régionalisation avancée », victime du système de la répartition du budget et de l'absence de l'autonomie financière

Selon le projet de la loi organique de la région n° 111.14, les ressources financières de cette dernière sont déterminées, collectées et distribuées aux régions par les services spécialisés de l'Etat qui procèdent à la détermination, la collecte et le contrôle des impôts par voie de contractualisation avec une rémunération des charges qui en résultent.

---

[167]http://www.youtube.com/watch?v=vRkuxRmtFFE

[168] Younes Bennajah (2017), « Régionalisation avancée : un processus au service du développement », Les Eco.ma 28 juillet 2017

Aussi, l'Etat, en plus de sa domination sur les ressources transférées aux régions, partage avec ces dernières d'une manière égale les produits des droits d'enregistrements et la taxe spéciale annuelle sur les véhicules automobiles, ce qui remet en cause un principe fondateur du processus de la régionalisation qui est celui de l'autonomie décisionnelle de la région notamment l'autonomie financière. Même la détermination du budget, les ordonnances de paiement, les fermetures de comptes et le rejet du budget sont soumis à l'autorisation du Ministère de l'intérieur.

Par ailleurs, selon l'article premier du décret du 30 décembre 2015, les critères de répartition du budget alloués aux régions étaient de 50% du budget qui est distribué de manière égale entre les régions, 37,5% en fonction de la population et 12,5% tributaires de la superficie de la région.

Or, la question la plus débattue était la prise en considération au niveau régional d'autres critères plus spécifiques tels l'indice de la pauvreté et de la précarité, les indicateurs liés aux équipements et aux infrastructures ainsi que les critères relatifs à l'accès à la scolarisation et aux services sanitaires[169]. Cette situation révèle que le volet réglementaire inachevé était au centre des débats.

Il faut donc procéder à la mise en place d'une finance et d'une fiscalité locales capables de doter la région d'une plus grande autonomie financière tout en garantissant l'équilibre économique et financier des régions et du pays et rénover le processus de la décentralisation administrative, financière et réglementaire afin de faire de la région une entité capable de porter des projets de développement dans le cadre de la cohérence avec les orientations générales du pays[170].

4.4. La multiplicité des acteurs, frein au développement régional

Au niveau régional, il y a une multiplicité des acteurs qui ont les mêmes attributions, d'où le chevauchement des responsabilités et des

---

[169] Younes Bennajah (2017), « Régionalisation avancée : Un processus au service du développement », op.cit.

[170] Revue Organisation et Territoire n°2, 2016

missions entre ces derniers. Il n'y a pas une précision claire des attributions de chaque acteur ni de la nature de la mission s'il s'agit de tâche administrative, juridique, technique ou financière. On distingue : l'Etat central, les Conseils régionaux, provinciaux et préfectoraux, le wali ou le gouverneur, l'Agence Régionale de l'exécution des projets, l'Agence de développement ainsi qu'une multitude d'autres agences au niveau régional.

Les problèmes de chevauchement des compétences entre les différentes entités décentralisées d'une part et l'Etat d'autre part, le système de financement dans la région et la présence du représentant de l'Etat « Wali » au niveau de la gestion régionale et de la division régionale, tous ces problèmes limitent l'efficacité de la régionalisation en tant que facteur clé pour créer un espace réel « la région » pouvant résoudre les problèmes économiques, sociaux et culturels que connaît le Maroc.

Le projet de la loi organique de la région 111.14 stipule que les régions peuvent dans le cadre de leurs compétences conclure des conventions et des partenariats entre elles, formant ce que la loi appelle « des regroupements des régions » ou avec des collectivités territoriales, « regroupements des collectivités territoriales » ou avec les administrations ou les établissements publics, les organismes publics non gouvernementaux étrangers, les autres organismes publics ou les associations reconnues de son intérêt général afin de réaliser des projets et des activités qui ont une utilité commune. Elles peuvent composer des sociétés par action avec les CT nommées « sociétés de développement régionales » pour la réalisation des activités de nature économique liées aux attributions de la région ou à la gestion d'un établissement public qui appartient à la région[171].

Tous ces regroupements sont dotés de la personnalité morale et de l'autonomie financière. Selon le projet de loi relatif aux provinces et préfectures n° 112.14 et celui relatif aux communes n° 113.14, ces mêmes regroupements peuvent être constitués au niveau provincial et préfectoral et communal. Il s'agit également des « sociétés de développements », des « regroupements des provinces et des préfectures », des « regroupements des CT », des partenariats et des

[171] Revue Organisation et Territoire n°2, 2016

conventions avec les mêmes organismes déjà cités. Au niveau communal s'ajoutent « les établissements de coopération intercommunal » dotés de la personnalité morale et de l'autonomie financière, chargés de l'exercice des missions suivantes : le transport collectif, assainissement des déchets, la distribution de l'eau potable, l'épuration des eaux usées, maintenance et entretien des routes publiques, la réalisation et la gestion des équipements et des services, la création des espaces pour les activités économiques et industrielles, leur entretien et la réalisation des opérations d'aménagement.

Donc, il s'avère clairement qu'il y a une multiplicité d'acteurs au niveau régional et il n'y a pas une détermination du domaine de l'intervention de chaque acteur, ce qui engendre une dispersion des ressources matérielles et humaines, une augmentation des coûts et une réduction de l'efficacité de l'action.

Certes, la régionalisation n'est pas une solution miraculeuse. Elle doit être correctement mise en œuvre et contrôlée. Cela peut entraîner des problèmes de coordination, augmenter les coûts administratifs ou risque également d'accroître la corruption et de réduire les gains d'efficacité potentiels.

De ce fait, si la réduction du nombre des acteurs régionaux n'est pas possible au début du processus, une révision du statut juridique, des fonctionnalités, de la composition et des missions de chaque acteur est nécessaire[172].

4.5. La compétitivité, enjeu majeur du développement régional

Au Maroc, la « régionalisation avancée » représente l'aboutissement d'un long processus de réformes structurelles. Or, le premier enjeu majeur du processus de la régionalisation est le renforcement de la compétitivité. Ainsi, pour répondre aux défis de la mondialisation et de l'ouverture économique imposés par le nouveau contexte international, ainsi qu'aux défis du développement socio-économique, le Maroc doit adopter une stratégie d'ouverture et d'intelligence territoriale qui vise la maitrise de l'environnement

---

[172] Revue Organisation et Territoire n°2, 2016

concurrentiel[173]. Pour cela, il mise sur la région comme lieu de l'émergence des stratégies de différenciation à travers la mise en avant des avantages concurrentiels locaux et la valorisation des potentialités de chaque région, ce qui lui permettra de développer sa compétitivité économique et assurer son développement régional.

La « régionalisation avancée » vise donc la mise à niveau économique et sociale des régions à travers le développement des activités économiques et la création de l'emploi, la réduction de la pauvreté et de l'exclusion sociale tout en assurant une décentralisation industrielle et une urbanisation équilibrées afin de réduire les inégalités entre les régions du pays et même à l'intérieur de chacune d'elles.

Cependant, la « régionalisation avancée » connait des entraves à la mise en œuvre des politiques régionales et de développement de la compétitivité territoriale. La multiplicité des acteurs, la compartimentation des attributions, l'insuffisance de la convergence des objectifs et la dissémination des moyens sont autant de difficultés qui entravent la mise en œuvre des politiques régionales de développement de la compétitivité territoriale.

4.6. La « régionalisation avancée » entre solidarité et concurrence

Les inégalités régionales au Maroc sont une conséquence de la concentration de la richesse et des activités économiques, des disparités géographiques et démographiques et d'un inégal développement des territoires. Face à ces inégalités régionales, l'Etat a décidé, dans le cadre de la « régionalisation avancée », de mettre en place un fonds public de mise à niveau et un fonds de solidarité interrégionale. Ce dernier vise essentiellement la résorption des déficits en termes de développement humains, des équipements et des infrastructures de base entre les régions. La somme consacrée à ce fonds (entre 128 et 215 milliards de dirhams) apparaitra au niveau de la loi de finance pour permettre une programmation pluriannuelle et

[173]Discours de sa Majesté le Roi Mohammed VI du 3 janvier 2010. Revue Organisation et Territoire n°2, 2016

un suivi et évaluation adéquats. Il s'agit d'une forme de solidarité verticale de l'Etat vers les régions.

La première dotation de ce fonds proviendra d'un prélèvement de 10 % des ressources nouvelles de chaque région. Or, le processus de la « régionalisation avancée » stipule que chaque région doit compter sur ses potentialités et ses ressources afin de développer sa compétitivité économique et son attractivité territoriale à travers l'aménagement de son territoire pour pouvoir faire face à la concurrence interne et externe.

Donc parle- t- on d'une solidarité ou d'une concurrence entre les régions ? En fait, pour la solidarité et la coopération entre les régions, il est préconisé de mettre en place un système productif complémentaire entre les régions, et la circulation des flux d'investissements excédentaires ainsi que l'affectation des compétences humaines et techniques vers les régions. Il s'agit de mettre en place un système de péréquation volontariste tout en tenant compte de l'ensemble des ressources et des charges de la région. Dans ce cadre, la politique de l'aménagement du territoire au Maroc repose sur le principe de la croissance transposée c'est à-dire une région excédentaire vient en aide à une autre défavorisée. Donc, on est en face de l'exercice d'un effet d'entrainement : la région excédentaire aide une autre qui se développe et apporte son aide à d'autres régions, ce qui permet de nouer des relations interrégionales importantes. C'est un scénario parmi d'autres qui traite le rôle de la régionalisation à surmonter les disparités interrégionales.

Mais, il reste de mentionner l'ampleur des disparités intra régionales. Les ressources excédentaires d'une région servent à corriger ses dysfonctionnements internes et c'est en les dépassant qu'elle peut venir en aide aux autres régions, ce qui n'est pas facile et qui prendra du temps surtout si le surplus de la région est nul ou négatif, et dans ce cas, les régions qui sont peu développées et elles sont nombreuses au Maroc restent dépendantes de l'Etat et là encore, on justifie que la région ne disposera pas de son autonomie financière et décisionnelle, ce qui est contradictoire avec une règle de base du découpage régional, celle de la représentativité, d'où le dilemme du développement régional.

Conclusion

Le Maroc a fait le choix de faire de la région un moteur de développement socio-économique, un réducteur des disparités régionales et un stabilisateur social depuis 1971, date de la division administrative du pays en sept régions, un choix qui est confirmé par la décision du lancement du grand chantier de la « régionalisation avancée » qui a été précédé par différentes réformes et stratégies qui constituent une base solide de la mise en place de ce processus.

Cependant, malgré les efforts employés par l'Etat depuis le début du lancement du chantier de « la régionalisation avancée », cette dernière connait plusieurs enjeux et défis qui entravent le processus de son exécution.

Pour relever les défis de la mondialisation et du développement, le Maroc doit renforcer sa politique de développement régional. Pour ce faire, il faut impérativement redoubler les efforts pour mettre en place les structures nécessaires à la réalisation de la politique de « la régionalisation avancée » impliquant la contribution de toutes les forces vives de la nation et donc tous les acteurs économiques et sociaux au développement local. De plus, il est nécessaire de faire une révision de certains mécanismes de la mise en œuvre du processus de la « régionalisation avancée ».

C'est dans cette perspective et surtout afin d'instaurer les alliances du développement territorial, lutter contre les disparités régionales et les inégalités territoriales, renforcer les compétitivités régionales que le Maroc a adopté un projet de gouvernance logistique territoriale comme levier du développement et de l'équilibre régional basé sur des partenariats régionaux notamment entre le secteur privé et le secteur public.

De plus, la politique régionale s'inscrit dans le cadre d'une vision de l'aménagement du territoire qui a un caractère prospectif, ce qui met le Maroc dans un état délicat entre l'obligation de gérer les problèmes du court terme et de réaliser des projets visant des objectifs qui s'inscrivent dans le long terme.

De même, la réussite du processus de la régionalisation ne dépend pas seulement des ressources financières mais également de celles humaines. En fait, l'objectif ultime de la « régionalisation avancée » est la réalisation du développement humain et du bien-être de la société marocaine. Elle place l'Homme au centre de ses préoccupations, et c'est cette dimension humaine qui a poussé le Maroc à compter sur le facteur humain dans l'opérationnalisation de ce processus en le considérant comme un facteur d'innovation et de proposition capable de mener une bonne conduite du changement et d'instaurer la pratique d'une bonne gouvernance territoriale[174].

---

[174] El Moujaddidi Noufissa et Jafari Maria (2016), « La régionalisation avancée au Maroc : Perspectives et défis », Université Mohammed V, Faculté des Sciences Juridiques, Economiques et Sociales de Salé, Rabat

Chapitre IV

Les nouveaux fondements des politiques publiques territoriales

Chapitre IV

Les nouveaux fondements des politiques publiques territoriales

« Acteur parmi d'autres, l'Etat n'est pas un acteur comme les autres. L'Etat, coproducteur des politiques publiques territoriales » *(Planel 2009).*

L'émergence de la mondialisation et l'apparition des nouvelles technologies d'information et de communication au lendemain de la seconde guerre mondiale ont mis en concurrence non seulement les entreprises mais aussi les régions, les villes, les campagnes, les communes, les collectivités locales et donc tous les territoires, ce qui nécessite une bonne gouvernance territoriale avec la participation de tous les acteurs locaux afin de créer plus de valeur et de richesse.

De plus, une nouvelle idéologie dominante apparaît avec une nouvelle vision du développement basée sur de nouvelles valeurs telles la libéralisation des économies, la démocratisation, la décentralisation…Ces nouvelles valeurs, cherchent à réduire l'influence de l'Etat et l'émergence politique d'une nouvelle société civile, d'où le changement des rapports entre l'Etat et l'espace territorial.

Cette évolution de la conception de l'espace dans les politiques publiques n'est pas propre seulement aux pays développés, mais devient un phénomène mondial. Les territoires sont devenus acteurs et promoteurs de la mondialisation et face à l'espace territorial, les politiques publiques ont une double fonction de promotion et de production territoriale.

Le Maroc, à l'instar des pays en développement ayant choisi leur ancrage aux exigences de la mondialisation s'est lancé vers le développement de ses territoires par la politique de la « régionalisation avancée » basée sur des dynamiques territoriales. Certes, depuis les années 1990, le Maroc a entrepris une politique qui vise la mise en place d'une « régionalisation avancée » qui constitue la pierre angulaire du modèle de développement, un déterminant majeur du bien-être socio-économique et le fondement de toute politique qui vise le développement durable[175].

Seulement, comme la problématique de la « régionalisation avancée » occupe le devant de la scène dans le paysage politique et institutionnel du Maroc, la conduite des politiques publiques exige une logique de proximité pour répondre aux besoins des diverses composantes de la population[176].

C'est ainsi que le rapport de la puissance publique marocaine à son espace national a connu de grandes mutations et que les formes traditionnelles de l'Etat ont été dépassées. Les nouvelles formes de l'Etat se présentent sous un cadre spécifique plus modernisé et plus libéralisé. Le nouveau rapport de l'Etat à son espace national s'explique par la volonté de Sa Majesté le Roi Mohammed VI de rompre avec la vision centralisatrice et unificatrice du Makhzen et d'installer de nouveaux fondements des politiques publiques territorialisées. L'espace ne peut être considéré comme une entité homogène, mais comme une articulation ou une juxtaposition de territoires spécifiques et divers.

De ce fait, les territoires sont considérés et surtout utilisés comme des outils de développement et non plus comme des produits socio-spatiaux[177].

---

[175] Pigalle G. (1990), « La théorie de convergences régionale et disparités non compensatrices », Economie et Prévision, n° 92-93

[176] « La gouvernance logistique territoriale, levier de performance des politiques publiques territoriales : cas de l'économie marocaine ». Communication de l'auteur au 1er colloque international sur « l'évaluation des politiques publiques territoriales : enjeux et perspectives », organisé par la Faculté des sciences juridiques, économiques et sociales de Meknès (Maroc) le 2 et 3 mai 2019 et au 55ème colloque international organisé par l'ASRDLF sous le thème « Les territoires face au défi de la durabilité. Regards croisés Est-Ouest et Sud-Nord » du 4 au 6 juillet 2019, Iasi, Roumanie, publié dans la Revue de Recherches en Droit, Economie et Gestion, N°11 Juin 2020, Revue semestrielle.

[177] SABINE PLANEL (2009), « Transformations de l'Etat et politiques territoriales dans le Maroc contemporain », https://doi.org/10.4000/espacepolitique.1234

Dans ce cadre, la question qui nous interpelle est la suivante :

Quels sont les nouveaux fondements des politiques publiques territoriales et comment se présente la nouvelle configuration territoriale ?

Autrement dit, quelle est l'articulation qui existe entre l'Etat et ses territoires ? Quelles sont les nouvelles réorientations des politiques publiques territoriales ? Comment les territoires subissent-ils cette nouvelle inflexion de l'Etat ?

A travers ces questions, nous chercherons à connaître comment se présente l'évolution des conceptions de l'espace dans les politiques publiques marocaines. S'agit-il de la fin de « l'espace makhzénien » ou de l'apparition d'un « nouveau makhzen » sur les espaces territoriaux. Quel est le rôle et les défis des politiques publiques face à la « régionalisation avancée » et quel est leur impact sur la réduction des disparités territoriales au niveau national et au niveau régional ? (nous prendrons la région Fès- Meknès comme exemple). Autrement dit, peut-on considérer l'Etat comme arbitre des injustices régionales par une politique d'équilibre territoriale ? Enfin, s'agit-il d'un développement territorial ou d'un développement territorialisé ? Quels seront donc les enjeux de la nouvelle configuration territoriale ?

1. Evolution des conceptions de l'espace dans les politiques publiques : De l'espace au territoire

1.1. La fin de l'espace makhzénien

L'évolution des conceptions de l'espace dans les politiques publiques trouve son explication dans les mutations opérées tant sur le plan national que sur le plan international :

-Au niveau national, le nouveau rapport à l'espace s'explique par la volonté de Sa Majesté le Roi Mohammed VI qui a exprimé sa volonté de rompre avec la vision centralisatrice et unificatrice du Makhzen et d'installer de nouveaux fondements des politiques publiques territorialisées et donc un nouveau rapport de la puissance publique à son espace national.

Certes, l'espace makhzénien est une construction politique de la période précoloniale. Il s'agit d'une aire d'influence d'un appareil politique complexe qui est celui du Makhzen ayant pour objectif l'unification du pays. L'articulation des espaces et leur fonctionnement s'opèrent dans le cadre de fortes relations centre/périphérie. Ainsi, l'Etat est perçu comme « un système que l'on subit plutôt qu'un système auquel on a l'impression d'appartenir et de participer. Seulement, des difficultés de l'Etat à gérer l'ensemble des espaces résulte la marginalisation de certaines régions notamment celles en guerre contre le pouvoir central, d'où l'émergence des inégalités régionales du temps de la période précoloniale[178].

-Au niveau international, une nouvelle idéologie dominante a vu le jour au lendemain de la seconde guerre mondiale notamment celle imposée par certains organismes internationaux à l'échelle mondiale.

Il s'agit d'une nouvelle vision du développement avec de nouvelles valeurs telles la libéralisation des économies, la démocratisation, la décentralisation...Ces nouvelles valeurs cherchent à réduire l'influence de l'Etat et l'émergence politique d'une nouvelle société civile. C'est dans ce cadre que le programme d'ajustement structurel imposé au Maroc dans les années 1980 visait la mise à niveau de l'économie marocaine.

De ce fait, la réforme territoriale engagée depuis les années 1990 et le nouveau découpage régional caractérisent le nouveau rapport de la puissance publique à son espace national. Ils témoignent d'une volonté de recompositions identitaires et culturelles des espaces poussant l'Etat à mettre fin à l'organisation makhzénienne de l'espace, à reconnaitre la diversité et l'égalité des espaces et à retirer aux régions périphériques leur statut de marges nationales en les réintégrant dans l'espace national. Ainsi, la nouvelle réforme territoriale envisage le territoire à une autre échelle et selon des modalités différentes de celles de l'espace makhzénien. Elle considère le territoire dans sa dynamique socio-spatiale, un territoire autonome qui devient soumis à l'autorité d'une collectivité locale. De ce fait, les territoires sont reconnus, et parfois produits, par des politiques publiques fondées sur la concertation avec les acteurs locaux et

---

[178] Sabine Planel (2009), « Transformations de l'Etat et politiques territoriales dans le Maroc contemporain », https://doi.org/10.4000/espacepolitique.1234

seraient donc davantage soumis à une souveraineté locale que nationale. Seulement, cette nouvelle organisation spatiale et politique du Maroc connait plusieurs enjeux notamment la réticence de certains des acteurs du jeu territorial.

1.2. De l'espace au territoire : le territoire, outil de développement

Dans le processus de modernisation du secteur public, la réforme de l'Etat et la nouvelle gestion des territoires qui en découlent sont plus ou moins liées à des nécessités économiques.

Les politiques publiques ont une double fonction de promotion et de production territoriale. L'efficacité territoriale est synonyme de proximité, une proximité qui se comprend à la fois en termes d'accessibilité, notamment d'accès aux services publics, et de recentrage sur le local par l'intervention et la participation des collectivités locales dans l'aménagement du territoire. Le territoire est considéré comme un bien économique à la fois utile et rare qu'il faut savoir mettre au service des entreprises. Pour être compétitifs, les territoires doivent devenir efficaces, c'est-à-dire, dans l'esprit des politiques marocaines, être capables de produire un environnement attractif pour les entreprises (Chakor, 2003)[179]. Dans la plupart des politiques publiques, les Centres Régionaux d'Investissement (CRI) crées en 2002 représentent un guichet régional unique à destination des entreprises qui souhaiteraient investir dans la région. Ils conduisent des politiques de promotion territoriale décentralisées en vantant les atouts environnementaux, fiscaux ou sociaux de leur région...Cette initiative constitue une des mesures les plus représentatives de cette nouvelle conception du territoire qui induit une revalorisation de sa dimension locale.

Cependant, avec cette conception des politiques publiques dans la gestion des territoires qui révèle plus une forme de déconcentration

---

[179] Chakor A. (2004), « Le Marketing territorial au service de la bonne gouvernance locale », in « Du gouvernement à la gouvernance : les leçons marocaines », Actes du Colloque national organisé par l'Université Abdelmalek Saâdi, Faculté des Sciences juridiques, économiques et sociales, les 21 et 22 mars 2003 à Tanger, Rabat, Publications de la Revue Marocaine d'Audit et de Développement, série Management stratégique, p. 163-173.

que de décentralisation de la décision publique, l'espace national ne constitue plus une interface entre le local et le global. Les territoires marocains n'ont pas une autonomie de gestion et s'affrontent directement à la forte concurrence étrangère, d'où la nécessité d'un repositionnement de l'Etat.

2. Les défis des politiques publiques face à la « régionalisation avancée »

Rappelons que le Royaume a entamé un grand chantier de régionalisation dès 2010 afin de redonner aux régions plus de compétences en matière de gestion et de prise de décision relative au développement local. Les chantiers de la « régionalisation avancée », de la déconcentration administrative et du déploiement de la réforme des CRI doivent être accélérés et dotés des moyens humains et financiers nécessaires pour répondre aux attentes des populations et aux exigences des entreprises[180].

Cependant, malgré les réformes engagées pour réussir la « régionalisation avancée », l'Etat se trouve confronté à de nombreux défis notamment le déséquilibre régional, conséquence de la territorialisation et du manque de convergence des politiques publiques.

2.1. Absence d'une approche territoriale et manque de convergence des politiques publiques territoriales

Les disparités territoriales ont depuis toujours été l'une des préoccupations des autorités marocaines. L'intensification des inégalités territoriales trouve ses origines d'abord dans la non-prise en considération du territoire dans l'élaboration des politiques publiques, puis l'application des politiques publiques d'une manière inégale sur les territoires en favorisant certaines zones au détriment d'autres, d'où le renforcement des déséquilibres au lieu de les réduire, ce qui a poussé les élus locaux marocains à tirer la sonnette d'alarme en la matière, et ce à tous les niveaux, géographiques, économiques, sociaux et politiques. Souvent, le souci, est de savoir comment

[180] Anass Machloukh (2020), « HCP: les inégalités économiques se creusent entre les régions », Actu Maroc, le Lundi 7 Septembre 2020

améliorer le PIB par tête, comment réduire le taux de chômage… sans pour autant s'intéresser aux territoires, d'où la question des effets territoriaux sur la réduction des disparités territoriales.

Le constat du Haut- Commissariat au Plan (HCP) met en avant la profondeur des inégalités territoriales et la marginalisation dont souffrent quelques régions qui n'ont pas eu leur part de développement.

Pour illustrer l'ampleur de ce fléau et ses répercussions négatives sur notre économie, l'Organisation Internationale du Travail (OIT), nous livre son rapport qui pointe du doigt la montée de ces inégalités au Maroc. En effet, durant les décennies 1990-2010, les inégalités en termes du revenu ont connu une augmentation, du moment où la tendance a été inversée dans le reste des pays de la région MENA[181].

Par ailleurs, la stratégie de développement de l'Etat basée sur la politique d'attractivité des IDE et l'appel aux capitaux étrangers a eu certes des effets positifs, mais elle a aussi des effets négatifs notamment sur les déséquilibres régionaux. De ce fait, si le Maroc s'est lancé vers un ensemble de réformes visant l'attractivité des IDE et son intégration dans l'économie mondiale, ces réformes ont permis au Maroc d'attirer des IDE, mais pas de réduire les inégalités territoriales.

De plus, malgré les atouts dont dispose l'économie marocaine, les investissements extérieurs restent confrontés à de nombreux obstacles notamment la faiblesse du niveau de développement technologique et l'étroitesse du marché intérieur, l'insuffisance des infrastructures et des moyens de télécommunication, le déficit budgétaire, la taille limitée du marché boursier et la fragilité de certains établissements financiers, la rigidité du marché de travail et la faiblesse des compétences et donc du personnel qualifié.

L'attractivité de notre pays fait également face à la lourdeur des services administratifs, à l'insuffisance d'un système judiciaire

[181] Abouziane Daabaji (2020), « L'impact des politiques publiques territoriales sur la réduction des disparités régionales : cas de la région Fès-Meknès », Revue de Recherches en Droit, Economie et Gestion N° 13, Revue Semestrielle, FSJES, décembre 2020

performant, au manque de transparence en termes de gestion des entreprises et donc d'une vision globale et durable de tous les acteurs économiques et sociaux sur le développement national du pays.

L'ensemble de ces obstacles reflète le manque de convergence des politiques publiques territoriales et d'une vision globale et durable de tous les acteurs économiques et sociaux sur le développement national du pays, ce qui affecte la rentabilité des investissements privés tant locaux qu'étrangers et crée un climat de méfiance pour les investisseurs.

De plus, des insuffisances dans cet ensemble logistique privent le Maroc d'une place dans la liste des sites d'implantation potentielle des investisseurs[182].

2.2. Le déséquilibre régional, conséquence de la territorialisation des politiques publiques

En dépit des efforts fournis par le Maroc en matière de régionalisation avancée, les résultats obtenus demeurent loin des attentes. Les disparités régionales perdurent. Un grand fossé sépare encore les régions. L'activité économique demeure excessivement concentrée dans l'axe Casablanca-Tanger dont les régions qui s'y trouvent ont accaparé au fil des années la part considérable des investissements et des grands chantiers d'infrastructures.

Le déséquilibre régional et les disparités territoriales s'expliquent non seulement par l'application des politiques publiques d'une manière inégale sur les territoires, mais aussi par la territorialisation des politiques publiques, c'est-à-dire que ces dernières n'ont pas été adaptées aux spécificités et aux exigences de chaque territoire, mais parachutées du centre vers le local. Elles ont été territorialisées au lieu d'être conçues selon une approche territoriale.

C'est face à un tel constat que la Commission chargée de l'élaboration du nouveau Modèle de Développement au Maroc a noté

[182] Adil Hidane et autres (2002), « Diagnostic de l'attractivité du Maroc pour les Investissements Directs Etrangers ». Ministère des Finances et de la Privatisation. Document de travail n° 82 Novembre 2002.

dans son rapport présenté à Sa Majesté le Roi que ces déséquilibres régionaux trouvent leur explication dans la mauvaise exploitation des richesses potentielles des territoires, dans l'incapacité à attirer ou à garder les compétences dont les régions ont besoin, dans la répartition inégale des infrastructures économiques et sociales ainsi que dans la résistance à la territorialisation des politiques économiques et au transfert vers les régions des compétences aux services publics.

2.3. Croissance économique régionale et disparités territoriales

Afin d'analyser l'impact de la « régionalisation avancée » sur le développement territorial au Maroc, il est nécessaire de connaître l'état des lieux et donc les réalités du développement régional et territorial du Maroc à travers une analyse comparative sur le développement des régions.

2.3.1. Classification des régions selon leur contribution à la formation du PIB et à la création de la richesse nationale

Ce point porte sur une comparaison entre les régions du Maroc sur la base des indicateurs du développement socio-économique, qui concernent les comptes régionaux, l'emploi, le chômage, l'éducation et la santé pour pouvoir montrer quantitativement et qualitativement le manque d'équité dans la répartition de la richesse et des services sociaux de base entre les régions du Maroc.

Selon le dernier rapport du HCP, malgré les réformes engagées par le Maroc depuis plus d'une décennie, les disparités territoriales en termes de création de la richesse persistent et s'accentuent toujours. La structure de la contribution des régions à la formation du PIB montre une forte concentration de la création de la richesse nationale comme le montre clairement les pourcentages et les données chiffrées ci-dessous durant les dernières années :

En 2017, L'écart absolu moyen (la moyenne des écarts absolus entre le PIB des différentes régions et le PIB régional moyen) est passé de 58,1 milliards de DH en 2016 à 60,4 milliards en 2017.

Par rapport aux secteurs d'activité, on note que les activités primaires (agriculture et pêche) constituent 12,4% du PIB au niveau national en 2017. La contribution de ce secteur à la création de la richesse dépasse, dans la majorité des régions, cette moyenne nationale. Ces activités contribuent pour 27,1% au PIB de la région de Dakhla-Oued-Ed-Dahab, 21,7% au PIB de la région Fès-Meknès, 18,7% au PIB de la région Béni-Mellal-Khénifra, et 18,4% au PIB de la région de Souss-Massa. La région de Casablanca-Settat affiche, quant à elle, la part la plus faible avec 5,3%.

Les activités secondaires (industrie, mines, électricité et eau et bâtiment et travaux publics) représentent 26,2% du PIB au niveau national en 2017. Quatre régions affichent des parts supérieures à cette moyenne : la région de Casablanca-Settat avec 35,2%, celle de Béni-Mellal-Khénifra avec 34,9%, celle de Tanger-Tétouan-Al Hoceima avec 34% et celle de Laâyoune- Seguia al Hamra avec 28,2%.

Les activités tertiaires (services marchands et non marchands) créent la moitié de la richesse nationale en 2017. Les régions de Guelmin-Oued Noun, de Dakhla-Oued-Ed-Dahab et de Rabat-Salé-Kénitra présentent des structures économiques dominées par les activités des services, avec des parts largement supérieures à la moyenne nationale, respectivement de 69,9%, 62,3% et 59,8%. Elles affichent, toutefois, les parts les plus faibles relatives à la participation des activités secondaires à la création de la richesse régionale.

En 2018, dans un rapport publié par le Haut-Commissariat au Plan (HCP) sur le creusement des disparités régionales, trois régions marocaines concentrent à elles seules 58,7% de la richesse nationale. Il s'agit des régions de Casablanca-Settat, Rabat-Salé-Kénitra et Tanger-Tétouan-Al Hoceima. Seule Casablanca contribue à hauteur de 32,3% dans la richesse nationale, contre 15,6% et 10,8% respectivement pour Rabat-Salé-Kénitra et Tanger-Tétouan-Al Hoceima.

Par contre, cinq régions ont généré 34,2% du produit intérieur brut (PIB), à savoir Fès-Meknès et Marrakech-Safi avec 8,4% chacune, Souss-Massa avec 6,7%, Béni Mellal-Khénifra avec 5,7% et l'Oriental avec 4,9 %.

De leur côté, la région de Drâa-Tafilalet et celles de Laâyoune-Sakia El Hamra, Guelmim-Oued Noun et Dakhla-Oued Ed-Dahab ont contribué de 7% à la création du PIB en valeur, avec 2,5% et 4,5% respectivement[183].

En 2019, dans une note d'information relative aux comptes régionaux, le Haut-Commissariat au Plan (HCP) soulève que les disparités en matière de création de richesses ont augmenté entre les régions. Les écarts de richesse entre régions et à l'intérieur de chaque région reflètent, en grande partie, les disparités en termes de dotations de capital humain et de ressources naturelles[184].

Le Haut-Commissariat au Plan (HCP) précise que sept régions ont enregistré des taux de croissance supérieurs à la moyenne nationale (2,6%). Il s'agit de Guelmin-Oued Noun (7,1%, de Laâyoune Sakia El Hamra (7%), Drâa-Tafilalet (5,8%), de Béni Mellal-Khénifra (5,6%), de l'Oriental (5,5%), de Dakhla-Oued Ed-Dahab (4%) et de Tanger-Tétouan-Al Hoceima (3,8%).

La région de Marrakech-Safi a marqué un taux de croissance proche de la moyenne nationale de 2,8%. Les quatre régions restantes ont présenté des taux de croissance inférieurs à la moyenne nationale allant de 2,3% dans Souss-Massa à 0,6% dans Rabat-Salé-Kénitra. En outre, 22,6% de la croissance nationale est à mettre à l'actif de Casablanca-Settat dont la contribution à la croissance du PIB a été de 0,6 point. Les deux régions de Tanger-Tétouan-Al Hoceima et Béni-Mellal-Khénifra ont participé successivement de 15,6% et 12,3% à la croissance du PIB en volume, soit 0,4 point et 0,3 point. Les neuf régions restantes ont contribué pour 50% de la croissance enregistrée en 2019 soit 13 point[185].

Selon la même note d'information relative aux comptes régionaux de l'année 2020 Base 2014, le Haut-Commissariat au Plan précise que l'économie nationale, sous l'effet de la crise sanitaire, a enregistré, un

---

[183]Anass Machloukh (2020), « HCP : les inégalités économiques se creusent entre les régions », Actu Maroc, le lundi 7 Septembre 2020

[184] Kawtar Chaat (2021), « Comptes régionaux : Les disparités régionales persistent et s'accentuent », Actu Maroc, L'Opinion du mardi du 27 juillet 2021

[185] HCP (2020) : Note d'information relative aux comptes régionaux de l'année 2020 Base 2014. Les comptes régionaux sont produits selon la nouvelle année de base 2014 suite au changement de l'année de référence des comptes nationaux de 2007 à 2014.

produit intérieur brut (PIB) en volume de 1150,7 milliards de DH avec un recul de 7,2 % par rapport à l'année 2019. Aux prix courants, le PIB a marqué une valeur de 1152,4 milliards de DH avec une diminution de 7,1 %.

Cette note présente, par région, le PIB en volume et en valeur ainsi que les dépenses de consommation finale des ménages (Annexe 3).

2.3.1.1. Contribution régionale à la création du PIB en volume

En volume, les comptes régionaux de 2020 font ressortir des disparités des taux de croissance du PIB entre les régions. Trois régions ont pu, malgré une conjoncture économique marquée par les effets de la crise sanitaire, enregistrer des taux de croissance positifs. Il s'agit des régions du Sud : Laâyoune-Saguia al Hamra 21,5%, Guelmim-Oued Noun 3,6% et de Dakhla-Oued Ed-Dahab 1,9%. Quatre régions ont enregistré des taux de croissances négatifs moins accentuées que la moyenne nationale (-7,2%). Il s'agit des régions de Drâa-Tafilalet (-0,9%), de Béni Mellal-Khénifra (-2,2%) et de Rabat-Salé-Kénitra (-5,9%). La région de Casablanca-Settat a marqué un taux de croissance, proche de la moyenne nationale, de (-7,9%). Les quatre régions restantes ont présenté des taux de croissance négatifs plus accentués que la moyenne nationale allant de (-13%) dans la région de Marrakech-Safi à (-8,4%) dans la région de Fès-Meknès (Annexe 3).

2.3.1.2. Contribution régionale à la création du PIB en valeur

Aux prix courants, les trois régions de Casablanca-Settat, de Rabat-Salé-Kénitra et de Tanger-Tétouan-Al Hoceima ont créé 59% de la richesse nationale, avec 32,2%, 15,9% et 10,9% respectivement.

Cinq régions ont généré 32,7% du PIB : la région de Marrakech-Safi avec 7,9%, la région de Fès-Meknès avec 7,7%, la région de Souss-Massa avec 6,5%, de Béni Mellal-Khénifra avec 5,4% et de l'Oriental avec 5,2%.

Les régions de Drâa-Tafilalet et les trois régions du sud n'ont contribué qu'à hauteur de 8,1% à la création du PIB en valeur, avec 3,2% et 4,9% respectivement.

Dans ces conditions, les disparités de création de la richesse entre les régions ont diminué. L'écart absolu moyen (la moyenne des écarts absolus entre le PIB des différentes régions et le PIB régional moyen) est passé de 70,8 milliards de DH en 2019 à 65,5 milliards en 2020.

2.3.1.3. Contribution du PIB régional par secteur d'activité

Les activités primaires (agriculture et pêche) constituent 10,7% du PIB au niveau national en 2020. La contribution de ce secteur à la création de la richesse dépasse, dans la majorité des régions, cette moyenne nationale. Ces activités contribuent pour 24,2% au PIB de la région de Drâa-Tafilalet, 22,1% au PIB de la région Fès-Meknès, 18,6% au PIB de la région de Béni Mellal-Khénifra, 17,1% au PIB de la région de Souss-Massa, 15,6% au PIB de la région de Dakhla-Oued-Ed-Dahab, 15,5% au PIB de la région de l'Oriental, 12,7% au PIB de la région de Marrakech-Safi et 10,8% au PIB de la région de Tanger-Tétouan-Al Hoceima. La région de Casablanca-Settat affiche, quant à elle, la part la plus faible avec 3,1%.

Les activités secondaires (industrie manufacturière, mines, électricité, eau, assainissement, gestion des déchets et dépollution, et bâtiment et travaux publics) représentent 26% du PIB au niveau national en 2020. Quatre régions affichent des parts supérieures à cette moyenne : la région de Casablanca-Settat avec 39,6%, la région de Laâyoune-Saguia al Hamra avec 38,2%, celle de Tanger-Tétouan-Al Hoceima avec 32% et la région de Béni Mellal-Khénifra avec 26,5%.

Les activités tertiaires (services marchands et non marchands) créent plus que la moitié de la richesse nationale en 2020 (53,2%). Les régions de Guelmim-Oued Noun, de Dakhla-Oued-Ed-Daha, de Rabat-Salé–Kénitra et de Marrakech-Safi présentent des structures économiques dominées par les activités des services, avec des parts largement supérieures à celle réalisée au niveau national, respectivement de 73%, 67,4%, 65,9% et 61,1%. Elles affichent, toutefois, les parts les plus faibles relatives à la participation des activités secondaires à la création de la richesse régionale.

2.3.1.4. Contribution des secteurs régionaux aux activités économiques nationales

Les activités du secteur primaire restent l'apanage d'un nombre limité de régions. Sept régions ont créé plus que quatre cinquièmes de la valeur ajoutée du secteur. En effet, les régions de Rabat-Salé-Kénitra, de Fès-Meknès, de Casablanca-Settat, de Marrakech-Safi, de Souss-Massa, de Béni Mellal-Khénifra et de Tanger-Tétouan-Al Hoceima ont contribué pour 81% à la création de la valeur ajoutée nationale du secteur primaire en 2020 au lieu de 84,1% en 2019.

Par ailleurs, les activités du secteur secondaire sont concentrées dans les régions de Casablanca-Settat et de Tanger-Tétouan-Al Hoceima qui ont participé pour 62,4% à la valeur ajoutée nationale du secteur en 2020 au lieu de 61,4% en 2019.

D'un autre côté, 56,5% de la richesse créée par les activités tertiaires est attribuable aux trois régions de Casablanca-Settat, de Rabat-Salé-Kénitra et de Tanger-Tétouan-Al Hoceima (Annexe 3).

2.3.1.5. Classification des régions selon le PIB régional par habitant

Le PIB par habitant s'élève à 32055 DH en 2020 au niveau national. Six régions présentent un PIB par habitant supérieur à cette moyenne nationale. Il s'agit des régions de Dakhla-Oued-Ed-Dahab (77385 DH), de Laayoune-Saguia al Hamra (64333 DH), de Casablanca-Settat (50129 DH), de Guelmim-Oued Noun (38763DH), de Rabat-Salé-Kénitra (37668 DH) et de Tanger-Tétouan-Al Hoceima (32916 DH).

Dans les autres régions, le PIB par habitant s'est situé entre 19050 DH, enregistré dans la région de Marrakech-Safi et 26045 DH enregistré dans la région de Souss-Massa.

La dispersion du PIB par habitant est en augmentation. L'écart absolu moyen est passé de 13462 DH en 2019 à 13850 DH en 2020 (Annexe 3).

2.3.2. Classification des régions selon les dépenses de consommation finale des ménages

En 2020, les dépenses de consommation finale des ménages (DCFM), au niveau national, ont atteint 672,4 milliards de Dirhams. Les régions de Casablanca-Settat, de Rabat-Salé-Kénitra et de Fès-Meknès ont accaparé un peu plus de la moitié (51,4%) de ces dépenses, avec 25,1%, 14,7% et 11,6%, respectivement.

Les régions de Tanger-Tétouan-Al Hoceima et de Marrakech-Safi ont détenu une part de 22,7% des DCFM, répartie respectivement à 11,4% et 11,2%.

Les sept régions restantes ont contribué pour près d'un quart (25,9%) aux DCFM, avec des apports compris entre 0,7% pour la région de Dakhla-Oued-Ed-Dahab et 7,2% pour la région de Souss-Massa.

Dans ces conditions, les disparités des dépenses de consommation se sont réduites. L'écart absolu moyen entre la DCFM des différentes régions et la DCFM régionale moyenne a atteint 36,4 milliards de DH en 2020 au lieu de 39,2 milliards de DH en 2019 (Annexe 3).

Rapportées à la population, les dépenses de consommation finale des ménages ont affiché des niveaux supérieurs à la moyenne nationale (18704 DH en 2020) dans six régions. Il s'agit des régions de Dakhla-Oued-Ed-Dahab (26939 DH), de Casablanca-Settat (22793 DH), de Rabat-Salé-Kénitra (20306 DH), de Tanger-Tétouan-Al Hoceima (20196 DH), de Laâyoune-Saguia al Hamra (20072 DH) et de l'Oriental (19086 DH).

Dans les autres régions, les dépenses de consommation par habitant sont passées d'un minimum de 12989 DH (Drâa-Tafilalet) à 17735 DH (Fès-Meknès).

A cet effet, la dispersion des dépenses de consommation finale des ménages par tête a enregistré une légère baisse. L'écart absolu moyen est passé de 3185 DH en 2019 à 2884 DH en 2020 (Annexe 3).

2.3.3. Déséquilibre régional et l'écart de pauvreté urbaine-rurale

Un autre indicateur de déséquilibre régional est lié à l'écart de pauvreté urbaine-rurale. Certes, si l'extrême pauvreté a quasiment été éradiquée, les inégalités persistent. Selon la dernière Enquête Nationale sur la Consommation et les Dépenses des Ménages du HCP, l'incidence de la pauvreté est plus élevée en milieu rural (9,5%) qu'en milieu urbain (1,6%).

3. L'Etat, arbitre des injustices régionales et politiques publiques d'équilibre territorial

Le déséquilibre régional que connait le Maroc est le résultat d'un héritage colonial discriminant et de l'échec des différents plans de développement que le pays a mis en œuvre depuis son indépendance.

Afin de lutter contre les déséquilibres régionaux et encourager les investissements nationaux et étrangers, le Maroc s'est lancé vers un ensemble de réformes. Parallèlement à l'amélioration de l'environnement institutionnel, administratif et législatif, d'autres actions économiques et sociales ont été entreprises.

3.1. La mise en place d'une nouvelle stratégie territoriale

L'Etat s'est engagé par des politiques sectorielles et le lancement d'un ensemble de projets d'investissements au niveau régional afin de contribuer au développement économique (infrastructures, entrepreneuriat...), social et culturel (la lutte contre le chômage et la pauvreté par le nombre d'emplois offerts et les revenus distribués et la lutte contre les inégalités sociales) et touristique (exploitation des sites) par l'exploitation des potentialités et des richesses de chaque région.

Dans le secteur économique, l'Etat intervient par la politique industrielle, la politique agricole, la politique commerciale, le transport et la logistique...

Ainsi, le Pacte National pour l'Emergence Industrielle vise la création de pôles industriels régionaux permettant le renforcement du potentiel industriel des différentes régions et donc la création des pôles de compétitivité afin d'assurer l'attractivité des investisseurs nationaux et étrangers. L'implantation des entreprises dépend de la disponibilité des infrastructures (zone franche, zone industrielle), de la logistique et de la proximité des marchés.

A titre d'exemple, nous pouvons citer le développement industriel et touristique de la région de Tanger-Tétouan (région du Nord) qui est devenue un pôle de compétitivité, le développement du projet « Nour » dans la région de Ouarzazate considéré parmi les grands projets mondiaux des énergies renouvelables, les projets de développement dans les régions du Sud (Laayoun, Dakhla, Legouira, Guelmim…).

Lors d'une intervention du ministre de l'Industrie et du Commerce Riad Mazur au colloque organisé par l'Association pour le développement du management (APD) à Casablanca, sur les nouvelles orientations de la politique industrielle marocaine, le ministre a indiqué que le Maroc, sous la direction avisée de Sa Majesté le Roi Mohammed VI a connu une série de stratégies industrielles (Schéma de Décollage Industriel 2005-2009, Pacte National pour le Décollage Industriel 2009-2014, Schéma d'Accélération Industrielle 2014-2020 et Schéma de Relance Industrielle 2021-2023). Le ministre a affirmé que le Royaume a une stratégie industrielle claire et bien définie qui s'articule autour de la souveraineté industrielle et qui a permis au Maroc de se positionner comme « un pôle de compétitivité au niveau régional » et comme l'un des pays les plus compétitifs au monde. Cette stratégie industrielle repose également sur la capacité des ressources humaines nationales à relever tous les défis et à attirer les investisseurs du monde entier.

Le ministre a ajouté que la trajectoire industrielle du Maroc se déroule en trois phases, à savoir, la stratégie « Cost-Focus », qui a permis de jeter les bases d'un Maroc industrialisé moderne, et la stratégie « Cost-leadership », qui est basée sur le schéma d'accélération industrielle à l'horizon de positionner le royaume comme destination « Best Value »[186].

---

[186] Riad Mazur (2022), « … Le Maroc est l'un des pays les plus compétitifs au monde » Heba Press_et MA le 20/05 2022. Intervention du ministre Riad Mazur lors d'un colloque organisé par l'Association pour le développement du management

Au niveau agricole, le « Plan Maroc Vert » représente le nouveau cadre d'action de la politique agricole. Il vise à l'élaboration de plans spécifiques à chaque région. Il a pour objectif la mise à niveau du secteur agricole, l'accompagnement des petits exploitants agricoles, la valorisation des produits du terroir pour l'augmentation des niveaux de production, l'amélioration de la qualité et les conditions de commercialisation de la production. Par le développement agricole, le « Plan Maroc Vert » vise aussi des préoccupations sociales notamment la lutte contre la pauvreté et la pérennisation du revenu agricole ainsi que la lutte contre l'exode rural.

De même, le plan Rawaj a pour objectif le développement du secteur du commerce et de la distribution. Le plan Maroc numérique vise le développement des nouvelles technologies de l'information et de la communication. Sur le plan touristique, les visions 2010 et 2020 ont pour objectif l'augmentation du nombre des touristes, le développement de l'éco-tourisme et du tourisme rural.

Dans le domaine du transport, l'Etat renforce ses activités au niveau régional par le développement du secteur du transport et de la logistique afin d'accroitre l'attractivité des régions et assurer une connexion entre les villes visant à réduire les disparités régionales.

Sur le plan social, l'Etat s'est engagé par la politique d'éducation, la politique de santé. De même, il a fourni des efforts gigantesques pour généraliser l'accès aux services de base tels que les routes, l'eau potable, l'électricité. A ce titre, nous pouvons citer l'Initiative Nationale pour le Développement Humain (INDH) entreprise en 2005. Elle a été le point le plus marquant des deux dernières décennies. Elle vise à réduire les inégalités régionales et le développement des zones marginalisées par l'instauration d'une dynamique en faveur du développement humain, la réduction de la pauvreté et l'exclusion sociale à travers la mise en place des moyens de financements dédiés aux activités génératrices de revenu, le soutien à l'accès aux

---

(APD) à Casablanca, sur les nouvelles orientations de la politique industrielle marocaine

équipements et aux services sociaux de base, les actions d'animation sociale, culturelle et sportive.

Au niveau du secteur de l'éducation, l'Etat a mis en place la charte de l'éducation-formation qui a porté sur la généralisation de l'accès à l'enseignement surtout dans le monde rural et particulièrement pour les femmes, la rénovation des manuels scolaires et la redynamisation du rôle des académies régionales de l'éducation.

La stratégie mise en œuvre au secteur de la santé consiste à élargir l'accès aux services de santé sur tout le territoire, la mise en place du régime d'assistance médicale aux démunis et de l'assurance maladie obligatoire en vue de réduire le coût du service.

Il est à remarquer que malgré l'ensemble des réformes entreprises par l'Etat marocain pour promouvoir le développement régional et lutter contre les déséquilibres régionaux, ces derniers caractérisent toujours le développement territorial marocain. De plus, si ces réformes ont permis d'accroitre de façon substantielle les flux d'IDE entrant dans le pays, ces IDE ont aussi une part de de responsabilité dans le déséquilibre régional. Ainsi, entre 2000 et 2006, la moyenne annuelle des IDE était de 13 M de DH soit 10 fois plus que dans la décennie 1990 et 20 fois plus que dans la décennie 1980. Certes, l'attractivité des IDE a contribué à renforcer les inégalités régionales entre régions attractives répondant aux exigences des FMN et de la mondialisation accueillant les flux d'IDE (région de l'axe atlantique, en particulier le Grand Casablanca, Rabat-Salé-Zemmour-Zaër, Tanger-Tétouan et Souss-Massa-Drâa) et régions marginalisées (régions de l'intérieur) surtout les plus périphériques et enclavées et les moins denses (Taza-Al Hoceima-Taounate, Tadla-Azilal, les régions sahariennes…).

C'est face à ces inégalités interrégionales et dans l'objectif de rendre le territoire marocain attractif que le Maroc s'est lancé vers la nouvelle stratégie de développement basée sur « régionalisation avancée » et le développement régional, processus qui tend à faire des régions marocaines des acteurs incontournables du développement économique. Il s'agit d'une compétition nationale et internationale des régions qui doivent s'adapter au nouveau contexte de la mondialisation et valoriser leurs avantages comparatifs afin de s'intégrer dans le marché mondial.

Par ailleurs, l'Etat a tendance à recourir aux entreprises publiques qui réalisent une part importante des investissements publics et qui participent à la concrétisation des objectifs des politiques publiques. De même, il adopte une démarche plus participative à travers des programmes nationaux qui impliquent aussi bien les collectivités locales que les entreprises publiques. Les investissements des entreprises publiques jouent un rôle capital, puisqu'ils contribuent notamment à réduire les disparités spatiales en matière de dotation en infrastructures de base.

Face aux disparités régionales et aux inégalités socio-économiques opposant non seulement les régions (le Maroc « utile » et le Maroc « inutile »), mais aussi les inégalités villes-campagnes, les inégalités centres villes- périphéries urbaines, l'Etat marocain a pris des initiatives notamment l'Initiative Nationale pour le développement humain (INDH) basée sur des actions correctrices en faveur des zones marginalisées ainsi que des mesures de réajustements et de lutte contre la pauvreté.

Seulement, ce rôle de l'Etat arbitre des injustices régionales n'est désormais plus compatible avec la libéralisation de l'économie marocaine, son ouverture sur l'extérieur et les défis de la mondialisation. Dans un tel contexte, les régions marocaines s'affrontent à une rude concurrence entre elles et avec le reste du monde.

L'Etat doit mettre en place une stratégie de développement territorial basée sur une politique d'aménagement et d'équilibre territorial tout en permettant le développement de pôles plus compétitifs, capables d'attirer les investissements étrangers sur lesquels se fondent en partie les politiques de développement économique, notamment industriel (Plan Emergence). Une telle stratégie nécessite la participation de tous les acteurs nationaux afin de faire face aux contraintes et de concilier les impératifs du développement souhaités.

Cet impératif contradictoire fonde une politique nationale d'aménagement du territoire qui se présente comme un

« cheminement difficile, à base de compromis entre toutes les contraintes et surtout entre tous les acteurs » (Matee, 2003)[187].

3.2. Politique de compétitivité internationale, moyen de rééquilibrage territorial

Certaines politiques publiques d'aménagement des territoires peuvent affronter des contraintes, être révélatrices de la difficulté à concilier les différents impératifs et les différentes échelles du développement, d'où le chemin difficile à parcourir.

Cependant, certains objectifs préétablis peuvent connaître un détournement, prendre une nouvelle direction, parfois même en ayant des retombées positives sur l'environnement territorial.

Tel est le cas par exemple du complexe de Tanger-Med qui était initialement conçu dans un objectif de compétitivité internationale et non de rééquilibrage territorial. Ce complexe obéit à des impératifs de compétitivité économique et dont les nouvelles orientations ont des retombées sur le développement régional.

Le complexe Tanger-Med devrait constituer un important complexe portuaire doté d'une zone franche d'exportation attenante au port, de deux zones franches industrielles et d'une zone franche commerciale. Sa situation méditerranéenne, sur une route maritime très fréquentée le place en position d'interface internationale, interface renforcée par sa proximité de la grande ville de Tanger qui se situe à 35 km et sa situation aux portes de Ceuta et de la ville de Fnideq, connue pour être une plaque tournante de la contrebande au Maroc.

Le complexe Tanger-Med a des effets d'entrainement sur le développement de toute la région et sur le développement national.

Au niveau régional, le complexe Tanger-Med a permis d'intégrer une région marginalisée, pauvre et peu développée dans l'espace national, de doter la région d'un outil territorial lui permettant

---

[187] Sabine Planel (2009), « Transformations de l'Etat et politiques territoriales dans le Maroc contemporain », https://doi.org/10.4000/espacepolitique.1234

d'exploiter au mieux, et non dans l'illégalité comme c'était le cas auparavant.

Au niveau national, le port Tanger-Med se présente aussi comme un port de premier rang en Méditerranée et risque de concurrencer la première place portuaire du Maroc, Casablanca, sur la façade atlantique. L'articulation du port Tanger-Med au reste du pays et le rôle de débouché national qu'il doit jouer a nécessité des travaux et un aménagement très lourd en infrastructures de transport qui provoqueront une réorganisation profonde de l'espace régional : poursuite de l'autoroute de Rabat-Tanger en direction du port, avec le désengorgement du trafic routier et le développement des activités portuaires de plaisance, élargissement de la route nationale conduisant à Fnideq et Ceuta, construction d'un aéroport, création d'un axe ferroviaire pour desservir le port…

De plus, la création d'une nouvelle entité territoriale « Zone de Développement Spéciale » en direction des villes de Tanger, Fnideq et Ceuta et des campagnes environnantes, vaste de 550 km² autour du port, relevant de la même autorité territoriale que celle du port permet de favoriser l'extension du futur dynamisme économique de « l'enclave » portuaire et de pouvoir faire face aux besoins des populations locales.

Ainsi, il est à constater que la « Zone de Développement Spéciale » conçu au départ dans un objectif de compétitivité internationale constitue un moyen de rééquilibrage territorial. De plus, le développement local est plus basé sur une croissance descendante que sur une croissance ascendante.

3.3. Action des politiques publiques territoriales sur la réduction des disparités régionales : Pour un développement territorial équitable

Le développement territorial équitable passe par la démarche de décentralisation garante de réduire les inégalités. Dans ce sens, il est nécessaire de rappeler que cette démarche permettrait un critère opportun d'investissement social : Il s'agit d'une allocation des ressources aux différentes régions de manière à égaliser ce qu'on peut appeler « le taux marginal de rendement social de l'investissement » pour chaque région.

Il est à noter également que ce rendement de l'investissement public devrait être au même niveau que celui de l'investissement privé. Les subventions régionales devraient permettre une distribution territoriale équitable.

3.3.1. Pôle de compétitivité et développement territorial de la région

Afin d'insérer le territoire dans un développement régional, le Maroc doit faire de chaque région un pôle de compétitivité et de maitrise de l'environnement concurrentiel. C'est face au déséquilibre régional que la question du territoire a pris de l'importance et que l'Etat a décidé de faire de la région un espace territorial convenable à la conception et à la mise en œuvre des politiques de développement, un moteur de développement économique, social, environnemental et culturel où chaque région compte sur ses propres ressources humaines, financières et sur ses potentialités et compétences pour concevoir des politiques de développement adaptées à ces particularités et aux exigences de son environnement interne et externe dans le but de développer sa compétitivité. La réussite de ce processus est tributaire de l'inscription des politiques régionales dans un cadre de cohérence et de convergence avec les orientations et les stratégies globales du pays tout en consolidant sur les acquis des politiques précédentes dans le but de sortir du cercle fermé des politiques sectorielles vers des politiques publiques transversales[188].

Cependant, face à la diversité des facteurs de compétitivité territoriale, la région doit adopter des stratégies basées non pas sur son « capital physique » mais sur la valorisation d'avantages concurrentiels locaux pour se différencier des autres régions. Cette nouvelle approche du développement s'inscrit dans la stratégie d'ouverture du Maroc basée sur la compétitivité régionale, nationale et internationale (Attractivité des IDE). A titre d'exemple, le retour du Maroc à l'Union Africaine devra renforcer le modèle de développement des régions du Sud pour faire de ces dernières des pôles de compétitivité et de développement intégré agissant dans un

---

[188] El Moujaddidi Noufissa et Jafari Maria (2016), « La régionalisation avancée au Maroc : Perspectives et défis », Faculté des Sciences Juridiques, Economiques et Sociales de Salé, Université Mohamed V Rabat, revues.imist.ma

environnement régional et continental[189]. De même, l'intégration du Maroc dans la mondialisation, la signature de plusieurs accords de libre-échange avec les pays étrangers notamment avec l'Union Européenne nécessite la mise à niveau du développement territorial et de la compétitivité régionale.

Cependant, la compétitivité territoriale nécessite en plus de l'exécution du cadre légal et réglementaire de faire de la région non seulement « un pôle économique », mais aussi « un pôle social » qui lui permettra dans le cadre de la déconcentration administrative de renforcer la coordination entre la région et les secteurs déconcentrés qui forment le pôle social[190].

3.3.2. Les partenariats et le développement régional

Les disparités régionales et les inégalités de développement entre les régions s'expliquent par plusieurs facteurs (inégalités au niveau des potentialités propres aux régions et des ressources financières et humaines) ainsi que par le rôle de l'Etat et l'importance qu'il accorde à telle ou telle région sur le plan de l'élaboration des projets économiques (secteur industriel) et sociaux (secteur de l'éducation, de la santé…) et de l'octroi des moyens de financement, ce qui constitue un facteur de blocage à la réussite du processus de la régionalisation, d'où l'importance de stimuler les mécanismes de solidarité et de complémentarité entre les régions[191]. La « régionalisation avancée » repose sur une nouvelle conception du développement dans les régions basée sur des principes de solidarité et de coopération entre les régions dans le but de réaliser un développement national et de lutter contre les inégalités régionales[192]. Cette nouvelle conception peut être

---

[189] « Ces provinces possèdent aussi toutes les potentialités en termes de sécurité, de stabilité et d'infrastructures, qui les habilitent à devenir un pôle de développement intégré et agissant dans son environnement régional et continental, et un axe pour la coopération économique entre le Maroc et sa profondeur africaine». Discours royal prononcé à l'occasion du 41e anniversaire de la marche verte, le 6 novembre à Dakar

[190] Younes Benyahya, op. Cit.

[191] Discours royal du 20 juillet 2015

[192]Les spécificités du modèle marocain en matière de la régionalisation se focalisent au niveau de trois points :
-L'attachement à la monarchie constitutionnelle comme facteur d'unité du territoire et d'unité de l'Etat.

mise à exécution par des partenariats : partenariat Etat-régions, partenariat région-région, partenariats régionaux entre le secteur public et le secteur privé :

3.3.2.1. Partenariat Etat-Régions : cas de la région Fès-Meknès

Il s'agit d'un partenariat entre l'Etat et les collectivités territoriales basé sur le principe de la contractualisation au lieu de la tutelle, mode classique de la gouvernance, sur un partage des responsabilités et une répartition des rôles[193]. Ce nouveau principe se caractérise donc par le transfert des responsabilités de l'Etat aux collectivités territoriales d'où la correspondance entre l'autorité et la responsabilité. Ainsi, dans le cadre du développement régional, l'exécution des projets dépendra des potentialités économiques et sociales ainsi que des compétences de la région.

De ce fait, l'Etat a mis à la disposition des collectivités territoriales les ressources propres à chaque région pour son autofinancement. Ainsi, avec la nouvelle loi, le pouvoir central, représenté notamment par les walis et le gouvernement, va devoir transférer un certain nombre de compétences au profit des régions, notamment dans les secteurs de l'industrie, de la santé, du commerce, de l'éducation, de la culture ou encore du sport[194]. Cette nouvelle loi englobe «la fixation des outils de transfert des compétences, l'intégration des politiques publiques à celles territoriales et le renforcement de la démocratie participative», avec l'implication du tissu associatif dans le circuit de l'évaluation et du suivi.

Pour pouvoir mener une stratégie cohérente en matière de convergence des stratégies nationales et locales, la feuille de route tracée par le conseil devra s'appuyer sur « les unités socio-territoriales qui devront être opérationnelles et surtout dépasser le cadre géographique de la collectivité territoriale », comme le prévoit l'état

---

-La solidarité obligatoire des régions, car il y'a des régions plus riches que d'autres (les régions du centre avec les régions du Sud).
-La coopération ne doit pas être uniquement verticale (de l'Etat vers les régions) mais aussi horizontale (de région à région)

[193] https://www.youtube.com/watch?v=vRkuxRmkuxRmtFFE

[194] Sofiane Sbiti (2018), « Régionalisation : Les cinq points à retenir » TELQUEL n° 802 du 9 au 15 mars 2018, www.telquel.ma

des lieux qui a été réalisé après les élections de 2015. Cette nouvelle orientation s'inscrit dans le processus d'implémentation de la « régionalisation avancée », un processus qui sera accompagné du lancement de la charte de la déconcentration. Selon la déclaration de l'Ex chef de gouvernement Saâdeddine El Othmani, « L'idée est de simplifier la relation entre le centre et les régions pour favoriser la réalisation des politiques publiques. Globalement, la mise en œuvre de la « régionalisation avancée » devra se traduire par l'instauration d'une approche contractuelle entre l'Etat et les collectivités territoriales, en tant que nouvel outil pour la réalisation des programmes et projets publics »[195]. Ainsi, les présidents des communes disposeront de nouveaux outils pour s'approprier leurs nouvelles attributions prévues par la loi organique.

Quant au financement de la région et mesures d'accompagnement, la fixation du budget de la région revient au président du conseil régional qui devient l'ordonnateur du budget alors qu'auparavant, c'était le gouverneur du chef-lieu de la région qui s'en chargeait.

Les sources de financement de la région se composent de trois catégories à savoir les ressources propres, celles transférées et d'emprunt. Les ressources propres de la région se composent de la fiscalité locale, la parafiscalité et les produits du domaine. Les ressources transférées englobent leur part dans les produits de l'impôt sur le revenu, l'impôt sur les sociétés et la taxe sur la valeur ajoutée et la taxe sur les contrats d'assurance ainsi que les fonds de concours. Quant aux ressources d'emprunt, elles permettent aux régions de couvrir les dépenses d'équipements. Les régions peuvent contracter des prêts auprès du fonds d'équipement communal (FEC). Il s'avère qu'une mise à niveau du cadre budgétaire est nécessaire, à travers la réforme des finances locales et le renforcement des instruments de programmation et d'exécution[196].

Ainsi, un fonds de mise à niveau est mis à la disposition des régions et doit se fonder sur un concours vertical de l'Etat vers les régions concernées. Dans une première étape, il sera constitué d'un

---

[195]Mohamed Ali Mrabi (2017), « Régionalisation : La nouvelle réglementation opérationnelle », édition N 5071 le 24/07/2017 L'economiste.com

[196] Fonds versés par des personnes morales ou physiques pour concourir avec ceux des CL à des dépenses d'intérêt général, Revue Organisation et Territoire n°2, 2016

prélèvement de 10 % sur les ressources additionnelles allouées aux régions. Ce système doit être ajusté en permanence à l'évolution temporelle des disparités régionales.

Le recours aux transferts comme mode de financement privilégié des collectivités locales accroît la solidarité territoriale. Le fonctionnement de ce mécanisme repose sur la collecte des impôts au niveau central et leurs affectations aux régions selon leurs besoins, compétences et attributions dans le but de soutenir les régions pauvres à ressources limitées. La réussite de ce processus dépend du renforcement des ressources humaines à travers l'amélioration de l'encadrement au niveau régional. A cet effet, les régions doivent être dotées d'une véritable politique de gestion des ressources humaines, axée sur la gestion prévisionnelle des besoins en compétences, la formation continue et l'attractivité sociale[197].

***La région Fès-Meknès : le contrat-programme avec l'Etat**

Pour appréhender comment les disparités territoriales se conjuguent et en quoi les politiques publiques territoriales dans le cadre de la régionalisation avancée favorisent-elles la réduction des inégalités territoriales, nous allons focaliser nos efforts sur la région Fès-Meknès qui découle du nouveau découpage administratif ainsi que sur le contrat-programme réalisé entre l'Etat et la région.

La région Fès-Meknès : atouts et opportunités d'investissement

La région de Fès- Meknès présente des atouts considérables, des potentialités économiques et des caractéristiques propres qui font de la région un territoire attractif offrant des opportunités pour de nombreux investisseurs dans différents domaines d'activité afin d'améliorer le climat des affaires dans la région[198].

La région Fès-Meknès présente des atouts géographiques, des écosystèmes remarquables et des secteurs dans lesquels la région est

---

[197] Articles 14 et 15 de la loi n° 45-08 relative à l'organisation des finances des CL. Revue Organisation et Territoire n°2, 2016

[198] « Investissements : Fès intéresse les chinois ». « Information » le 27/09/ 2016

leader[199]. Les atouts économiques et les avantages comparatifs de la ville figurent particulièrement dans le domaine de l'agriculture, l'artisanat et du tourisme, mais également, les mines, le commerce, l'industrie, l'offshoring et le secteur forestier.

Fès est classée au patrimoine universel de l'UNESCO et abrite la plus ancienne université au monde. De plus, les deux villes Fès et Meknès accueillent des événements culturels internationaux chaque année, comme le Festival des musiques sacrées du Monde à la capitale spirituelle Fès ou le Salon international de l'agriculture au Maroc (SIAM) à Meknès. L'intérêt du patrimoine immatériel de la région Fès-Meknès représente un levier majeur d'attractivité touristique[200].

L'investissement dans la région Fès-Meknès constitue une priorité du plan d'action de la commune. Il relève de l'impératif de relancer les investissements afin de relever les défis de l'emploi des jeunes et de redynamiser l'activité économique. Les diverses initiatives destinées à stimuler l'acte d'investir au niveau de la région sont encouragées. D'ailleurs, ont été instaurés l'établissement d'une prime pour l'emploi au profit des entreprises et la création de zones franches à l'instar d'autres régions du Maroc.

---

199 Rencontre sur « les opportunités d'investissement dans la région Fès-Meknès » le 06/09 2016 à Fès organisée par le président du Conseil de la région Fès-Meknès Mohamed Laenser et le président de la commune urbaine de Fès Driss Azami El Idrissi. La région comprend les préfectures et provinces suivantes : la préfecture de Fès ; la province de Boulemane, la province de Sefrou, la province de Moulay Yaâcoub, la province de Taounate, la province de Taza, la préfecture de Meknès, la province d'El Hajeb.Source:http://www.yabiladi.com/articles/details/46984/region-fes–meknes-atouts-opportunites.html

200 Lancement à Fès du programme touristique « Madinati ».''Madinati'' est un nouveau concept touristique qui permettra à la Médina de Fès d'ensorceler les visiteurs de tous bords et de se positionner comme une destination prisée, a affirmé, le ministre du Tourisme, Lahcen Haddad. La capitale spirituelle du Royaume sera ainsi le point de départ pour…dans « Histoire et culture », 31 mars 2016. Les membres de la chambre de commerce, d'industrie et de service (CCIS) de Fès-Meknès ont adopté la convention finale relative au financement du projet de construction d'une foire internationale à Fès qui nécessitera plus de 49 millions de DH. L'équipe FESCITY « La région Fès-Meknès : Atouts et opportunités d'investissement » in « Actualités » le 6 novembre 2016.

La région Fès-Meknès : le contrat-programme avec l'Etat (2020-2022)

Les premières conventions relevant des contrats-programmes liant les régions à l'Etat commencent à se concrétiser. La région Fès-Meknès est la première des 12 régions que compte le pays, à s'être engagée avec l'Etat et donc à avoir adopté son contrat-programme avec l'Etat. Le contrat-programme a fait l'objet de négociations entre le Conseil régional de Fès-Meknès et les départements ministériels concernés. Il englobe 97 projets d'une valeur budgétaire globale de 11,19 MMDH et touche tous les secteurs notamment les secteurs de l'équipement et la logistique avec 12 projets de 3,184 MMDH, la qualification sociale et l'identification des disparités territoriales avec 19 projets et plus de 2,204 MMDH, l'enseignement supérieur et l'appui à la recherche scientifique avec 5 projets de 1,850 MMDH, l'industrie et le développement des services numériques avec 7 projets de plus de 1,066 MMDH, l'agriculture avec 820 MDH. Ce contrat-programme vise aussi la promotion de l'emploi et le développement des compétences avec 11 projets de 725,9 MDH, l'environnement et la protection des ressources naturelles avec 7 projets de 551,69 MDH, l'artisanat et l'économie sociale avec 7 projets de 393 MDH et le tourisme et la valorisation du patrimoine culturel avec16 projets de 386 MDH[201].

Par ailleurs, le financement de l'ensemble de ces projets va être assuré pour plus de 6,1 MMDH par les départements ministériels. Le reste est à la charge du Conseil régional (3,628 MMDH), des autres collectivités territoriales (315,5 MDH), des établissements publics (580,8 MDH) et des bénéficiaires (513,5 MDH).

A titre d'exemple et afin d'accompagner la dynamique économique locale, plusieurs projets ont été lancés notamment dans le domaine de l'enseignement faisant l'objet de partenariat dans l'objectif de développer et généraliser l'offre préscolaire et de consolider le rayonnement scientifique et académique des universités et des établissements d'enseignement supérieur de la région notamment dans

---

[201] Mehdi Idrissi, « Fès-Meknès. Contrat-programme avec l'Etat : la Région ouvre le bal », Les Inspirations éco Docs, Eco-Business, 9 juillet 2009

le domaine numérique. Il s'agit des Universités Sidi Mohammed Ben Abdellah (USMBA) de Fès, Moulay Ismail (UMI) de Meknès et Euro-méditerranéenne de Fès (UEMF). Notons, dans ce cadre, que l'enseignement représente 15% des projets prévus par le contrat-programme 2020-2022.

De même, l'OFPPT a signé deux conventions de partenariat d'une enveloppe globale de 464 MDH. La première convention concerne la création d'une Cité des métiers et des compétences (CMC) avec une enveloppe de 370 MDH. Quant à la deuxième convention (94 MDH), elle porte sur la création d'un établissement pour l'hébergement des stagiaires «internat» et la mise à niveau de cinq établissements de formations professionnelles dans la région (Fès, Sefrou, Taza, Taounate et Missour).

Concernant le secteur de la santé, 11 conventions faisant l'objet de partenariat ont été signées entre l'Etat et la région Fès-Meknès d'une valeur globale de plus de 1,4 MMDH. Les projets visent la construction et l'équipement d'hôpitaux provinciaux et de proximité à Moulay Yaacoub, Boulemane, Taza, El Hajeb, Sefrou, Taounate, Meknès et Fès, la mise à niveau d'autres structures hospitalières à Ifrane et l'extension de l'hôpital Ibn Al Hassan pour les maladies psychiatriques et mentales à Fès.

Quant au volet relatif au renforcement du réseau routier, six conventions de partenariat d'un investissement de plus de 2,4 MMDH ont été signées pour la réalisation des projets prioritaires du programme de développement régional 2020-2022 dans le cadre de la mise en œuvre des dispositions du contrat-programme entre l'Etat et la région. Ces conventions concernent le dédoublement de la Route nationale n°8, reliant Fès à Taounate pour un investissement de 1,56 MMDH, dont une contribution de la région de 485 MDH, le dédoublement du tronçon échangeur de Fès-Sidi Khiar sur la même route (100 MDH), la réalisation de la liaison entre El Hajeb et l'échangeur autoroutier d'Ain Taoujdate sur la régionale 716, le renforcement de la Route régionale 504 entre Sefrou, Ribat El Khair et Bouiblane (40 MDH), le doublement du tronçon Imouzzer-Ifrane sur la RN8 (250 MDH) et la mise à niveau des axes routiers stratégiques au niveau de la préfecture de Meknès (369 MDH).

3.3.2.2. Partenariat Région-Région

Il se base sur le principe de solidarité et de coopération entre les régions et sur l'aide que peuvent apporter les régions riches (cas de la région du Grand Casablanca) aux régions pauvres (Cas des régions de Tadla Azilal). Afin de renforcer les capacités des régions, lutter contre les disparités régionales et assurer une répartition équitable entre les régions, l'Etat s'est engagé à créer un autre fonds de mise à niveau des régions accusant des déficits dans les secteurs. Il s'agit d'un fonds de solidarité territoriale, parce que la concentration des lieux de production de la richesse et la grande diversité géographique entre les régions impliquent pour certaines régions des coûts de fournitures et des services publics plus élevés. Le processus de la « régionalisation avancée » selon le modèle marocain opte pour la mise en place d'un fonds de solidarité régionale permettant de soutenir les régions pauvres pour assurer une équité territoriale. Par les ressources émanant de ce fonds, les régions doivent privilégier l'offre de service et des infrastructures à caractère économique dont la rentabilité à court termes peut être faible. Ce fonds permettra de renforcer les potentialités économiques des territoires qui complètent les stratégies locales de valorisation du patrimoine régional.

Dans ce cadre, l'Etat a créé une association des régions chargée de connaître les intérêts communs des régions ainsi qu'une caisse de solidarité qui constitue l'ensemble des cotisations des régions afin d'aider sous forme de subventions les régions pauvres. L'importance de stimuler les mécanismes de solidarité entre régions est fondamentale. Il s'agit d'une nouvelle situation où la région se transforme, comme l'a décrit SM le Roi dans son discours du 20 juillet 2015, en un «véritable pilier du Maroc de l'unité nationale, de l'intégrité territoriale, de la solidarité inter-catégorielle, de la complémentarité et de l'équilibre interrégionaux».

Ainsi, pour faire face à ce dilemme de développement régional entre solidarité et concurrence inter-régionale, la solution réside dans le fait d'accepter que le processus de la régionalisation se fera d'une manière progressive, ce qui légitimera l'intervention de l'Etat dans un premier temps pour instaurer l'équilibre[202].

Donc, le processus de la « régionalisation avancée » au Maroc repose sur une politique de l'aménagement du territoire qui s'articule autour de deux stratégies : la stratégie de solidarité et la stratégie de compétitivité

-la stratégie de solidarité : Elle permet pour un premier temps de freiner la croissance de certaines régions ou plus précisément de certaines villes dont l'attractivité constitue une source de déséquilibre sur le territoire, surtout celles qui se trouvent sur l'axe atlantique et particulièrement la ville de Casablanca. Cette stratégie permet également de créer des pôles d'équilibre dans d'autres zones et de réaliser une décentralisation des activités économiques et surtout industrielles entre les régions.

-La stratégie de compétitivité : Elle doit être utilisée dans un deuxième temps pour conforter la place des régions marocaines dans la sphère économique internationale et développer leur attractivité des IDE afin de se positionner comme des grands pôles d'attraction.

3.3.2.3. Les partenariats régionaux entre le secteur privé et le secteur public : cas du projet solaire Noor

Le Partenariat Public-Privé (PPP) est défini comme un contrat global dont la durée pouvant atteindre jusqu'à cinquante ans, selon la formule choisie, portant sur l'acquisition par une personne publique d'un flux de services rendus par une infrastructure conçue, financée, construite, exploitée et maintenue par une personne privée (Marty 2006).

Les Partenariats Public-Privé ont toujours eu une existence à travers le temps et l'espace. Seulement, leurs formules ont connu et connaissent toujours de véritables changements. En réalité, ce modèle de partenariat trouve son origine durant les années 90 au Royaume Uni dans le cadre des contrats PFI (Private Finance Initiative). Il se distingue des autres formes de partenariat que sont la délégation des services publics (concession, affermage,…) et les marchés publics.

---

[202] Revue Organisation et Territoire n°2, 2016

Le partenariat Public-Privé (PPP) est une politique publique au service du développement économique. C'est un nouveau management public au sein des organisations publiques. Il s'agit des services, fournis initialement, par le secteur public, confiés à un partenaire privé dans le cadre de contrats de Partenariats Public-Privé (PPP).

Certes, les enjeux financiers constituent l'un des problèmes épineux des Etats pour faire face au développement socio-économique de leurs pays. Les investissements de grande envergure notamment les projets d'infrastructure ne peuvent être couverts par les fonds publics. Les Etats se tournent vers un modèle de financement fondé en principe sur la collaboration entre le secteur public, le secteur privé et parfois même le secteur à but non lucratif. C'est un arrangement entre les différentes parties au terme duquel chaque partenaire apportera sa contribution et un partage des risques afférents. Le Partenariat Public-Privé permettra ainsi de renforcer l'implication des opérateurs privés dans le développement des projets publics, tout en améliorant la gouvernance économique et l'environnement des affaires en termes d'efficacité, de rapidité, de transparence et d'efficience.

Le Maroc s'est inscrit dans une longue expérience dans les Partenariats Public-Privé, malgré la carence de législation propre en la matière. Il a toujours manifesté sa volonté dans l'objectif de réaliser un développement durable, de capitaliser des expériences et développer davantage de partenariats avec le secteur privé national et étranger, de chercher de nouveaux modes de financement pour renforcer l'effort d'investissement public en matière d'infrastructures économiques et sociales (le financement des infrastructures par le fonds public constitue un drainage de ressources qui peut aggraver le déficit public), la recherche de l'efficacité et de l'efficience et donc la réalisation de projets à un moindre coût, la coopération avec les fournisseurs spécialisés et donc la recherche d'économie d'envergure, la recherche d'expertise et de savoir-faire et un meilleur partage des risques.

Il est à signaler que les Partenariats public-privé ont permis au Maroc de développer certaines infrastructures qui n'auront pas pu exister sans l'intervention du secteur privé, apportant ainsi leur financement, expertise et savoir-faire en termes de financement, de construction, de maintenance et d'exploitation.

Le partenariat public-privé n'est pas une politique publique récente au Maroc, mais il a une origine historique. Les premières formes de partenariat remontent au premier contrat de concession des activités de production et de distribution de l'eau potable en 1914 avec l'opérateur étranger SMD. Entre 1916 et 1950, sous le protectorat, l'extension des contrats de concession de SMD a concerné l'exploitation des ports de Cassablanca, Fedala et Tanger ainsi que la réalisation de la ligne ferroviaire Fès-Marrakech. Après son indépendance, des projets de grande envergure ont vu le jour grâce à la contribution des partenaires privés et publics, en l'occurrence, la centrale Jorf Lasfar, le parc éolien Koudia EL Baida à Tanger, le centre d'irrigation El Guerdane dans la région de Souss-Massa, le projet de Tramway Rabat-Salé et Casablanca, le port de Tanger Med, la centrale d'énergie solaire Noor à Ouarzazate remportée par l'entreprise saoudienne Aqua Power. Le Maroc a étendu l'intervention du secteur privé dans d'autres domaines d'infrastructures publiques comme l'enseignement, la santé, l'énergie, l'agriculture, le transport,...

A partir de 2015, un nouveau cadre réglementaire et institutionnel propre au Partenariat Public-Privé a été mis en place à travers la promulgation de la loi 86-12 relative aux PPP. La mise en place de ce cadre réglementaire justifie l'intérêt grandissant que le Maroc accorde aux PPP en tant qu'outil de financement des infrastructures de développement.

L'objectif de cette loi est de faire bénéficier le secteur public national des capacités d'innovation du secteur privé et de fournir aux citoyens et aux acteurs économiques des services et des infrastructures économiques et sociales de qualité, à un coût optimal et dans des délais meilleurs. De même, elle permet le développement, au sein des administrations publiques, de nouveaux modes de gouvernance axés sur la performance, l'évaluation des résultats et la reddition des comptes. Cette loi couvre les différentes phases de la préparation du projet jusqu'à sa mise en œuvre (création d'une commission PPP, évaluation préalable, processus de passation, durée, objectifs et performances, partage des risques, modifications et cession du contrat, financement et sûretés et fin de contrat). Les formes de partenariat entre le secteur public et privé sont différentes selon la nature du projet, son coût et sa taille. Il peut s'agir de marchés publics, de délégation de services publics ou de contrats de Partenariat Public-Privé.

Dans le cadre du développement régional, l'Etat a lancé un ensemble de réformes économiques, financières et institutionnelles (exonération fiscale, renforcement de la formation professionnelle, facilité de l'accès au financement) afin de renforcer les investissements privés, améliorer le climat des affaires et renforcer ainsi le partenariat entre le secteur public et le secteur privé. De même vu le rôle du secteur privé dans le développement économique (augmentation de la production) et social (promotion de l'emploi et lutte contre le chômage) et donc dans le développement régional, l'Etat doit renforcer la compétitivité des PME (petites et moyennes entreprises), mettre à leur disposition un capital humain bien formé avec des connaissances professionnelles, favoriser l'émergence et l'intégration des réseaux et de groupes d'entreprises, encourager au niveau régional toutes les formes d'échange d'informations, d'adoption de normes collectives ou de programmes communs[203].

De même, le secteur privé doit respecter les engagements conclus avec l'Etat et la société civile notamment au niveau de la lutte contre la pollution et la sauvegarde de l'environnement.

***Exemple de contrat de Partenariat-Public-Privé (PPP) : Le projet d'énergie solaire Noor**

Afin d'illustrer cette performance des contrats de partenariat entre le secteur public et le secteur privé au niveau régional, nous pouvons donner l'exemple du projet d'énergie solaire Noor mis en place en PPP entre l'Agence marocaine pour l'énergie solaire (MASEN)[204] (acteur public), et Acquapower (acteur privé) avec la participation du secteur bancaire et financier pour le financement des opérations depuis la conception jusqu'à la maintenance. Le Maroc envisage en effet de produire, à l'horizon 2030, 52% de son électricité à partir de sources renouvelables. Pour cela, il s'est lancé dans une politique de

[203] Selon le Haut-Commissariat au Pan, la population active occupée par le secteur privé dans la région du grand Casablanca a atteint plus e 88%.
[204] Agence Marocaine de l'Energie solaire

grands travaux, dont le solaire est l'un des piliers[205]. Dans le cadre du Plan solaire marocain Noor, la conception et la construction des complexes solaires seront pilotées par l'Agence marocaine pour l'énergie solaire (MASEN), organisme créé à l'origine pour mettre en place en 2016 le Plan solaire marocain et chargé de diriger la transition énergétique du pays vers des énergies propres *via* un partenariat public-privé (PPP).

C'est ainsi que trois centrales d'énergie solaire ont été lancées : le complexe Noor-Ouarzazate 1, le complexe Noor-Midelt I et II.

Le complexe Noor- Ouarzazate est la première centrale d'énergie solaire dont le coût global est estimé à 9 milliards de dollars. Il s'étale sur plus de 400 hectares et aura une capacité de production de 160 mégawatts. La centrale de Noor-Ouarzazate est un des plus grands complexes solaires au monde (580 MW de puissance solaire installée, mixant solaire thermodynamique (CSP) et photovoltaïque), aux côtés de Solar Star, en Californie[206]. Elle permettra d'alimenter en électricité plus d'un million d'habitants, mais aussi de réduire la dépendance du Maroc au pétrole à hauteur de 2,5 millions de tonnes par an. Les bailleurs de fonds qui ont participé à sa réalisation sont la Banque Africaine de Développement (BAD), les Fonds d'Investissements Climatiques (FIC), des institutions de financement européennes et la Banque mondiale. Les bailleurs de fonds européens regroupent l'Union européenne, la Banque Européenne d'Investissement, l'Agence Française de Développement et la KFW[207].

Après la réussite de la méga-centrale de Noor Ouarzazate, le Maroc poursuit son ambitieux plan de développement des énergies renouvelables, Noor Midelt qui constitue un projet encore plus ambitieux que Noor Ouarzazate devrant atteindre 1 600 MW, et

---

[205] Meriem El Kouhen (2020), « Le Partenariat Public-Privé comme politique publique au service du développement durable : cas du projet Noor (MASEN), Revue de Recherches en Droit, Economie et Gestion, Revue Semestrielle, N° 14 décembre 2020, p.116

[206] Mélissa Petrucci (2019), « Noor Midelt I : Le Maroc construit une centrale solaire hybride hors norme », 29 juillet 2019

[207] Challenge (2016), « Noor I : les bailleurs de fonds marquent le coup », le 4 février 2016

faisant de ce méga-projet le plus grand complexe solaire multi-techniques au monde. Mais, contrairement à Ouarzazate, Noor Midelt combinera réellement les deux technologies, (CSP et photovoltaïque), ce qui permettra à la fois d'améliorer le rendement du complexe et d'optimiser le prix du kilowattheure. L'ensemble du projet devrait coûter 40 milliards de dirhams (3,71 milliards d'euros). Le financement sera assuré par cinq bailleurs de fonds internationaux : 761 millions d'euros pour la banque allemande KfW, 375 millions d'euros pour la Banque européenne d'investissement, 237 millions d'euros pour la Banque africaine de développement, 161 millions d'euros pour l'Agence française de développement, 112 millions d'euros pour la Banque mondiale. Ce projet sera réalisé en partenariat avec l'organisme public gérant les énergies renouvelables au Maroc, MASEN.

En 2018, la Banque mondiale approuve un financement additionnel de 125 millions de dollars pour le développement d'un deuxième complexe solaire. Quant au Fonds pour les technologies propres, il contribuera à hauteur de 25 millions de dollars. Ces contributions s'inscrivent dans l'objectif de réaliser le développement de technologies solaires innovantes au Maroc, et donc de doter le pays d'infrastructures solaires et éoliennes de rang international afin de réduire sa dépendance aux combustibles fossiles et de promouvoir sa transition énergétique vers un avenir propre et renouvelable[208].

Selon le PDG de MASEN : « Noor Midelt I est un projet technologiquement disruptif. Il y aura, dans le monde, un avant/après Midelt, comme il y a eu un avant/après Ouarzazate »[209].

Les centrales Noor-Midelt I et II, qui cumuleront à terme une capacité de 600 à 800 MW, étaient soutenues par les bailleurs de fonds européens à environ 17 milliards de dirhams, soit 60% du financement total de l'ensemble des trois centrales.

---

[208] Banque mondiale (2018), « Maroc : la Banque mondiale approuve un financement additionnel pour le développement d'un deuxième complexe solaire », Banque mondiale le 11 juin 2018

[209] Mélissa Petrucci (2019), « Noor Midelt I : Le Maroc construit une centrale solaire hybride hors norme », 29 juillet 2019

La directrice des opérations de la Banque mondiale pour le Maghreb, Marie Françoise Marie-Nelly a précisé : « Pour le Maroc, c'est une nouvelle étape vers un avenir propre. Le complexe électrique de Noor-Midelt confirme le rôle pionnier du Maroc dans la région en matière d'énergie renouvelable ».

De son côté, Moëz Cherif, économiste principal de l'énergie à la Banque mondiale pour le Maghreb a indiqué que : « La conception de Noor-Midelt repose sur des technologies éprouvées. Son fonctionnement inédit permettra de tirer à la fois parti des technologies CSP mais aussi photovoltaïques sur un seul site ».

La spécialiste senior de l'énergie à la Banque mondiale et coresponsable des projets Noor Sameh Mobarek conclut : « La start-up MASEN est arrivée à maturité en quelques années seulement, montrant aux autres pays de la région qu'ils peuvent s'inspirer de son exemple pour mettre en œuvre avec succès leurs politiques d'énergie renouvelable ».

4. La territorialisation des politiques publiques et la réorganisation profonde de l'appareil d'Etat

4.1. L'Etat et la nouvelle gestion des territoires : Le territoire, outil de développement et produit d'une politique publique

La territorialisation des politiques publiques passe par une réorganisation profonde de l'appareil d'Etat à travers une politique de décentralisation. Engagé depuis le début des années 1960, le processus de décentralisation n'a vraiment débuté qu'en 1982 avec la loi qui confère aux collectivités locales des compétences plus étendues et leur permet de participer à l'élaboration des politiques publiques tout en limitant la tutelle de l'administration publique par un effort de déconcentration. Avec la réforme constitutionnelle de 1996, les collectivités locales possèdent des compétences propres, des compétences transférées de la part de l'Etat ainsi qu'un rôle consultatif dans l'élaboration des politiques nationales, notamment celles concernant l'aménagement du territoire. Elles disposent de la personnalité juridique et de l'autonomie financière.

Cependant, le processus de décentralisation et la gestion des territoires par les acteurs locaux demeurent limités du fait de la tutelle de l'Etat central. Les structures déconcentrées servent des politiques publiques territorialisées mais pas encore territoriales. Ceci s'explique par le fait que le territoire n'est plus considéré comme l'aboutissement spatial d'un jeu social, mais comme un outil de développement économique et que le contrôle de l'Etat sur les territoires est rendu nécessaire par la fonction économique qui leur est attribuée. De ce fait, le territoire est envisagé comme le produit d'une politique publique. Cette aptitude des politiques publiques à produire du territoire constitue un autre problème auquel se confronte le Maroc (Boujrouf, Giraut, 2000)[210].

4.2. L'Etat, coproducteur des politiques publiques territoriales

Acteur parmi d'autres, l'Etat n'est pas un acteur comme les autres. L'Etat a toujours été considéré comme un agent majeur et quasi unique du développement. Or, de nos jours, l'évolution de l'action publique révèle que les acteurs secondaires qui jouaient un rôle d'accompagnement partagent la chose publique avec l'Etat. Différentes catégories d'acteurs nationaux et internationaux interviennent dans la mise en œuvre, comme dans la conception des politiques publiques territoriales. L'Etat devient coproducteur des politiques publiques territoriales. L'ouverture de l'Etat aux autres acteurs s'explique par les nouvelles stratégies de développement qui nécessitent la participation collective de tous les acteurs aux décisions politiques et au financement des projets afin de veiller à la réalisation des réformes engagées et des objectifs souhaités.

Ainsi et à titre d'exemple, en collaboration ou en partenariat avec l'Etat, les collectivités locales interviennent de plus en plus dans les grands programmes d'équipement et d'infrastructure de base : Programme d'Approvisionnement Groupé en Eau potable des populations Rurales (PAGER), Programme National d'Electrification Rurale (PNER), Programme National de Construction des Routes Rurales (PNCRR)… De même, certaines communes peuvent recevoir de l'aide de la part de certaines associations, d'organismes non gouvernementaux ou d'institutions internationales (PNUD, BIRD…).

---

[210] Boujrouf S., Giraut F., 2000, « Des territoires qui s'ignorent ? Dichotomie entre territoires administratifs et espaces de mobilisation au Maroc », Montagnes méditerranéennes, n°12, p. 61-68

4.3. Etat et territoires : L'enjeu de la nouvelle configuration territoriale

Malgré ce partage de l'action publique, les inégalités de développement local et régional caractérisent encore les territoires marocains. Certains territoires restent privilégiés par rapport à d'autres non seulement au niveau des réformes lancées, mais aussi au niveau des moyens de financement.

L'enjeu de la nouvelle configuration territoriale réside dans le nouveau rapport de l'Etat à ses territoires et donc dans la capacité d'articulation des territoires. La situation paradoxale s'explique par la faiblesse de la décentralisation et le nouveau rôle de l'Etat qui continue d'assurer le lien entre les différents territoires du Maroc et de garantir la « cohésion » d'un espace national. La mise en cohérence des approches territoriales décentralisées, ou plus modestement locales, peine à émerger. De plus, l'autonomie accordée aux Collectivités locales et la recherche d'une plus grande compétitivité des territoires fractionnent l'espace national.

Le Maroc se trouve aujourd'hui dans une situation de transition : Il n'y'a pas une autonomie réelle des territoires du fait d'une décentralisation trop timide. Une telle situation ne peut que contribuer au renforcement de l'action de l'Etat sur ses territoires. L'Etat marocain reste fort même si les moyens de sa puissance ont changé. Certes, la privatisation de ses compétences, la mixité de certaines de ses structures, la nécessité du dialogue social, la mise en responsabilité de ses actions et la limitation de sa puissance juridique sont autant d'éléments pouvant justifier l'affaiblissement de l'Etat marocain et du changement opéré entre ce dernier et ses territoires. Cependant, malgré l'ampleur des changements, l'Etat marocain a gardé sa force « makhzénienne » et sa capacité à contrôler par des biais indirects l'ensemble de ses territoires.

Une telle attitude peut aussi s'expliquer par le fait que le contexte international de mise en concurrence des territoires ne favorise pas une remontée à l'échelle nationale des projets territoriaux, d'où le rôle de l'Etat et sa vision unificatrice et centralisée du territoire afin d'inscrire dans l'espace national tout projet territorial.

Conclusion

Avec la libéralisation de l'économie marocaine, son ouverture sur l'extérieur et les défis de la mondialisation et afin de lutter contre les disparités régionales et les inégalités socio-économiques territoriales, l'Etat marocain a mis en place une stratégie de développement territorial basée sur une politique d'aménagement et d'équilibre territorial tout en permettant le développement de pôles plus compétitifs. Certes, les régions marocaines s'affrontent à une rude concurrence entre elles et avec le reste du monde. Il s'agit d'une compétition nationale et internationale des régions qui doivent s'adapter au nouveau contexte de la mondialisation et valoriser leurs avantages comparatifs afin de s'intégrer dans le marché mondial. Dans ce cadre, afin d'atteindre l'objectif lié à l'attractivité territoriale, l'analyse des dynamiques territoriales peut être analysée à différents niveaux notamment par l'aménagement de l'espace et la valorisation du territoire par des politiques et des mesures adéquates émanant des acteurs de la promotion du territoire notamment l'Etat, les collectivités locales et les ONG. Certes, le processus de régionalisation devrait déterminer le rôle des acteurs locaux dans le développement régional, favoriser dans le cadre d'une gestion décentralisée la définition des politiques régionales d'attractivité et identifier les facteurs d'attractivité régionale les plus déterminants pour attirer les IDE.

C'est ainsi que l'Etat a pris des initiatives des actions correctrices en faveur des zones marginalisées ainsi que des mesures de réajustement et de lutte contre la pauvreté.

Cependant, malgré la collaboration, le partenariat et le partage de l'action publique avec les collectivités locales dans la réalisation des grands programmes d'équipement et d'infrastructure de base, les inégalités de développement local et régional persistent encore et certains territoires restent privilégiés par rapport à d'autres non seulement au niveau des réformes lancées, mais aussi au niveau des moyens de financement. Peut-on expliquer cette situation par la faible capacité d'expression des intérêts locaux vis-à-vis d'un pouvoir central qui demeure puissant.

C'est ainsi que le processus de décentralisation et de la gestion des territoires par les acteurs locaux demeurent limités du fait de la tutelle de l'Etat central. Les structures déconcentrées servent des politiques publiques territorialisées mais pas encore territoriales. Ceci s'explique par le fait que le territoire n'est plus considéré comme l'aboutissement spatial d'un jeu social, mais il est envisagé comme le produit d'une politique publique.

L'enjeu de la nouvelle configuration territoriale réside dans le nouveau rapport de l'Etat à ses territoires et donc dans la capacité d'articulation des territoires. Le rôle de l'Etat arbitre des injustices régionales est difficilement réalisable. L'Etat n'est pas un acteur comme les autres. Il a toujours été considéré comme un agent majeur et quasi unique du développement avec un pouvoir central qui demeure puissant. Il n'y'a pas une autonomie réelle des territoires du fait d'une décentralisation trop timide. Le processus de la décentralisation peine à émerger et s'affronte à de nombreux problèmes, d'où le renforcement de l'action de l'Etat sur ses territoires. Toutefois, nous pouvons affirmer que le Maroc se trouve aujourd'hui dans une situation de transition.

Le rééquilibrage des tendances actuelles nécessite la mise en place d'une politique régionale exhaustive et intégrée basée non seulement sur une approche spatiale de la stratégie nationale de développement économique et social, mais également, sur la création de dynamiques de changement et d'impulsion des initiatives régionales.

Pour ce faire, une démarche de proximité territoriale privilégiant l'implication de l'ensemble des partenaires économiques et sociaux dans le processus de développement régional devrait être privilégiée. De même, l'Etat devrait veiller, dans le cadre d'une politique de lutte contre les disparités sociales et régionales, à instaurer des mécanismes de solidarité entre les régions, entre les milieux urbain et rural et entre les couches sociales. En effet, le développement régional ne devrait pas se limiter à l'aménagement des régions défavorisées. Sa tâche principale est d'éviter la formation de telles régions ainsi que de garantir le rattrapage des régions sous-développées et l'irradiation du potentiel de développement des régions plus développées sur celles moins riches. Le but de la politique de développement régional est fondamentalement le développement économique basé sur le partenariat des régions.

Chapitre V

La gouvernance logistique territoriale, levier de performance des politiques publiques territoriales

Chapitre V

La gouvernance logistique territoriale, levier de performance des politiques publiques territoriales

« Le territoire s'insère dans un système, au sein duquel il fonctionne selon une boucle de rétroaction avec la société, qui aménage, gère et organise le territoire, tandis que le territoire rétroagit sur la société ». Ainsi, le territoire n'est plus « un espace approprié, il est agi » par les relations entre les acteurs qui le compose (Moine, 2005).

A l'aube du XXIème siècle, avec la mondialisation des économies, la libéralisation des échanges, la forte expansion des flux d'investissements internationaux et la poussée des technologies de l'information et des communications, la notion du territoire occupe de plus en plus une place axiale en termes d'attractivité et de compétitivité à l'échelle internationale. Les pays deviennent acteurs et promoteurs de la mondialisation de la production en créant un climat d'investissement favorable par l'élaboration de plusieurs stratégies de développement notamment des politiques d'aménagement du territoire en utilisant la variable « logistique », longtemps oubliée de la planification urbaine et considérée aujourd'hui comme catalyseur du développement économique et social des territoires et donc un levier de compétitivité et de croissance dans la mesure où la performance des tissus économiques des entreprises dépend de l'efficacité des systèmes logistiques locaux et des stratégies des acteurs qui les composent (SAVY ,2006) notamment les Etats, ce qui se traduit par une bonne gouvernance logistique territoriale.

Le Maroc s'est inscrit ces dernières années dans cette perspective en accordant une importance incontournable à la logistique en la considérant comme un défi majeur des politiques publiques en vue de rendre le territoire bien aménagé et bien équipé et donc attractif. C'est dans ce cadre que la « régionalisation avancée » et les politiques de développement visent à lutter contre les inégalités régionales et à faire bénéficier les régions des avantages concurrentiels issus d'une logistique performante et un meilleur assainissement des territoires afin de réaliser un développement durable.

Par ailleurs, à l'heure où la conduite des politiques publiques exige une logique de proximité, au plus près des besoins des diverses composantes de la population et où la problématique de la « régionalisation avancée » occupe le devant de la scène dans le paysage politique et institutionnel de notre pays, une logistique performante s'avère une nécessité.

Dans ce cadre, le présent chapitre a pour objet d'évaluer les politiques publiques à travers la contribution de la logistique dans le développement régional et de montrer la relation étroite entre les activités productives et les activités logistiques et donc d'analyser les effets des infrastructures logistiques (les zones logistiques, plateformes) et leur impact sur le développement régional et sur l'attractivité territoriale[211].

Certes, l'attractivité territoriale des IDE repose non seulement sur l'accentuation des réformes précitées et de faire face à l'ensemble des obstacles à cette attractivité, mais aussi sur la mise en valeur du territoire, d'où les nouvelles stratégies pour un développement durable du Maroc basées sur le développement régional, la promotion du territoire et une gouvernance logistique territoriale, pilier des politiques de l'aménagement du territoire et de l'attractivité des IDE.

De ce fait, la question qui nous interpelle est la suivante :

En prenant en considération le cas de l'économie marocaine, comment la gouvernance logistique territoriale peut-elle être un levier de performance des politiques publiques territoriales ?

De cette problématique, des questions secondaires s'imposent :

---

[211] Aicha Ouazzani Chahdi (2019), « La gouvernance logistique territoriale, levier de performance des politiques publiques territoriales », Communication de l'auteur au1er colloque international sur « l'évaluation des politiques publiques territoriales : enjeux et perspectives », organisé par la Faculté des sciences juridiques, économiques et sociales de Meknès (Maroc) le 2 et 3 mai 2019.

-Comment la logistique peut-elle être un facteur de l'aménagement du territoire et de la gouvernance territoriale et quelles interactions existent entre logistique et aménagement du territoire ?

-Quels sont les enjeux d'une efficience logistique territoriale ?

-Comment les politiques d'intensification des échanges de biens redessinent les espaces et redistribuent le pouvoir ?

-Quelles sont les conséquences d'une performance des politiques publiques territoriales sur le développement durable ?

1. La performance de la logistique, pilier du développement territorial et de l'attractivité du territoire

1.1. La logistique, cadre conceptuel et historique

La « Logistique » a été utilisée historiquement par l'institution militaire afin de définir l'activité qui réussit à combiner deux facteurs nécessaires dans la gestion des flux : l'espace et le temps. Elle a une origine grecque « logisteuo » signifiant avant tout administré[212]. Elle désigne l'art de combiner tous les moyens de transport, de ravitaillement et de logement des troupes.

Parallèlement à la logistique militaire, « la logistique civile » s'est développée au fil des années (dans un premier temps grâce à la sous-traitance de certaines fonctions militaires à des entreprises du secteur public).

Depuis la seconde guerre mondiale, la logistique a commencé à être utilisée dans le monde de l'entreprise. Elle est considérée comme la science de la gestion des flux financiers, informationnels, physiques de l'entreprise. Elle recouvre l'ensemble des moyens, des techniques et des méthodes qui permettent un écoulement rationnel et

---

[212] Au IVème siècle avant JC., Alexandre Le Grand (356-323 avant JC.) avait pensé faire procéder le mouvement de ses armées par l'organisation du ravitaillement. Ainsi, Jules César en créant la fonction « logiste » chargeait un officier de s'occuper des mouvements des légions romaines pour organiser les campements de nuit et constituer les dépôts d'approvisionnement dans les villes soumises.

économique des flux des produits et des matières depuis leurs sources d'approvisionnement jusqu'à leur endroit de consommation. La logistique renforce donc la compétitivité d'une entreprise en réduisant les coûts liés au transport, à la manutention, au stockage et aux opérations d'après-vente tout en assurant un service de qualité.

La première définition qui date de 1948 a été formulée par le comité des définitions de l'Américan Marketing : « La logistique concerne le mouvement et la manutention de marchandises du point de production au point de consommation ou d'utilisation ».

En 1962, le NCPDM (National Concil of Physical Distribution Management) a cité que la logistique est l'ensemble des techniques de contrôle de gestion des flux des matières et des produits depuis leur source d'approvisionnement jusqu'à leur point de consommation ».

Pour G. Mansillon (2001), « La logistique est l'ensemble des tâches qui concourent à réguler les flux physiques à l'intérieur de l'entreprise[213].

Selon M. Christopher (2000), « La gestion logistique étant le processus de planification, d'implication et du contrôle de l'efficacité et de l'efficience des flux des biens et services, de leur point de départ à leur point de consommation pour la finalité de conformer aux besoins et désirs du client »[214].

L'Association Française des logisticiens d'entreprises définit la logistique comme étant l'ensemble des activités ayant pour objet la mise en place au moindre coût d'une quantité déterminée d'un produit à l'endroit et au moment où la demande existe.

Ainsi, la logistique correspond à l'art de gérer les différents flux pour un meilleur coût.

---

[213] Mansillon G. (2001), « Mercatique d'actions commerciales », éd. Fauchez, Paris 2001 p.465

[214] Christopher M. (2000), « Logistiques and supplia Chain Management », Financial Times Management, London, 2000

1.2. Interactions entre logistique et territoire

En général, parler du territoire suppose de s'entendre sur sa définition. Le « territoire » peut être défini comme l'espace habité par une population ou l'espace sur lequel l'Etat exerce son autorité de manière exclusive[215]. Le territoire est « une appropriation à la fois économique, idéologique et politique (sociale donc) de l'espace par des groupes qui se donnent une représentation particulière d'eux-mêmes, de leur histoire » (Di Méo, 2000). Le territoire n'est pas donc un espace figé ou un réservoir de ressources ou encore comme un simple réceptacle passif des facteurs de production, mais c'est plutôt comme le gabarit adéquat à la conception du développement et devient ainsi le cadre propice de l'action publique.

Les liens entre logistique et territoire peuvent être appréhendés à travers une analyse systémique des interactions entre système logistique, système productif et territoire[216]. Certes, la logistique est au cœur des mutations du système productif. Elle permet d'assurer la liaison opérationnelle entre la production et la consommation. Le déploiement spatial du système productif se matérialise par des flux de produits et d'informations qui supposent la mise en œuvre de schémas logistiques. Par ailleurs, le système logistique est conditionné par l'organisation du système productif puisque le propre de la logistique est de permettre la coordination de l'offre et de la demande.

Ainsi, la logistique joue un rôle croissant dans un contexte de compétition globale. Elle offre une opportunité d'améliorer l'efficacité des systèmes productifs (Rodrigue, 2006). La spécialisation des matériaux d'exploitation du transport a permis une

---

[215] Depuis son apparition dans la langue française au XIIIème siècle, le mot territoire (issu des termes latins territorium) a surtout été utilisé à partir du XVIIème siècle dans un sens politico-administratif. Il évoque l'idée d'une domination et d'une gestion d'une portion terrestre par une puissance qui assoit son autorité et sa légitimité sur ce contrôle qu'il s'agisse d'une collectivité territoriale ou d'un Etat. A partir de la création en 1950 d'un « Comité de l'aménagement du territoire puis de la DATAR (la Délégation interministérielle à l'aménagement du territoire et à l'attractivité régionale en 1963, les gouvernants successifs ont tenté de remodeler, rééquilibrer ou moderniser l'hexagone, en associant l'action publique et l'initiative privée. Denise PUMAIN « Histoire du territoire » http://WWW.hypergeo.eumardi 25 octobre 2016

[216] Le concept « territoire » a déjà fait l'objet d'une définition dans le chapitre I

forte augmentation des gains de productivité ainsi qu'une baisse des coûts.

De même, les interactions entre système productif et territoire s'expliquent par les localisations des activités qui façonnent le territoire et en retour, le territoire contribue également à configurer le système productif. Les premières approches sur les dynamiques spatiales du système productif concernant le choix de la localisation des activités à l'instar des travaux de Weber (1929) prenaient en considération l'angle (coût-distance-espace). La facilité d'accès aux ressources, aux inputs et aux marchés est ainsi un facteur déterminant de localisation des activités économiques. Aussi, avec la forte amélioration des technologies des transports, de l'information et de la communication induisant une baisse des coûts des transactions, on aurait pu s'attendre à une répartition spatialement plus uniforme des activités.

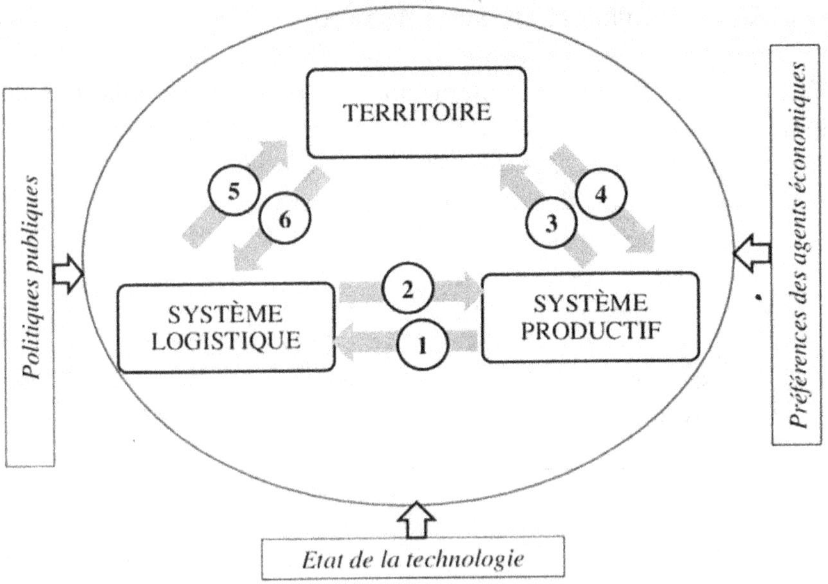

Source : colloque ASRDLF 2012

2. La gouvernance logistique territoriale : Une nouvelle conception de l'espace et des territoires

Le développement territorial et l'amélioration de la situation économique et sociale de la population est tributaire de la mise en œuvre d'une politique de développement basée sur la valorisation des potentialités territoriales. Une telle stratégie s'articule autour d'une organisation et d'une planification afin d'identifier les priorités économiques et sociales et de cibler les programmes et les projets de développement qui répondent aux exigences des populations locales d'où la nécessité d'une gouvernance, levier de performance des politiques publiques et facteur déterminant de la cohésion nationale permettant d'instaurer les alliances de développement territorial.

2.1. La gouvernance territoriale : Cadre conceptuel

La gouvernance territoriale consiste en un ensemble d'institutions, de mécanismes et de processus qui permettent au citoyen et aux groupements de citoyens d'exprimer leurs intérêts et leurs besoins, de régler leurs différends et d'exercer leurs droits et obligations. Une bonne gouvernance locale est fondée sur plusieurs piliers : la participation citoyenne, des partenariats entre des acteurs clés à l'échelon local, la compétence transdisciplinaire des acteurs locaux, des sources d'information multiples, et une orientation en priorité en faveur des pauvres (PNUD 2004)[217].

Ainsi, au Maroc, les nouvelles politiques publiques prennent en compte dans la planification nationale les spécificités du niveau « territoire » où les dynamiques sociales se complètent et interagissent afin d'asseoir le socle d'un projet local décentralisé. Ainsi, le territoire n'est pas seulement « l'espace où se localisent les activités économiques, il devient progressivement un constituant du processus de production des entreprises, un facteur de production immobile »[218]. Il constitue une variable et un enjeu essentiel dans la localisation industrielle. Le territoire est donc une organisation spécifique où se

[217]PNUD (2004), « Gouvernance-United Nations Development Programme », www.undp.org

[218]René KhanK (1998), « Facteurs de localisation, compétitivité et collectivités territoriales », Vie Economique n°10 1998, pp102-119

combinent les stratégies privées et les interventions publiques donnant lieu à la gouvernance territoriale, c'est à dire une nouvelle organisation du territoire par l'élaboration des politiques d'aménagement du territoire et de développement économique[219].

2.2. La logistique, catalyseur du développement économique et social des territoires : La dynamique territoriale

Durant les dernières décennies, la logistique est considérée comme un pilier performant du développement territorial tant au niveau économique qu'au niveau social.

Au niveau économique, les activités logistiques et les implantations de sites logistiques étaient mal considérées par les collectivités territoriales qui qualifiaient les entrepôts comme inesthétiques et émetteurs de nuisances négatives pour la population. Or, de nos jours, les implantations logistiques et les services logistiques constituent les atouts et la richesse de la région qui les accueille dans la mesure qu'ils peuvent être un facteur d'attractivité de nouvelles installations industrielles ou de développement d'activités déjà existantes.

Sophie Masson (2012) a bien noté : « Aujourd'hui, on observe que la logistique accompagne sans doute certaines implantations industrielles ou commerciales, mais devient à son tour facteur d'implantation. La diversité et la qualité des services logistiques figurent parmi les atouts d'une région, le plus souvent d'une aire métropolitaine pour attirer des activités de transformation ou de distribution »[220].

La logistique peut constituer une nouvelle ressource financière de l'Etat par l'augmentation des recettes fiscales, avoir dans un environnement de plus en plus concurrentiel des conséquences positives sur la compétitivité de l'entreprise par l'amélioration de la qualité et de la valeur ajoutée du produit et enfin contribuer à la

---

[219]Meziane Ferguène, Claude Courley (2004), « Gouvernance locale et développement territorial : le cas des pays du Sud », éditions le Harmattan, Paris 2004, p14

[220]Sophie Masson et Romain Petiot (2012), « Attractivité territoriale, infrastructures logistiques et développement durable », Les Cahiers Scientifiques du Transport n° 61/2012, p 76

compétitivité des territoires par l'installation et la gestion des flux entre les infrastructures logistiques, ce qui permettra de minimiser les coûts et maximiser les profits.

Au niveau social, la logistique permet la satisfaction aussi bien du chef de l'entreprise que du client du fait qu'elle constitue l'outil qui permet la réduction des coûts pour l'entreprise et la satisfaction du client dans le meilleur délai. Ainsi, grâce à la logistique, le client qu'il soit donneur d'ordre industriel, distributeur ou consommateur final, dispose d'une large gamme de produits, dans un grand nombre de domaines, et ce, dans des délais très courts. Le client peut avoir à sa disposition un grand choix devant les gammes de produits et même parfois des choix complémentaires sur commande.

En réalité, l'impact de la logistique sur le développement du territoire place l'individu devant un grand choix pour la satisfaction de ses besoins. De plus, il trouve plus de facilité à l'accès aux services des administrations et des établissements de son environnement.

La logistique peut aussi contribuer à la création de nouvelles activités et de nouveaux métiers aux petits prestataires logistiques de la région face à un environnement de plus en plus concurrentiel. Elle permet donc la création d'emploi et la distribution de nouveaux salaires pour les citoyens de qualification moyenne à côté de la main d'œuvre qualifiée employée dans les grandes activités logistiques, d'où la dynamique territoriale.

2.3. La logistique, instrument de puissance et de gouvernance des territoires

Si les recherches ont toujours porté sur les dispositifs techniques ou les choix économiques, il est nécessaire de mettre en lumière la logistique comme instrument de puissance et de gouvernance des territoires. Certes, la réorganisation des flux transforme les espaces, redéfinit leurs agencements et leurs hiérarchies. Au croisement des processus économiques mais aussi de son encadrement politique, la logistique apparaît désormais comme un enjeu central d'aménagement[221].

Pour Laurent Livosli et Chistelle Camman (2017), « identifier et comprendre les flux de matière et de marchandises, leur organisation et leur pilotage, constituent un formidable prisme du monde »[222]. De fait, l'irruption du paradigme logistique désigne une révolution majeure, celle qui projette le système productif dans le cadre d'une interdépendance de plus en plus mondialisée (Waters 2011).

L'intensification des échanges, l'abaissement des barrières douanières et la réduction des coûts de transport ont imposé l'émergence des chaînes de valeur complexes dont le fonctionnement repose sur la fiabilisation de chacun des maillons (Manners-Bell, 2014) : Transport, stockage, assurance, transactions bancaires, échanges d'informations et de données.

De ce fait, il faut privilégier trois types d'analyse interdépendants correspondant à trois facettes de l'approche logistique vue comme instrument d'aménagement et enjeu de négociation : l'approche globale (acteurs politiques et économiques, une lecture géopolitique des circulations et des décisions), l'approche (macro) régionale et enfin à l'échelle des systèmes de distribution (Hesse, 2008).

3. Les enjeux d'une efficience logistique territoriale : Elément déterminant de la non-convergence des politiques publiques territoriales

L'état embryonnaire de la logistique est un élément de blocage à la dynamique territoriale et à l'attractivité des IDE. Il révèle que les territoires connaissent des problèmes même si l'intensité de ces derniers est différente selon les territoires.

---

[221] Céline Guilleux (2017), « La gouvernance logistique des territoires ». Le monde diplomatique 20/10/2017

[222] -Laurent Livolsi et Christelle Camman (2017), « La gouvernance logistique des territoires », labo.u-cergy.fr
-Laurent Livolsi et Christelle Camman (2017), « La logistique, une affaire d'Etat ? » Collection Documents, 2017. www.eyrolles.com

De ce fait, un fonctionnement optimal de la logistique peut contribuer à faire face à de nombreux problèmes qu'on peut grouper en quatre catégories :

-L'exploitation des ressources d'optimisation logistique

Cette question semble être la plus importante, mais la moins abordée dans les approches logistiques territoriales. Elle concerne les principaux acteurs de la logistique que sont les entreprises et leur capacité à mettre en œuvre des outils et des démarches d'optimisation logistique sur leurs territoires d'implantation (organisations professionnelles régionales, pôles de compétitivités, clubs logistiques…).

-Les obstacles socio- démographiques

En matière de logistique, les entreprises surtout dans les grandes régions sont confrontées à de nombreux problèmes liés à la qualification de la main d'œuvre et à sa stabilité notamment dans les zones sensibles (les grandes zones d'entrepôts), à la sécurité…

-Les problèmes en termes d'implantation des sites logistiques

L'implantation des sites logistiques opérationnels (entrepôts, plates-formes) a lourdement bouleversé le territoire depuis plus de 20 ans. La logistique est pour de nombreux territoires la principale activité créatrice d'emploi, mais les implantations logistiques sont souvent mal supportées par les populations et leurs élus (trafic de poids lourds, consommation d'espace…). Les questions posées concernent les préjugés sur la logistique considérée souvent comme une activité parasite, les dysfonctionnements opérationnels rencontrés fréquemment par les activités et les implantations logistiques, la sous-optimisation de la localisation des sites logistiques qui obéit à une forte pression des entreprises à la recherche des localisations les mieux adaptées à leurs objectifs, à la question spécifique de la saturation logistique dans les grandes régions. Tout cela implique la nécessité de réaliser des zones logistiques spécialisées et une « plateformisation » des activités logistiques que seules les collectivités publiques peuvent favoriser efficacement.

-La faiblesse des infrastructures et les difficultés pour les flux de transport

L'infrastructure d'accueil constitue un des facteurs clé d'attractivité des IDE. Or, au Maroc, le réseau routier ne couvre qu'une partie du territoire. Quant aux voies ferrées, elles se limitent aux régions côtières et ne dépassant pas Agadir vers le Sud. Les infrastructures portuaires sont marquées par la lenteur du service, le coût élevé et la faible capacité de stockage. Le foncier représente une entrave importante à l'investissement. De plus, les pouvoirs publics montrent certaines insuffisances dans le domaine de financement des infrastructures, sachant que la nature même des IDE impose l'existence d'un système de télécommunication efficace. Quant aux infrastructures de transport, elles doivent également permettre une circulation fluide et sûre des flux en particulier dans le cadre d'une généralisation de technologie de production en flux tendus où les contraintes du temps et la flexibilité doivent être gérées.

4. La gouvernance logistique territoriale, levier de performance des politiques publiques territoriales

L'examen de la dynamique socio-économique au niveau régional révèle une tendance à la concentration spatiale qui engendre une aggravation des déséquilibres entre les régions ainsi qu'un accroissement des phénomènes d'exclusion sociale avec des répercussions négatives sur la compétitivité territoriale de la plupart des régions. Cette situation trouve sa source dans la dépendance du système productif de la majorité des régions aux aléas climatiques et à la faiblesse de l'infrastructure de ces régions. Dans cette optique, la mise en œuvre d'une politique de développement régional intégrée est à même d'atténuer l'ampleur des déséquilibres entre les différentes régions du pays et de permettre par conséquent de jeter les bases d'un développement durable.

4.1. La place des infrastructures et de leur contrôle dans les stratégies des politiques publiques

Le désenclavement de certaines régions et leur desserte en matière d'infrastructure routière seraient de nature à encourager les échanges et à promouvoir les complémentarités inter et intra-régionaux. Certes, le système de transport accompagne les transformations des grandes routes d'approvisionnement des matières premières et l'accès aux marchés des produits. La réorganisation des flux ou leur croissance conduit à adapter les infrastructures qui révèlent tout à la fois les modalités d'insertion des régions dans les circuits économiques globaux que la volonté et la capacité des pouvoirs publics à accompagner le mouvement (Cowen, 2014). La projection de l'Etat et ses capacités à modeler durablement la géographie des échanges s'inscrit pleinement dans une réalité géopolitique.

4.2. La gouvernance logistique territoriale, levier d'intégration et d'équilibre régional et de compétitivité territoriale

La question de l'amélioration de la compétitivité territoriale est devenue d'autant plus pressante compte tenu des macro-tendances en cours au niveau international qui mettent en défi l'économie nationale et par conséquent celle des régions à économie ouverte telles que la région du Grand Casablanca et celle de Tanger-Tétouan. Par conséquent, la politique de développement régional devait mettre l'accent sur la mobilisation des avantages comparatifs des différentes composantes du territoire selon la logique du management territorial. Un tel management devrait s'inscrire dans une logique d'assistance financière (en particulier en matière d'infrastructures de base et de services publics) et de création de pôles de développement économique avec un ancrage territorial devant s'appuyer sur les potentiels naturels et humains de la région et mettre en exergue l'efficacité des systèmes productifs dans chaque espace.

Edifier une bonne gouvernance régionale revient à trouver une forme de coordination optimale entre les différents acteurs publics et privés de la région. Cette gouvernance exige une cohérence d'intervention à travers des projets régionaux associant l'ensemble des acteurs de la place. Pour y parvenir, l'institutionnalisation de la coordination via la création de structures dédiées, que sont les agences de développement, semble être une solution souvent adoptée.

4.3. Performance des politiques publiques territoriales : vers une gouvernance territoriale de la logistique

4.3.1. La nécessité d'une gouvernance logistique territoriale : rôle des acteurs locaux dans la promotion du territoire

Le secteur de la logistique est appelé à jouer un rôle déterminant afin d'améliorer la compétitivité de l'économie marocaine et à conforter la place du Maroc en tant que plateforme internationale d'attraction des investissements à haute valeur ajoutée.

Face aux inégalités des richesses naturelles ou acquises des territoires (richesses humaines, géographiques pour certains, infrastructure de qualité pour les uns, faible densité démographique, faiblesse des infrastructures, relief montagneux pour d'autres), la logistique peut être d'un grand apport dans l'équilibre entre les régions. Certes, plusieurs paramètres géographiques ou socio-économiques peuvent avoir un impact sur les rapports entre la logistique et le territoire.

En réalité, le développement territorial logistique peut donner naissance à deux situations :

-Soit laisser faire le marché et favoriser la concentration pour être efficace.

-Soit mener une politique d'équité territoriale qui conduit à une complémentarité des ressources entre des régions au risque de conduire à l'inefficacité.

C'est face à cette situation contradictoire qu'il est nécessaire de définir la gouvernance logistique territoriale. Or, il est à remarquer que les objectifs de la gouvernance territoriale et la gouvernance logistique territoriale ne se réalisent pas aux mêmes échelles territoriales, selon le même type de logique d'acteurs, avec les mêmes outils d'aménagement, ce qui montre que la logistique est encore à l'état embryonnaire et n'a pas encore trouvé sa place dans la gouvernance territoriale. A titre d'exemple, l'implantation de certains sites logistiques privés peut compromettre une approche intégrée du développement logistique.

La question de la gouvernance territoriale de la logistique relève conjointement d'acteurs privés à l'origine de cette activité et d'acteurs publics en charge de la gestion du territoire. « La gouvernance territoriale de la logistique doit constituer une autre façon de comprendre et d'évaluer les mécanismes de création de valeur mettant en cause les flux physiques et d'informations induites par les activités humaines. Elle doit permettre d'envisager une intervention pour améliorer les localisations, organisations et processus de la logistique et de les relier à d'autres domaines (énergie, production de la ville…).

Il est donc nécessaire de trouver les moyens d'action permettant la coordination des acteurs impliqués dans le fonctionnement des chaînes logistiques dans une recherche de performance globale du territoire (chargeurs, logisticiens, gestionnaires et opérateurs de réseaux et de plates-formes, transporteurs, aménageurs, collectivités publiques) »[223].

4.3.2. La gouvernance logistique territoriale et le développement durable : les nouvelles stratégies mises en œuvre

Afin d'améliorer la gouvernance de la logistique, le Maroc a mis en place d'abord un processus d'institutionnalisation :

-L'Agence Marocaine de Développement de la Logistique (AMDL) est un établissement public crée en 2012 pour la coordination de la mise en œuvre de la stratégie de développement de la compétitivité logistique du Maroc.

En 2015, l'Agence a amorcé plusieurs chantiers avec un ensemble d'acteurs publics et privés au niveau national et local notamment en matière de structuration de projets de zones logistiques et de mise à niveau et de professionnalisation du secteur logistique.

-L'Observatoire Marocain de la Compétitivité Logistique (OMCL) est un outil de renforcement de la transparence autour de la compétitivité logistique du Maroc. L'opérationnalisation de l'OMCL est devenue effective suite à une convention entre l'Etat et la CGEM relative à son organisation et son fonctionnement en mai 2014.

L'Etat et le secteur privé ont désigné un représentant au sein de la confédération générale des entreprises. La stratégie élaborée pour le développement de la concurrence en matière de logistique constitue un contrat-programme validé pour la période 2010-2015. Ce dernier trace le cadre pour développer le secteur de la logistique au Maroc et dresse les lignes principales et les objectifs visés ainsi que les engagements partagés entre l'Etat et le secteur privé.

---

[223] Rapport de PIPAM (Pôle Interministériel de Prospective et d'Anticipation des Mutations économiques en France), « La logistique : indicateurs territoriaux Septembre 2009

Ainsi, parmi les leviers d'une bonne gouvernance du secteur logistique figure le développement d'un dispositif réglementaire et normatif adapté aux spécificités du marché marocain. En matière de normalisation, les efforts déployés en collaboration avec des parties prenantes du secteur public et privé ont permis la création de la Commission Nationale de normalisation Logistique (CNL) qui s'attèle à identifier et prioriser les besoins de tous les acteurs du secteur logistique en termes de normes, de référentiel national répondant aux enjeux et aux ambitions du secteur logistique.

De même, pour faire face aux enjeux qui se posent dans le cadre de la logistique territoriale, le Maroc s'est lancé vers différentes stratégies surtout sectorielles par des politiques de développement des infrastructures ferroviaires et autoroutières[224]:

***Stratégie ferroviaire** :

IL s'agit du contrat-programme entre l'Etat et l'Office Nationale des Chemins de Fer (ONCF) pour la période 2010-2015. Les principaux engagements de l'ONCF portent sur la réalisation d'un important programme d'investissement de 33 milliards de DH et dont les deux composantes majeures sont le Train à Grande Vitesse (TGV entre Casablanca et Tanger (20 MM de DH) et la poursuite de modernisation du réseau actuel (13 MM de DH). L'ONCF est tenu de développer le trafic dans les meilleures conditions de sécurité et de qualité de service ainsi qu'en matière de responsabilité sociétale et environnementale.

***Stratégie dans le domaine des infrastructures routières (autoroutes)**

Dans le but d'améliorer le développement du trafic au niveau du réseau autoroutier essentiellement sur l'axe Rabat-Casablanca et de développer d'autres axes reliant de nouvelles régions, surtout Abda-Doukkala et Tadla-Azilal, un autre contrat-programme a été signé entre l'Etat et la Société Nationale des Autoroutes (SNA) pour la

---

[224] Ministère de l'Equipement, du Transport et de La Logistique : Programme Appui aux stratégies sectorielles. Loi de finances 2015.
-Discours royal du 6 novembre 2015 lors du 40ème anniversaire de la marche verte.

période allant de 2008 à 2015. Ce programme concerne 384 km des autoroutes dont l'autoroute de contournement de Rabat (41 km), l'autoroute reliant Berrechid- Béni Mellal (172 km), l'autoroute entre El Jadida et Safi (140 km) et l'autoroute Casablanca- Berrechid via Tit Mlil (30,5 km).

Ces différentes stratégies sectorielles lancées par le Ministère de l'Equipement, du Transport et de la Logistique ont été définies sur la base d'une stratégie globale, intégrée et cohérente dont les objectifs sont la réduction des coûts logistiques du Maroc de 20%, l'accélération de la croissance du PIB par un gain de 5 points sur une période de 10 ans à travers l'émergence d'un secteur logistique compétitif et la contribution du secteur logistique au développement durable du pays. Pour atteindre ces objectifs généraux, la mise en œuvre de la nouvelle stratégie logistique s'articule autour de cinq axes clés :

-Développement et mise en œuvre d'un réseau national intégré de Zones Logistiques Multi-Flux (ZLMF) : Il s'agit de la création d'un réseau de plateformes logistiques bien connectés aux infrastructures (ports, autoroutes, voies ferrées) et situées à proximité des bassins de production et de consommation.

-Optimisation des flux de marchandises : meilleure organisation des flux, de transport, capacité de stockage.

-Développement du tissu d'acteurs du secteur logistique : Restructuration des acteurs de transport routier de marchandises, émergence d'opérateurs intégrés dans le secteur de la logistique, mise à niveau des donneurs d'ordres.

-Développement des compétences à travers un plan national de formation en logistique : développement des masters spécialisés au sein des universités et les grandes écoles, centres de formation dans le domaine de la logistique.

Conclusion

A partir des années 80, avec la mondialisation accélérée, la libéralisation des échanges et la concurrence acharnée entre les pays pour rendre leurs territoires de plus en plus attractifs, le Maroc, disposant de plusieurs atouts qui rendent son territoire de plus en plus attractif notamment sa situation géographique et sa stabilité politique s'est lancé vers le développement du secteur de la logistique considéré aujourd'hui comme la nouvelle priorité stratégique pour parachever le processus de renforcement de la compétitivité de l'économie marocaine et d'estomper les inégalités entre les différentes entités territoriales et d'impulser l'équilibre et l'efficience des régions, d'où les nouvelles stratégies de développement basées sur l'aménagement du territoire et l'amélioration de la chaine logistique.

Certes, le Maroc a connu des avancées considérables par l'aménagement de son territoire, la régionalisation avancée et le développement de la compétitivité logistique : modernisation du transport routier des marchandises, construction des autoroutes, des ports (port de Tanger- Med), des aéroports, le TGV…

Cependant, Bien que les stratégies de développement lancées par le Maroc durant cette dernière décennie aient des résultats positifs en matière d'attractivité territoriale, elles restent insuffisantes. Le Maroc doit surmonter plusieurs problèmes internes (insuffisance des institutions et blocage structurel) et externes (compétition entre les pays en développement pour l'attractivité des IDE) qui bloquent son développement notamment ceux liés aux enjeux d'une logistique attractive et qui nécessite la mobilisation de tous les acteurs économiques et sociaux, privés et publics, c'est à dire toutes les forces vives de la nation afin de réaliser un développement durable. Pour un aménagement durable et équitable, il faut adopter une vraie politique d'aménagement du territoire basée sur la justice sociale et spatiale, la correction des disparités entre les régions et assurer l'égalité des territoires devant les services publics, créer des territoires compétitifs générateurs de richesse avec protection des ressources naturelles, d'où la nouvelle stratégie de développement basée sur la gouvernance logistique territoriale, levier de performance des politiques publiques territoriales.

Chapitre VI

« L'Intelligence économique territoriale »,

Un mode de gouvernance stratégique

Chapitre VI

« L'Intelligence économique territoriale », un mode de gouvernance stratégique

« Nous pensons toutefois qu'il est nécessaire de distinguer analytiquement la sphère institutionnelle (gouvernance) et la sphère productive (système productif local) pour penser la dynamique de leurs interactions. » (GILLY et PECQUEUR, 2000).

Dans le cadre des nouvelles mutations de l'économie mondiale, les nations sont entrées dans l'économie du savoir et de l'information, corollaire de la mondialisation des échanges et des idées. L'intelligence économique constitue l'un des éléments clés qui déterminent aujourd'hui le développement économique et social des sociétés et la compétitivité des entreprises. Il s'agit de l'ensemble des actions coordonnées de recherche, de traitement et de distribution en vue de son exploitation par les acteurs économiques. Savoir chercher, traiter et diffuser l'information utile aux acteurs économiques est la définition même de l'intelligence économique[225].

Par ailleurs, l'intérêt accordé aujourd'hui aux territoires explique l'émergence et la raison d'être de la notion d'intelligence territoriale. D'une part, les différents Etats dans les pays développés ou en développement, en accordant une attention nouvelle aux territoires, cherchent à les développer par des politiques de régionalisation et de décentralisation, et d'autre part, la mondialisation a accentué cette tendance en mettant les territoires, et non plus les nations, au cœur des stratégies des firmes multinationales qui cherchent les territoires les plus attractifs. De ce fait, l'intelligence territoriale peut être définie

---

[225] Commissariat Général au Plan (Rapport Martre, président de l'AFNOR 1993-2002), https://www.manager-go.com

comme l'application de l'intelligence économique sur un territoire donné, d'où la proximité des deux notions.

Ainsi, la gestion des territoires peut être considérée comme un art qui met en œuvre un ensemble de connaissances et de compétences diversifiées. C'est dans ce cadre que les chercheurs préconisent que les recherches dans le domaine de la gestion des territoires, groupées dans la notion d'« intelligence territoriale » peuvent être à la base de l'émergence d'une nouvelle science[226].

« L'intelligence territoriale » est ainsi perçue comme une véritable innovation en matière de gouvernance économique des territoires, permettant aux acteurs locaux d'améliorer la compétitivité des entreprises et l'attractivité des territoires.

Certes, la globalisation économique et les changements dus à la concurrence mondiale créent de nouvelles nécessités pour les entreprises qui doivent acquérir des compétences spécifiques afin qu'elles réussissent sur le marché mondial. Tous ces défis impliquent une série de changements qui obligent les entreprises à introduire de nouvelles méthodes favorisant la culture de l'innovation à partir d'une meilleure analyse de l'environnement dans l'esprit de la globalisation. Il s'agit d'une meilleure analyse de l'environnement concurrentiel basée sur une approche de l'identification des opportunités et des menaces permettant aux entreprises de réagir en faisant face aux défis de l'économie future.

A l'aube du XXIème siècle, le Maroc, à l'instar des pays en développement ayant choisi leur ancrage aux exigences de la mondialisation et confrontés aux défis de l'ouverture sur l'extérieur, s'est lancé vers le développement de ses territoires par la politique de « la régionalisation avancée » basée sur des dynamiques territoriales et sur la contribution de la région au développement économique et

---

[226] Mobilisant les modes et les outils de communication en perpétuelle ébullition, la science de la communication territoriale contribue de façon originale à l'édification des territoires de l'avenir. Comment faire bouger les frontières de la recherche et de l'action publique pour un mieux-être des territoires ? Girardo Jean-Jacques, « Réseau européen d'intelligence territoriale » (www.intelligence-territoriale.eu).

social du pays à travers la valorisation des potentialités propres à chaque région. Certes, avec la mondialisation des économies, la libéralisation des échanges, la forte expansion des flux d'investissements internationaux et la poussée des technologies de l'information et des communications, la notion du territoire occupe de plus en plus une place axiale en termes d'attractivité et de compétitivité à l'échelle internationale.

Cependant, malgré les efforts employés par l'Etat depuis le début du lancement du chantier de « la régionalisation avancée », cette dernière connait plusieurs enjeux et défis qui entravent le processus de son exécution. De plus, depuis plusieurs années, les inégalités régionales font l'objet d'une littérature foisonnante et diverse à l'échelle mondiale, tant dans les pays en développement que dans les pays développés. Certes, l'évolution des contextes économiques et des faits de société, conjuguées aux nouvelles préoccupations d'aménagement des territoires et de développement durable, conduisent à définir de nouvelles approches pour la gestion du développement régional.

C'est dans cette perspective et pour relever les défis de la mondialisation et du développement, le Maroc doit renforcer sa politique de développement régional, processus qui tend à faire des régions marocaines des acteurs incontournables du développement économique, sachant que le monde des régions s'inscrit dans une stratégie d'ouverture et d'intelligence économique territoriale. Certes, les différentes réformes territoriales initiées au Maroc depuis son indépendance ont permis de refaçonner progressivement le territoire des collectivités territoriales notamment les communes et réinventer l'action publique locale.

Dans un tel contexte et face aux transformations engendrées par l'économie de savoir, l'intelligence économique territoriale s'impose comme un des leviers permettant une collaboration entre l'Etat et les collectivités territoriales pour réaliser un développement durable sur le territoire. Elle devient un outil stratégique et une pratique nouvelle des politiques publiques impliquant toutes les forces vives de la nation, dans le but non seulement de lutter contre les disparités territoriales, mais aussi pour faire des régions des pôles de compétitivité. Il s'agit d'une compétition nationale et internationale des régions qui doivent s'adapter au nouveau contexte de la mondialisation et valoriser leurs avantages comparatifs afin de s'intégrer dans le marché mondial.

C'est ainsi que la connaissance du territoire et l'évaluation des politiques entrainent la nécessité d'un outil capable de quantifier les phénomènes locaux et d'analyser les évolutions et anticiper les risques possibles. De ce fait, pour pouvoir prendre leurs décisions stratégiques, les élus doivent adopter une posture favorisant la connaissance profonde de leurs territoires. Ils sont amenées à l'aide de l'intelligence territoriale à assurer une veille stratégique pour apporter aux décideurs publics les informations utiles au développement de leur territoire afin d'envisager les actions communes qui s'imposent de plus en plus, d'où la nouvelle gouvernance territoriale basée sur la concertation et la collaboration avec les différentes parties prenantes du territoire.

Dans ce sens, l'intelligence territoriale peut être d'un grand apport pour les acteurs locaux. Il s'agit d'un dispositif leur permettant de s'informer régulièrement sur les dynamiques du territoire et d'encadrer leurs interactions avec les autres acteurs locaux[227]. L'intelligence territoriale est donc source de création de plus de valeur et de richesse.

Cependant, il est à signaler qu'à la différence de l'intelligence économique qui, aujourd'hui, a atteint un stade avancé de maturité intellectuelle, l'intelligence territoriale n'en est qu'à l'état embryonnaire.

D'un tel contexte, la question qui nous interpelle est la suivante :

Quel est l'impact de l'intelligence économique et territoriale sur le développement régional ?

De cette question principale découlent des questions subsidiaires :

---

[227] Mohammed Nmili et Mouna Bouaoulou (2021), « Les pratiques de l'intelligence territoriale dans le cadre de la préparation du plan d'action communal », Revue Internationale du Chercheur, Volume 2 : numéro 2, Mai 2021, www.revuechercheur.com

-Comment peut-on définir l'intelligence économique et l'intelligence territoriale ?

-Quelles sont donc les objectifs fondamentaux de l'intelligence économique appliqués aux collectivités territoriales ?

-Quelles sont les raisons de l'émergence de l'intelligence économique comme nouvel outil au service des territoires : Intelligence territoriale?

-Quels sont les acteurs qui pilotent cette intelligence territoriale ?

-Quels sont les différents enjeux et les perspectives de l'intelligence économique et territoriale ?

-Comment se présente l'intelligence économique et territoriale dans le cas marocain et quels sont les dispositifs existants et les principaux enjeux ?

Vu l'importance de ces concepts dans notre cadre d'analyse, l'objectif du présent chapitre est d'éclairer et de présenter les modalités qui permettent de rationnaliser la collecte de l'information nouvelle et son traitement, la production des connaissances et leur partage entre les différents utilisateurs. L'enjeu est de permettre aux acteurs dans leurs territoires, d'anticiper le changement et formuler en temps réel, des stratégies pour construire et défendre durablement leur avantage compétitif[228].

Dans cette perspective, ce chapitre sera structuré en deux points : une analyse théorique globale du cadre conceptuel et historique de l'intelligence économique et territoriale et son application pratique dans le cas du Maroc.

1. L'intelligence économique et territoriale : Cadre conceptuel et historique

L'intelligence économique a donné naissance à une déclinaison particulière qui est l'intelligence territoriale, d'où l'intelligence

---

[228] Mohamed Torra, « Territoire comme espace d'attractivité et de déclinaison de l'intelligence économique en intelligence territoriale » dans Marché et Organisations 2013/2 (N°18), p.67à 85, www.cairn.info

économique territoriale. Certes, l'intelligence économique n'est pas réservée uniquement à l'Etat ou aux entreprises. Elle peut se décliner au niveau territorial ou local. Ainsi, l'intelligence territoriale se définit généralement comme la mise en application des principes de l'intelligence économique, dans le cadre d'une action publique, au service du développement économique et industriel d'un territoire afin d'améliorer sa compétitivité.

1.1. Approche conceptuelle et historique de « l'intelligence économique »

1.1.1. Le concept de « l'intelligence économique » : Origines et définitions

Nous citerons dans l'historique de l'intelligence économique quelques illustrations célèbres de l'histoire pour clarifier la terminologie anglo-saxonne et francophone de l'intelligence économique désignée par ordre chronologique :

Les termes intelligents anglo-saxons comprennent principalement les notions de « scanning », « intelligence », « business intelligence » et « intelligence stratégique ». Ils désignent des activités globales de veille. Le terme « veille concurrentielle » est utilisé pour souligner l'importance de la surveillance des concurrents dans un environnement de surveillance. Par la suite, la notion de « veille concurrentielle » évolue vers des expressions, la « business intelligence » ou « intelligence stratégique » et ne concerne pas seulement le domaine de la concurrence, mais concerne tout l'environnement de l'entreprise.

Les termes francophones d'intelligence économique les plus utilisés dans la littérature sont principalement « vigilance », « surveillance », « veille stratégique » et enfin « intelligence stratégique ».

La définition de l'intelligence économique a longtemps fait l'objet d'intenses débats théoriques et pratiques.

Le terme « intelligence économique » vient d'une traduction de l'expression anglaise *competitive intelligence*. C'est un concept récent qui est souvent associé à l'espionnage ou à des pratiques illégales alors que l'intelligence économique est plutôt une pratique, appliquée par les entreprises ou les Etats et consiste à déceler l'information utile afin de saisir une opportunité, réduire des incertitudes et également influencer l'environnement pour développer des avantages compétitifs sur un marché de plus en plus concurrentiel et ceci dans un cadre légal[229].

L'univers de l'intelligence économique étant très vaste, il englobe parfois des réalités très différentes. A titre d'exemple, voici quelques définitions reflétant les différentes tendances observables dans le domaine de l'intelligence économique :

La première définition de l'intelligence économique moderne date de 1967 par le politologue Harold Wilensky, dans son ouvrage intitulé « *L'intelligence organisationnelle* » (Organizational Intelligence : Knowledge and Policy in Government and Industry[230]). Mais la pratique elle-même est très ancienne et, à ses débuts, elle n'est pas liée à l'entreprise[231]. Il définit l'intelligence économique comme l'activité de production de connaissance servant les buts économiques et stratégiques d'une organisation, recueillie et produite dans un contexte légal et à partir de sources ouvertes.

Cette définition a été reprise et travaillée une première fois en France par la commission Intelligence économique et stratégie des entreprises du Commissariat général du Plan en 1993, sous la présidence d'Henri Martre. Elle avait notamment comme initiateurs et rapporteurs Christian Harbulot, Philippe Clerc et Philippe Baumard[232].

---

[229]Maud Pélissier (2018), «De l'intelligence économique à l'intelligence territoriale », Master Intelligence Economique et Stratégies Compétitives, 9 janvier 2018, master-isec-angers.comde-lintellig…

[230] Harold Wilensky (1968), « Organizational Intelligence: Knowledge and Policy in Industry and Government », *American sociological Review*, février 1968, Wikipédia

[231]Georges Labaki, professeur à l'université Notre-Dame-de-Louaizé, Liban

[232] L'intelligence économique, issue du souci des ingénieurs et cadres de l'industrie du besoin d'amélioration continue des procédés de R&D, est née en France de l'action conduite par des hommes et des femmes issus de milieux très variés. En fait, on peut considérer que sa genèse vient d'ingénieurs et scientifiques de haut niveau confrontés aux besoins de réalisation de plus en plus rapides, efficaces et concrets et au fait qu'ils ne peuvent alors plus tout couvrir, eussent-ils travaillé 24/24 365j/365 ; il leur faut alors s'organiser autrement pour disposer de l'information pertinente pour décider.

Le rapport Martre, œuvre collective du Commissariat du Plan intitulée « Intelligence économique et stratégie des entreprises », donne la définition suivante : « L'intelligence économique peut être définie comme l'ensemble des actions coordonnées de recherche, de traitement et de distribution, en vue de son exploitation, de l'information utile aux acteurs économiques. Ces diverses actions sont menées légalement avec toutes les garanties de protection nécessaires à la préservation du patrimoine de l'entreprise, dans les meilleures conditions de qualité, de délais et de coûts. L'information utile est celle dont ont besoin les différents niveaux de décision de l'entreprise ou de la collectivité, pour élaborer et mettre en œuvre de façon cohérente la stratégie et les tactiques nécessaires à l'atteinte des objectifs définis par l'entreprise dans le but d'améliorer sa position dans son environnement concurrentiel. Ces actions, au sein de l'entreprise, s'ordonnent autour d'un cycle ininterrompu, générateur d'une vision partagée des objectifs de l'entreprise »[233].

Selon Christian Harbulot (2013), « L'intelligence économique se définit comme la recherche et l'interprétation systématique de l'information accessible à tous, afin de décrypter les intentions des acteurs et de connaître leurs capacités. Elle comprend toutes les opérations de surveillance de l'environnement concurrentiel (protection, veille, influence) et se différencie du renseignement traditionnel par :

-la nature de son champ d'application, puisqu'elle concerne le domaine des informations ouvertes, et exige donc le respect d'une déontologie crédible.

-l'identité de ses acteurs, dans la mesure où l'ensemble des personnels et de l'encadrement – et non plus seulement les experts – participent à la construction d'une culture collective de l'information.

---

[233]Conseil Intelligence Economique, Conseil veille stratégique et social listening-Actulligence Consulting, « Définitions de l'intelligence économique », La Documentation française, Paris, 1994, ACTULLIGENCE.COM

-Ses spécificités culturelles, car chaque économie nationale produit un modèle original d'intelligence économique dont l'impact sur les stratégies commerciales et industrielles varie selon les pays »[234].

Pour Philippe Baumard (2016), « L'intelligence économique n'est pas seulement un art d'observation, mais une pratique offensive et défensive de l'information. Son objet est de relier entre eux plusieurs domaines pour servir à des objectifs tactiques et stratégiques de l'entreprise. Elle est un outil de connexion entre l'action et le savoir de l'entreprise »[235].

Selon le député Bernard Carayon (2013), « L'intelligence économique est une politique publique d'identification des secteurs et des technologies stratégiques, d'organisation de la convergence des intérêts entre la sphère publique et la sphère privée. C'est une politique publique se définissant par un contenu et par le champ de son application. Le contenu vise la sécurité économique. Il doit définir les activités que l'on doit protéger et les moyens que l'on se donne à cet effet. Il détermine comment accompagner les entreprises sur les marchés mondiaux, comment peser sur les organisations internationales où s'élaborent aujourd'hui les règles juridiques et les normes professionnelles qui s'imposent aux Etats, aux entreprises et aux citoyens »[236]. C'est une « vision nouvelle », que le député croit essentielle, « comme ont pu l'être, en leur temps, les politiques de la Ville, du Logement, du Développement durable… »[237].

Selon Carlo Revelli, « L'intelligence économique est un processus de collecte, traitement et diffusion de l'information qui a pour objet la réduction de la part d'incertitude dans la prise de toute décision stratégique. Si à cette finalité on ajoute la volonté de mener des

---

[234]Christian Harbulot (2013), « Les définitions de l'intelligence économique », Le 19 janvier 2013, portail-ie.fr les-définitions-de-linter…

[235]Philippe Daumard (2016), « L'intelligence économique : un mode de gouvernance stratégique », le 15 mars 2016, Ite.ma tribune libre.

[236]Bernard Crayon (2013), Les définitions de l'intelligence économiques, Le 19 janvier 2013, portail-ie.fr les-définitions-de-linter…

[237]Bernard Crayon (2013), « Rapport Crayon 2003 : Intelligence économique, compétitivité et cohésion sociale », le 09 février 2013, portail-ie.fr textes-de-référence…

actions d'influence, il convient de parler alors d'intelligence économique ».

De son côté, Gabriel Colletis note : « L'intelligence économique peut, au niveau de l'entreprise particulière se définir comme sa capacité à combiner efficacement les réseaux et compétences extérieures en vue de résoudre un problème productif inédit ».

Selon P. Besson et J.C. Possin, « L'intelligence économique est la maîtrise concertée de l'information et de la coproduction de connaissances nouvelles. Elle est l'art de détecter les menaces et les opportunités en coordonnant le recueil, le tri, la mémorisation, la validation, l'analyse et la diffusion de l'information utile ou stratégique à ceux qui en ont besoin. Elle impliquera une protection adaptée à tous les stades de son élaboration : acquisition, traitement, exploitation, et au patrimoine en résultant avec une attention particulière aux prémisses. Pour l'essentiel, l'intelligence économique est un cycle d'informations dont la finalité est la production de renseignements stratégiques et tactiques à « haute valeur ajoutée ».

Claude Revel présente l'intelligence économique sous 3 volets : la gestion d'information ou des connaissances, la protection et l'influence. L'intelligence économique peut être définie comme une série d'actions coordonnées de recherche, de traitement et de diffusion afin d'exploiter l'information utile de manière organisée afin qu'elles puissent être traitées et diffusées de manière pertinente et utile aux acteurs économiques qui peuvent les utiliser. Ces différentes actions sont menées en toute légalité et dans les meilleures conditions de qualité, de délai et de coût, toutes les garanties de protection nécessaires sont fournies pour la protection du patrimoine de l'entreprise[238].

---

[238] Commissariat Général au Plan (Rapport Martre, président de l'AFNOR 1993-2002), https://www.manager-go.com

Diagramme sur le système d'intelligence compétitive et technologique

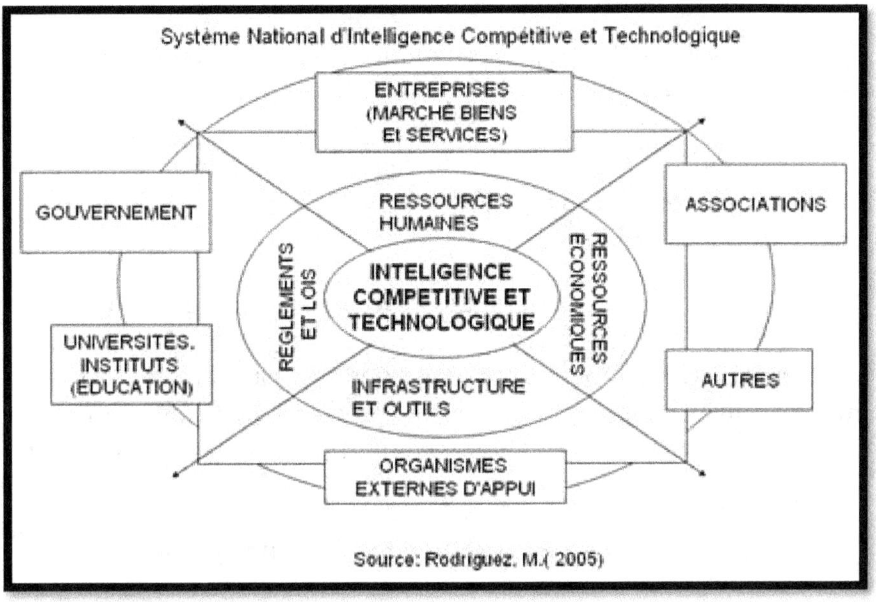

Source : Marisela Rodriguez Salvador (2005)[239]

Dans ce cadre, Marisela Rodriguez Salvador (2001) propose un modèle historique collaboratif intitulé : « Développement d'un modèle pour l'enseignement de l'intelligence compétitive et technologique ». Ce modèle permet à l'individu de développer une connaissance théorique et pratique profonde de la méthodologie qui lui permet de confronter les défis émergents de la nouvelle économie.

Ainsi, ce modèle intègre une technique connue comme apprentissage collaboratif, méthode dans laquelle l'intelligence compétitive et technologique engendre une façon innovatrice d'apprendre « pro-activement » mais aussi elle promeut la créativité

---

[239] Il est important de dire que le Modèle est basé sur des travaux antérieurs de l'auteur, travaux effectués au Mexique et en Espagne. Il a été appliqué dans les deux pays dans le cadre de programmes de formation continue au sein d'entreprises et dans l'enseignement supérieur (licence et master) avec des résultats qui démontrent entre autre une amélioration de la créativité et de l'innovation de la part des étudiants. Marinella Rodriguez Salvador (2001), « Développement d'un modèle pour l'enseignement de L'intelligence compétitive et technologique », https://inteligenciacompetitiva.mty.itesm.mx/mission.htm

des individus en donnant comme résultat une meilleure approche de l'identification des opportunités et des menaces pour l'innovation à partir d'une meilleure analyse de l'environnement[240].

Selon l'AFDIE (2001), (Association Française de Développement de l'Intelligence Economique), « L'intelligence économique est l'ensemble des moyens qui, organisés en système de management de la connaissance, produit de l'information utile à la prise de décision dans une perspective de performance et de création de valeur pour toutes les parties prenantes »[241].

Les spécialistes du domaine résument l'intelligence économique en un triptyque : veille (acquérir l'information stratégique pertinente), protection des informations (ne pas laisser connaître ses informations sensibles) et influence (propager une information ou des normes de comportement et d'interprétation qui favorisent sa stratégie).

1.1.2. Historique de « l'intelligence économique »

L'intelligence économique, en tant que recherche d'informations et exploitation avec un objectif économique, existe depuis très longtemps. Dans l'histoire, elle est souvent liée aux explorations, au commerce et aux informations ramenées par les explorateurs et les commerçants…

Les récits de voyage constituent des mines d'informations importantes pour les Etats et les entreprises.

A cet égard et sans remonter à l'Antiquité, on peut citer plusieurs sources historiques :

Au XIIIème siècle, le commerce à partir de la République de Venise était à l'origine des récits de voyage médiévaux de Marco Polo et ceux de l'explorateur belge Jean de Mandeville en Asie jusqu'en Extrême-Orient (Chine), qui contiennent une mine d'informations géographiques et botaniques.

---

[240]Marinella Rodriguez Salvador « Développement d'un modèle pour l'enseignement de L'intelligence compétitive et technologique », https://inteligenciacompetitiva.mty.itesm.mx/mission.htm

[241] Conseil Intelligence Economique, op. cit.

Jean de Mandeville qui, après un voyage de 34 ans en Asie (1322-1356), compile le récit de ses propres voyages et de ceux d'autres explorateurs antérieurs. Il s'était mis au service des Anglais, alors que la France était encore dans la guerre de Cent Ans.

Dans la deuxième moitié du XVème siècle, les œuvres de Jean de Mandeville étaient imprimées en de nombreuses langues et constituaient des sources d'informations géographiques structurées sous forme cartographique. De même, les lettres et rapports rédigés par les missionnaires envoyés dans le monde entier et très intégrés dans le tissu social donnaient de précieuses informations sur la vie locale et les découvertes effectuées. Ces informations étaient à l'origine des conquêtes et des découvertes de Christophe Colomb qui avait compris que la Terre est ronde.

A cet égard, il ne faut pas oublier que ces informations permirent aux européens d'acquérir la suprématie mondiale au XVIe siècle et étaient à l'origine des premiers grands empires coloniaux modernes. La volonté de domination des principaux pays européens était autant politique que commerciale. En outre, diplomatie et économie étaient souvent confondues. Ainsi, sous le règne de Louis XIV, les envoyés officiels du royaume procédaient au recueil systématique d'informations stratégiques pour informer le roi sur les forces de l'ennemi, mais aussi sur sa politique, sur l'état de son économie, de ses ports et sur le montant de ses réserves financières. Ces informations étaient capitales pour conclure ou non des alliances et des traités.

Au XVIIIème siècle, la révolution industrielle a accentué la valeur stratégique de l'information économique. A titre d'exemple, sous le règne de Victoria, la Grande Bretagne a transformé le Colonial Office de l'Indien Office en de véritables officines de recueil et de diffusion de l'information économique et industrielle. De même, les colons anglophones établis sur le sol de l'Amérique du Nord, ne souhaitant pas payer les taxes exigées par la couronne britannique, revendiquaient leur indépendance. L'un des artisans de cette indépendance, Thomas Jefferson, défendait âprement les principes de la propriété intellectuelle, qui se trouvaient ainsi dans la culture de cette nation.

De même, au XIXème siècle, pendant la guerre du coton qui a opposé les manufactures du Lancashire, détentrices du secret de la machine à tisser, aux producteurs de coton américains qui cherchaient à acquérir cette technologie, les patrons des manufactures britanniques menaçaient leurs ouvriers de sévères sanctions dans le cas où ils livreraient ces informations aux maîtres-tisserands d'outre-Atlantique. On pourrait aussi citer les multiples faits, qui se situent à la frontière de l'« intelligence » et de l'« espionnage », que les contextes des guerres mondiales puis de la guerre froide ont générés[242].

Dans la deuxième moitié du XIXème siècle, les États-Unis ont connu une période de très forte immigration en provenance d'Europe (Europe centrale, Irlande, Italie…). Ils ressentirent le besoin de comptabiliser la population, et ils utilisèrent pour cela la technique naissante de la carte Hollerith et de la mécanographie pour effectuer le premier recensement automatisé de l'Histoire.

Pendant la Seconde Guerre mondiale, les Anglo-Saxons étaient très habiles pour la collecte et le traitement des informations. Le centre de renseignement de Londres, qui comprenait essentiellement des Américains et des Britanniques, exploitait toutes les informations en provenance du continent européen. Cette culture du renseignement permettait aux États-Unis de développer les premiers systèmes de traitement électronique de l'information (ordinateurs) vers 1942, en vue de la reconversion de l'industrie américaine en économie de guerre.

La vision actuelle de l'intelligence économique est une évolution très importante par rapport au renseignement classique, dans la mesure où l'apparition de l'internet (web, messageries électroniques) et des réseaux informatiques d'entreprise étendue (intranet, extranet) multiplie les émetteurs et les récepteurs, et permet un effet rétroactif qui n'existait pas à une grande échelle avec les systèmes télégraphiques et téléphoniques. L'internet constitue ainsi une force d'influence importante.

1.1.3. Les objectifs de « l'intelligence économique »

Les objectifs que tend à atteindre le concept d'intelligence économique sont les suivants : maîtriser et diffuser les bonnes

---

[242]Encyclopédie, « Aux origines de l'intelligence économique », www.universalis.fr

informations aux bons acteurs, connaître son environnement extérieur et par conséquent d'adapter par avance sa conduite afin d'améliorer la compétitivité des entités économiques. Elle permet l'anticipation et la réactivité, la création des compétences nouvelles, stimuler l'innovation, maîtriser les réseaux en internes et en externes, coordonner les acteurs, comprendre les menaces et les opportunités de l'environnement, prendre des décisions et mettre en place des actions stratégiques[243]. On peut y ajouter les actions d'influence et de notoriété ainsi que celles liées à la protection de l'information.

Dans le monde des entreprises, l'intelligence économique est l'ensemble des activités coordonnées de collecte, de traitement et de diffusion de l'information utile aux acteurs économiques, en vue de son exploitation. Ces acteurs sont conçus comme un système global destiné à inspirer la stratégie de la direction générale de l'entreprise, tout comme à informer en continu et à innerver ses différents niveaux d'exécution, afin de créer une gestion offensive et collective de l'information, qui devient une richesse principale.

Ainsi, l'intelligence économique offre la possibilité de surveiller l'environnement de l'entreprise en fonction d'objectifs préalablement définis et de prendre des décisions opérationnelles après analyse des informations collectées[244]. Elle consiste à assurer une surveillance permanente pour obtenir les informations pertinentes au bon moment, protéger ses propres informations, prendre les bonnes décisions et utiliser les meilleurs moyens d'action face à la concurrence. L'intelligence économique permet aux entreprises d'effectuer des actions d'influences, telles que le lobbying. Elle sert également à protéger l'entreprise contre tous les risques et les menaces liés à la sécurité, à la sûreté, à l'environnement et au management.

La remise d'une information stratégique et utile au bon moment, à la bonne personne et dans le bon contexte permet d'obtenir un avantage compétitif décisif.

Certaines entreprises sensibles, notamment dans des secteurs fortement concurrentiels, comme les industries de l'armement,

---

[243] « Intelligence économique : Définition, objectifs et processus », Wiki Mémoires, 31 octobre 2010

[244] JDN (2019) Intelligence économique le 02/02/2019https://www.journaldunet.fr

pharmaceutique ou automobile, sont des précurseurs dans le domaine de l'intelligence économique. Ce qui est central dans l'intelligence économique, c'est le fait qu'elle ne se réduit pas à l'accumulation désordonnée d'informations de toutes sortes. Il s'agit de produire de la connaissance structurée pour aider les entreprises à se battre et à se défendre dans la compétition économique d'un monde post-guerre froide.

De plus, la collecte, le transfert et l'interprétation des connaissances jouent un rôle stratégique fondamental si on considère que l'épuisement des ressources naturelles sur le globe déplace la compétition des firmes vers l'acquisition et le contrôle de ressources intangibles, technologiques liés à l'innovation. Dans cette perspective, l'enjeu pour une firme ne consiste pas à savoir avant les autres, mais plutôt à partager intelligemment des connaissances avec les autres.

En effet, « savoir avant les autres » n'est pas toujours un gage de réussite. Cela permet d'exploiter les asymétries d'informations à court terme sur le marché (Stiglitz, 2003) mais ne garantit pas à long terme le succès de l'entreprise. Cela peut également détourner l'attention, en focalisant les décisions sur des connaissances, dont on ne prend pas le temps de mesurer avec le recul la véritable incidence. A l'inverse, « savoir partager avec les autres des informations » permet de construire collectivement de nouveaux standards technologiques en innovation ouverte (Chesbrough, 2003), de contrôler l'incertitude de l'environnement face aux risques systémiques, de maîtriser l'intensité concurrentielle, etc. (Marcon et al. 2002). Néanmoins, ce partage d'informations stratégiques n'est pas naturel, car il est le plus souvent soumis au risque d'opportunisme ou à l'aléa moral des acteurs[245].

Cependant, l'intelligence économique ne se limite pas à une simple accumulation d'informations, mais à collecter des informations utiles et structurées afin que les entreprises puissent prendre de bonnes décisions face à la concurrence. L'intelligence économique permet de mieux connaître ses concurrents, les donneurs d'ordre, les règles et les normes qui peuvent influencer son activité et donc d'agir sur son

---

[245] Christophe Assen, Christelle Perrin, « L'intelligence économique : une stratégie de réseau pour les entreprises » dans Revue Internationale d'Intelligence Economique », Numéro 2011/2 (Vol 3), p 137 à 151

environnement au lieu de le subir. Elle permet d'identifier les opportunités et les déterminants du succès, d'anticiper les menaces, de prévenir les risques, de se sécuriser, d'agir et d'influencer son monde extérieur dans une optique de compétitivité internationale.

Ainsi, l'intelligence économique se distingue de l'espionnage économique et/ou industriel, du vol ou du trafic d'influence, car elle se pratique ouvertement et utilise uniquement des informations blanches ou grises obtenues par des moyens légaux. Pour aller plus loin que le cadre légal, les professionnels du secteur conçoivent l'intelligence économique dans un esprit de déontologie et d'éthique. Elle peut être complétée par d'autres « intelligences », comme l'intelligence sociale qui organise la mutualisation de l'information dans un but de performance collective des différents acteurs économiques. Avec le débat sur le patriotisme économique, cette approche qui met largement l'accent sur les facteurs politiques, idéologiques et de communication de l'intelligence économique constitue une sorte de spécificité nationale[246].

L'intelligence économique repose donc sur quatre objectifs[247] :

-mieux voir pour mieux comprendre

-mieux comprendre pour mieux agir

-mieux agir pour mieux diriger

-mieux diriger pour mieux renforcer sa compétitivité

-Mieux voir pour mieux comprendre : c'est le premier apport de l'intelligence économique. Il s'agit de la veille stratégique ou concurrentielle, incluant la recherche, la collecte et l'analyse d'informations afin de faire un diagnostic fiable de l'environnement concurrentiel de l'entreprise. Dans ce cadre, l'intelligence économique doit donner aux dirigeants des entreprises une vision claire englobant les informations détenues par l'entreprise et celles venant des sources extérieures. Certes, en identifiant les zones d'ombre, les entreprises

---

246 Wikipédia, « Intelligence économique », fr.m.wikipedia.org

247 Zahra Mansour (2013), « Intelligence économique et compétitivité de l'entreprise marocaine : Quelle interaction ? » Dans Marché et organisations 2013/2 (N° 18), www.cairn.info

peuvent comprendre la complexité de l'impact des évolutions au niveau mondial, les secrets protégés par l'encadrement législatif et réglementaire, les secrets des affaires, la désinformation volontaire ou involontaire, la surinformation. L'intelligence économique permet aux dirigeants de recourir à deux techniques professionnelles : l'échange à travers les réseaux humains et la méthode dite d' « inférence ». De plus, par ses méthodes de questionnement, l'intelligence économique provoque une ouverture d'esprit et génère des réflexes d'apprentissage de l'environnement. Le dirigeant sera, toujours amené à l'écoute de la culture des autres.

-Mieux comprendre pour mieux agir : La démarche de l'intelligence économique aide le dirigeant pour mieux comprendre le contexte national et international et agir à temps. Il peut ainsi hiérarchiser les priorités en prenant en considération les contraintes extérieures et les mutations de l'environnement, identifier de nouveaux repères permettant au dirigeant d'être vigilant et d'avoir des réflexes pour gérer et affronter des situations complexes notamment en période de crise.

-Mieux agir pour mieux diriger : Trois éléments permettent au dirigeant d'une entreprise de mieux agir pour mieux diriger. Ils sont le fruit de la disponibilité d'un dispositif assurant :

+La prévention et l'affrontement des attaques : une vision claire, propre à l'entreprise pour identifier, traiter et éviter les incidents, les menaces et assurer sa sécurité. Il s'agit de protéger les actifs corporels et incorporels de l'entreprise, prévenir toute tentative de prédation et s'assurer que la technologie propriétaire et les informations stratégiques de l'entreprise sont protégées.

+L'amélioration de la mobilité de l'entreprise et sa vitesse de réaction, ce, en recueillant l'information fiable et en dynamisant les échanges d'informations et de connaissances qualitatives.

+L'influence sur l'environnement : pour élaborer une politique d'influence, le dirigeant d'une entreprise doit se référer à la démarche d'intelligence économique qui l'aidera à définir les modalités de mise en œuvre, les impacts déterminants, le moment d'intervention et l'évaluation des résultats. Ce sont des opérations d'influence destinées à persuader, inciter ou décourager les instances de décision opérant dans l'environnement direct de l'entreprise, dans le but de servir la mise en œuvre du projet et/ou de défendre les intérêts de l'entreprise[248].

-Mieux diriger pour mieux renforcer sa compétitivité

Enfin, un quatrième apport de l'intelligence économique, c'est de diriger une entreprise et la rendre compétitive, ce qui permettra d'accéder aux informations nécessaires, de les traiter de façon efficace en interne et d'anticiper sur les marchés à venir. Il s'agit donc d'appréhender les stratégies de ses concurrents, diffuser correctement les informations en interne et préserver ses avantages compétitifs.

1.1.4. Les fonctions de « l'intelligence économique »

Les travaux de recherche convergent vers des fonctions que l'intelligence économique doit remplir et qui fondent un processus cohérent :

-La veille et le renseignement :

La démarche globale de veille stratégique permet à l'organisation de percevoir plus rapidement les évolutions de l'environnement afin de pouvoir réagir en conséquence. La maîtrise des connaissances et des savoir-faire que l'intelligence économique intervient pour les identifier, les développer et les protéger.

-La veille concurrentielle :

Elle permet de collecter toute l'information sur les concurrents, le marché, les produits et d'analyser les tendances et les particularités des concurrents.

-La veille technologique :

Elle permet de collecter toute l'information sur les brevets déposés, les nouvelles technologies développées et d'analyser les nouvelles technologies, les nouveaux axes de développement, les travaux de recherches.

---

[248] https://www.prefectures-regions.gouv.fr

-La sécurité et la gestion du risque informationnel :

La sécurité du capital informationnel constitue une priorité et un élément essentiel pour l'entreprise. Si certaines informations cruciales étaient diffusées auprès de la concurrence, cela risquerait de mettre en péril la pérennité de l'entreprise. La gestion du risque concerne le risque informationnel lors des déplacements, le risque informationnel en interne, le risque informationnel en externe, le risque informationnel lié à la protection informatique.

Les risques sont constants. L'intrusion, les virus et le piratage sont des pratiques fréquentes. Il est donc indispensable de sécuriser l'accès aux bases de données.

Par ailleurs, la détection des menaces et des opportunités dont l'anticipation des premières (sur les produits, sur les sites d'entreprises, sur l'environnement direct, sur la réglementation et sur les personnes) permet de réduire les risques d'incertitude, et dont l'usage des seconds, étant divers (nouveaux savoirs, partenaires et marchés) contribue à la dynamisation des connaissances de l'entreprise.

-Le lobbying et les stratégies d'influence :

La mise en œuvre des stratégies d'influence dans toutes ses formes : économique, environnementale, financière et réglementaire nécessite la maîtrise des techniques de « guerre de l'information » et des réseaux d'information, l'investissement dans l'information et sa valorisation.

Ces pratiques permettent de déclencher des crises en exerçant notamment de fortes pressions sur la concurrence. Elles ont comme objectifs de favoriser des choix, de déterminer des orientations en mettant en avant des arguments forts, de déclencher des crises.

Selon certains auteurs, l'intelligence économique peut permettre la coordination des acteurs et des activités à travers une démarche collective et concertée dans le cadre de l'intelligence collective.

1.1.5. Les structures et les piliers de « l'intelligence économique »

Aujourd'hui, être compétitif est synonyme de capacité à intégrer les connaissances qui est devenue l'un des facteurs les plus décisifs de toute politique. Elle est un générateur d'information pouvant faciliter le processus de prise de décision et l'évolution des stratégies de développement de l'entreprise et sa compétitivité, d'où l'importance de l'information en intelligence économique.

A cet égard, le processus de l'intelligence économique doit comporter un certain nombre de phases indispensables pour permettre une surveillance efficace et une performance accrue de l'entreprise :

Phase 1 : Expression des besoins en information

Dans tout projet de sélection ou d'intégration d'un système d'information, la phase la plus importante et la plus délicate est l'expression des besoins d'informations. Cette phase est essentielle, car son résultat servira de référence pour la suite du projet. Si on n'y consacre pas le temps et l'énergie nécessaire, on court le risque de voir le projet avorter. Cependant, demander à un directeur ou à un opérateur de prendre le temps d'analyser en profondeur et d'exprimer librement la manière dont il envisage son travail avec l'aide de ces nouveaux outils peut s'avérer un véritable tour de force.

Phase 2 : Collecte de l'information

Au sein d'une entreprise, la collecte d'informations désigne les opérations de recherche qu'un opérateur met en œuvre afin de rassembler les éléments dont il a besoin pour agir ou pour décider.

Phase 3 : Traitement de l'information

Le traitement d'information est le processus par lequel l'information perçue est analysée et intégrée dans la structure de connaissance de l'entreprise.

Phase 4 : Mémorisation et sécurité de l'information

Il s'agit d'établir des procédures et de prendre des mesures pour prévenir les informations sensibles, de nature financière et technique (R&D, brevets, etc…), la technologie propriétaire de l'entreprise, ses projets, ses méthodes de fabrication et de distribution, les conditions de trésorerie, etc… Ces actions peuvent porter sur l'identification de ces informations, l'analyse des risques (perte de part de marché, perte financière, contrefaçon, etc…) et la mise en œuvre de procédures et de systèmes d'information de protection d'information.

Phase 5 : Diffusion de l'information

Une fois validée et analysée, l'information doit être diffusée à ceux qui sont directement concernés par le processus de décision, et ensuite à tous ceux qui peuvent y trouver des renseignements utiles à leurs tâches[249].

Ainsi, l'intelligence économique se base sur quatre piliers:

-Développement des connaissances, notamment par le biais d'activités externes de collecte d'informations.

-La sécurité des informations internes entourant la stratégie

-L'organisation des échanges d'information au sein de l'entreprise.

--La sensibilisation des employés à participer activement au processus d'intelligence d'affaires[250].

1.2. Du concept « d'intelligence économique » au concept « d'intelligence territoriale »

L'intelligence économique a donné naissance à une déclinaison particulière qui est l'intelligence économique territoriale. Cette dernière permet aux différents acteurs et partenaires du développement de comprendre et d'analyser l'environnement dans lequel ils évoluent pour développer leurs compétences et capacités d'adaptation aux changements, anticiper les évolutions, tenter des solutions adaptées aux spécificités de l'Etat et innover pour améliorer la compétitivité et la performance.

---

[249]Hanane Rochdane et Jamila Ayegou (2020), « L'intelligence économique : quelles pratiques dans les PME marocaines ? », Revue Marocaine de Contrôle de Gestion N° 9 (2020), https://revues.imist.ma

[250]By laetitia (2016), « Intelligence économique : définition, enjeux et mise en œuvre », 28 novembre 2016, http://www.ixxo.fr

Certes, l'intelligence économique n'est pas réservée uniquement à l'Etat ou aux entreprises. Elle peut se décliner au niveau territorial ou local. L'intelligence territoriale souhaitée est une stratégie générale et collective pour la reproduction conjointe du développement régional, et le développement des approches de l'évolution des territoires exige une grande attention aux groupes d'entrepreneurs.

Pélissier M. (2009) explique la raison d'être de la notion de l'intelligence territoriale par deux facteurs[251] :

-Le premier facteur est d'ordre institutionnel, à travers le regain d'intérêt porté au territoire notamment avec la loi de la décentralisation qui a contribué « à donner aux territoires une légitimité dans la sphère économique et sociale ».

Les acteurs publics locaux considèrent la politique de décentralisation comme un soutien aux entreprises et donc, un processus d'aménagement de l'Etat unitaire qui consiste à transférer des compétences administratives de l'Etat vers des entités ou des collectivités locales.

-Le second facteur est lié à la mondialisation et à la pertinence accordée aux dynamiques territoriales. Certes, l'intelligence territoriale dépasse le simple cadre des sciences de gestion et de l'application ciblée d'instruments spécifiques de l'intelligence économique. Elle doit être comme une réponse politique aux défis de la mondialisation et aux enjeux de l'économie ouverte, c'est-à-dire comme une rénovation profonde de la politique industrielle et de l'aménagement du territoire. De là dérive la réflexion sur ce que représente le développement de l'économie de la connaissance[252].

---

[251]Maud Pélissier (2009), « Intelligence territoriale descendante : cas d'agglomération d… », revues.imist.ma
Voir aussi « l'intelligence économique territoriale en France », le 23 mai 2014, hal.archives-ouvertes.fr

[252]Rémy Pautrat, Eric Delbecque (2009), « l'intelligence territoriale : la rencontre synergique public/privé au service du développement économique », dans REVUE INTERNATIONALE D'INTELLIGENCE ECONOMIQUE 2009/1 (Vol1) p.15à28

1.2.1. Regards croisés sur un concept nomade : Vers la définition de « l'intelligence territoriale »

L'intelligence territoriale est un concept naissant qui consiste en de multiples approches dont la prise en compte systémique d'un territoire par la mise en réseau de ses acteurs pour son développement durable, l'amélioration de son attractivité humaine ou entrepreneuriale.

Les définitions peuvent varier selon que l'on est issu d'un domaine d'expertise de la géographie, de l'aménagement public, des sciences de l'information et de la communication, des sciences économiques ou de gestion.

Dans une perspective de développement économique, l'intelligence territoriale peut trouver ses origines dans les travaux d'Alfred Marshall à propos du développement du concept district industriel[253].

Seulement, la notion d'intelligence territoriale est apparue officiellement dans le rapport de Carayon en 2003. Elle était à peine à ses prémices et reste considérée pour la plupart des cas comme une manifestation de la politique d'intelligence économique au niveau du territoire. Il s'agit d'un outil d'aide à la décision pour les collectivités caractérisé par la valorisation, la coordination et la protection des atouts économiques et savoir-faire industriels et technologiques des territoires et de leur tissu de PME-PMI, afin de les transformer en avantages comparés décisifs dans la compétition commerciale nationale et internationale.

Ainsi, l'intelligence territoriale se définit généralement comme la mise en application des principes de l'intelligence économique, dans le cadre d'une action publique, au service du développement économique et industriel d'un territoire afin d'améliorer sa compétitivité. Elle peut être perçue comme une véritable innovation en matière de gouvernance économique des territoires, permettant aux acteurs économiques non seulement la maîtrise d'informations et de connaissances stratégiques dans le but d'améliorer la compétitivité des entreprises et l'attractivité des territoires, mais aussi de favoriser sa

253 Wikipédia, « Intelligence territoriale », mars 2019, fr.m.wikipedia.org

protection et la mise en œuvre d'actions d'influence collectivement et pour chacun de ses acteurs d'où la confrontation des points de vue des acteurs locaux et l'intérêt d'une communication territoriale adaptée à l'ensemble du territoire.

D'un tel contexte, l'intelligence territoriale consiste en une meilleure compréhension du territoire, de ses enjeux, atouts et problèmes qu'ils soient sociaux, écologiques ou économiques.

Selon Rémy Pautrat (2008), l'intelligence territoriale permet d'organiser une stratégie cohérente au service de la croissance et de l'emploi, les actions variées d'aménagement du territoire, de politique industrielle et de développement économique en général qui sont menées à l'échelon central et local avec un déficit de coordination. « Il incombe à l'Etat et aux collectivités locales de donner la première impulsion du développement local dans le nouveau contexte de l'économie et de la connaissance sans pour autant se substituer aux acteurs économiques »[254].

Pour Bouchet, « L'intelligence territoriale est un nouveau processus permettant l'échange d'informations stratégiques au niveau local. Dès lors, le système territorial s'approprie un processus d'apprentissage social et la territorialité devient un système apprenant ».

Selon Damien Bruté de Rémur, « L'intelligence territoriale ne se résume pas, à la territorialisation de l'intelligence économique qui n'est pas finalement que la déclinaison au niveau des découpages territoriaux de la politique nationale d'intelligence économique ».

Christian Marcon et N. Moinet définissent « l'intelligence territoriale » comme « l'ensemble des actions d'intelligence économique conduites de manière coordonnée par des acteurs publics et privés (marchands et non marchands) localisé dans un territoire, afin d'en renforcer la performance économique, et par ce moyen, le bien-être de la population locale ».

---

[254]Rémy Pautrat (2008), « Créer une dynamique d'intelligence territoriale », CONSTRUCTIF, juin 2008, Contructif.fr

Jean-Jacques Girardot définit « l'intelligence territoriale » comme « l'ensemble des connaissances pluridisciplinaires nécessaires pour agir sur les territoires », et comme « un processus de gouvernance que les communautés élaborent pour garantir le développement équitable et soutenable de leurs territoires ».

Selon J.M. Bruneau, « l'intelligence territoriale » répond spécifiquement aux organisations territoriales telles que les communes, les départements, les régions. Elle n'est que la simple déclinaison locale de la politique nationale. Elle n'est pas un dispositif d'intérêt collectif privé-public. Elle représente « la capacité d'anticipation, la maîtrise du renseignement économique et technique et l'utilisation organisée des réseaux d'influence et d'actions au profit d'un projet d'une collectivité locale par des élus et des cadres territoriaux »[255].

Cependant, « l'intelligence territoriale » peut être analysée selon différentes visions :

-« L'intelligence territoriale » en tant qu'intelligence économique pilotée au niveau d'un territoire, qui consiste à sensibiliser des entreprises aux méthodes et outils de l'intelligence économique et à leur fournir tous les moyens (cluster d'entreprises, pôles de compétitivité, etc.) pour qu'elles mettent en place une démarche d'intelligence économique.

-« L'intelligence territoriale » est comprise à la fois, d'une part, comme utilisation des techniques utilisées par l'intelligence économique sur un territoire : une collectivité ou un groupe de

---

[255]-Bouchet Y. (2003), « Dispositif d'intelligence économique territoriale et gouvernance hybride », isdm.univ-fr/PDF/isdm27/isdm27_bouchet.pdf.
-Monica Moldovan et Christian Marcon (2008), « Intelligence économique et territoriale au service d'une stratégie de développement régional. La délicate question de la formation des acteurs », 16ème colloque de l'Association de Science Régionale de Langue française, 2008.
-Christian Marcon et N. Moinet (2006) « L'intelligence économique », Paris, Dunod, 2006
-Jean-Jacques Girardot et Cyril Masselot (2007), Université de Franche-Comté. Colloque TIC & territoires, université de Lyon, 14 juin 2007.
-J.M. Bruneau (2007), « Intelligence territoriale : de l'approche théorique à la mise en œuvre stratégique ». Thèse de doctorat, Université de Poitier, 2007.

collectivités tout comme les entreprises le font (stratégie, veille, influence, sécurité…). Elle se traduit par une veille exogène et endogène, des opérations de marketing territorial, en quelque sorte une vision moderne du développement économique, d'où l'intelligence économique territoriale. D'autre part, l'intelligence territoriale est comprise en tant qu'un ensemble de savoirs et de compétences constitutifs d'un territoire, notion même d'intelligence collective.

-« L'intelligence territoriale » pour la conduite « intelligente d'un territoire » dans son développement par rapport à son contexte social, géographique, ses ressources et son organisation spatiale avec une vision qui se rapproche plutôt du développement économique durable.

-« L'intelligence territoriale » vue comme un processus informationnel et anthropologique, régulier et continu, initié par des acteurs locaux physiquement présents et/ou distants qui s'approprient les ressources d'un espace en mobilisant puis en transformant l'énergie du système territorial en capacité de projet. De ce fait, l'intelligence territoriale peut être assimilée à la territorialité qui résulte du phénomène d'appropriation des ressources d'un territoire puis aux transferts des compétences entre des catégories d'acteurs locaux de culture différentes[256]. En effet, c'est bien dans les territoires locaux que sont enracinés les savoir-faire scientifiques, techniques et d'organisation. Les acteurs économiques, entreprises et développeurs s'appuient sur des organisations économiques et sociales de proximité pour redonner un sens aigu au développement local.

La région s'inscrit donc dans un rôle fédérateur de l'échelon régional tout en se coordonnant avec l'action de l'Etat pour favoriser le développement des échanges entre collectivités et territoires.

1.2.2. Origine et historique de « l'intelligence territoriale »

Le concept d' « intelligence territoriale » illustre une méthode de développement territorial fondée sur l'utilisation des technologies de

---

[256] Wikipédia, « Intelligence territoriale », mars 2019, fr.m.wikipedia.org

l'information, la proximité avec l'intelligence économique et le développement durable.

« L'intelligence territoriale » peut être analysée selon deux types d'approches fondamentalement opposées. Cependant, on peut imaginer des rencontres opportunes pour bien mélanger les points de vue pratiques et théoriques de ces deux communautés intellectuelles et comprendre par là le « pas de carrefour » entre ces deux méthodes.

1.2.2.1. Approche descendante de « l'intelligence territoriale »

Cette approche de « l'intelligence territoriale » est née du champ institutionnel et des enjeux économiques des nations. Dans sa version institutionnelle, « l'intelligence territoriale » s'inscrit dans une démarche plus globale qui lui confère une légitimité et définit son champ d'action. Elle est considérée comme une déclinaison et un prolongement de la politique nationale d'intelligence économique à l'échelle locale qui consiste à restaurer la compétitivité de la nation par l'application de ce qu'on appelle aujourd'hui « le marketing territorial »[257]. Le territoire est appréhendé comme un échelon méso-économique et un espace d'application d'une politique déconcentrée d'intelligence économique. Pour ce faire, l'Etat doit prendre des mesures d'accompagnement des PME/PMI, les sensibiliser aux risques et menaces portés par leur environnement et améliorer leurs performances commerciales et leurs stratégies d'exportation basées sur la conquête de marchés internationaux contribuant ainsi à limiter les désindustrialisations et délocalisations. Notons qu'en défendant un tel principe, les partisans de cette approche renouent avec une conception interventionniste de l'Etat dans les relations économiques internationales. Ils parlent même d'un patriotisme économique.

De plus, dans le but d'améliorer la circulation de l'information stratégique, « l'intelligence territoriale » peut enfin consister à favoriser la mise en place de réseaux de partenariats entre le public et le privé.

---

[257] La cible première de cette politique est les PME/PMI présentes sur les territoires. Elle vise à les inciter à se protéger en menant une politique systématique de gestion de brevets, de protection à l'égard de la cybercriminalité, l'espionnage industriel, le pillage technologique ou la désinformation.

Selon Raymond Pautrat : « L'intelligence territoriale » consiste à organiser la synergie des pouvoirs publics à l'échelon local et la coopération public/privé au profit de la puissance nationale, laquelle passe aujourd'hui par la prospérité économique. Cette démarche participe de la réforme publique destinée à faire émerger un état stratège et partenaire » (Pautrat, Delbecque, 2008).

Ainsi, les représentants de cette approche de l'intelligence économique descendante utilisent les expressions d'intelligence économique applicables aux territoires plutôt qu'une intelligence territoriale.

1.2.2.2. Approche ascendante de « l'intelligence territoriale »

Cette approche considère le territoire comme un lieu d'émergence d'une nouvelle conception de la gouvernance locale dans le cadre du développement durable. Certes, dans la vision du développement économique local, le territoire est considéré comme espace de valorisation de ressources construites selon une logique endogène. Dans cette perspective, « l'intelligence territoriale » deviendra une part importante de ce pouvoir endogène en favorisant le partage d'informations sur la base de la coopération[258]. « L'intelligence territoriale » consiste donc à considérer les individus insérés dans un territoire comme les acteurs clé d'un dynamisme local réussi et considère donc le territoire non comme un espace d'application de politique déconcentrée d'intelligence économique, mais comme co-construction des ressources selon une logique coopérative[259]. Les spécificités des territoires sont autant d'avantages comparatifs qui participent à la création de nouvelles formes de concurrence. Aux ressources matérielles issues de l'espace physique (terre, main d'œuvre et capital), se combinent des ressources construites liées à l'espace construit (savoir, compétence, organisation). Yan Bertaccini (2006) assimile cette acception de « l'intelligence territoriale » à un phénomène d'appropriation de ressources du territoire puis de transfert de compétences entre des catégories d'acteurs locaux de cultures différentes.

---

[258]https://www.cairn.info/revue-internationale-d-inteelligence-economique-1-2009-2-page-291.htm

[259] Maud Pélissier, Isabelle Pybourdin, op.cit.

Cette approche est issue de la transdisciplinarité et des recherches économiques apparaissant dans le domaine académique, Géographie, Sciences et technologies de l'information et de la communication et gestion des connaissances (Dumas, 2007).

« L'intelligence territoriale » prend ainsi pour principal objet le développement durable et équitable de la collectivité territoriale. Les territoires ne sont plus considérés comme des « réceptacles passifs » (greffe, 2000) mais comme des ressorts locaux de dynamisme dans une nouvelle approche du développement local ou territorial. A un rôle passif de pourvoyeur de ressources, les territoires deviennent actifs et acteurs de leur propre développement. Selon Veltz (2000), dans le contexte actuel d'une concurrence mondialisée, l'efficacité est avant tout rationnelle : L'écosystème relationnel est devenu le facteur clé de performance. Le territoire devient ainsi le fournisseur privilégié de ces ressources relationnelles…Le patrimoine du territoire est ici apprécié comme une identité propre qui se construit avec le temps.

1.2.3. Composition de « l'intelligence territoriale »

L'intelligence territoriale se compose de quatre types d'actions s'agrégeant en un dispositif unifié et coordonné :

-L'intelligence économique territoriale doit être basée sur l'élaboration de stratégies concertées de développement économique et technologique pour les territoires, en s'appuyant sur les pôles de compétitivité qui sont l'exemple emblématique de ces schémas de développement stratégiques des régions. Il s'agit en somme de créer une dynamique régionale de coopération, en favorisant le regroupement des services de l'Etat et des collectivités territoriales, des entreprises (notamment les PME-PMI), des universités et des centres de recherche autour de projets stratégiques communs. Les pôles de compétitivité reposent sur le repérage des spécialités locales, des savoir-faire et des filières d'excellence locale et leur mise en valeur via des réseaux organisés de travail et d'échanges d'informations.

-La définition et la préservation d'un périmètre économique stratégique, c'est-à-dire d'un ensemble d'entreprises œuvrant dans le domaine des technologies sensibles et qu'il convient de protéger pour des raisons d'intérêt national ou international et de conquête de positions privilégiées sur les marchés hautement rentables des hautes technologies duales.

-La constitution de réseaux d'experts et de décideurs, inter-entreprises et inter-administrations, mais aussi entre l'Etat, les entreprises, les universités et les différents acteurs du développement économique et social local.

-La sensibilisation et la formation à l'intelligence économique. Certes, l'intelligence économique est indispensable à la construction de la compétitivité durable des entreprises.

1.2.4. Les outils de « l'intelligence territoriale »

La mise en œuvre des méthodes d'intelligence territoriale nécessite une mobilisation d'un ensemble de structures. En fait, nous n'avons pas une boite à outils complète « d'intelligence territoriale ». Toutefois, nous nous efforcerons de fournir des outils à ce niveau pour aider les acteurs locaux à mieux comprendre leurs territoires et favoriser les échanges et les conditions de coopération avec d'autres partenaires.

D'un point de vue plus opérationnel, la mise en place de « l'intelligence territoriale » nécessite la prise en considération de plusieurs domaines :

-Le diagnostic territorial

« L'intelligence territoriale » a pour objectif d'aider les acteurs locaux à mieux comprendre les enjeux et les réalités de leurs territoires. A cet égard, le diagnostic territorial est considéré comme une pratique propice à cette fin. Le diagnostic est d'une grande importance dans le développement du territoire.

-Le Marketing territorial

Il rassemble toutes les techniques de marketing pour promouvoir les compétences et les ressources stratégiques, travailler et communiquer sur l'attractivité de la région afin de favoriser et d'améliorer son développement économique et d'encourager la création de nouvelles entreprises ou unités de production comme source d'emploi et de recettes fiscales (2019)[260]. Il est le plus souvent utilisé par les départements ou les agences locales de développement économique, principalement pour les décideurs économiques nationaux et internationaux.

-La veille territoriale

Il s'agit de rechercher et suivre des acteurs endogènes stratégiques pour les aider à maintenir ou développer leurs activités.

La veille territoriale peut être définie comme « le processus informationnel par lequel la collectivité se met à l'écoute anticipative des signaux de son environnement dans le but de réduire les incertitudes et de conduire des politiques locales adaptées à son contexte politique, économique et social » (Chalus-Sauvannet, 2004).

La caractéristique de « l'intelligence territoriale » est la capacité de prédire et de contrôler toutes sortes d'intelligences. Aujourd'hui, les collectivités estiment qu'il est nécessaire de s'informer en permanence sur le développement économique et social de leurs territoires.

-La veille extraterritoriale

Elle se base sur la recherche et la surveillance de l'environnement extérieur pour prévoir les changements futurs et anticiper les mutations pouvant affecter le territoire.

-Les offres de services

Il s'agit de référencer les compétences et les ressources stratégiques afin de les mettre en adéquation avec les besoins des acteurs socio-économiques[261].

-Le système d'information territorial

L'information territoriale est au cœur de la mise en œuvre des méthodes « d'intelligence territoriale », et sa collecte, sa mise à

---

[260]Bertrand Bathelot (2019), « Définitions Marketing », L'encyclopédie illustrée du marketing, 31décembre 2019, https://www.definitions-marketing.com

[261] Arnaud Pechenot Paillot (2022), « Intelligence territoriale : mettre de l'intelligence dans les territoires », le 24 mars 2022, https://intelligence-territoriale.fr

disposition, son interprétation et son partage contribuent à mieux maîtriser l'aménagement du territoire.

-Mise en réseau comme mode d'organisation des acteurs locaux

« L'intelligence territoriale » se base sur des méthodes et d'outils qui peuvent faciliter l'établissement de connexions, le partage d'informations et la coopération entre les acteurs et les partenaires. Les acteurs du territoire n'ont aucune relation hiérarchique, et le territoire peut être assimilé à un réseau, car le réseau définit la nature de la coopération plutôt que des relations inter-organisationnelles hiérarchiques[262].

-La coopération secteur public-secteur privé pour une intelligence territoriale

Depuis les années 90 jusqu'à la fin des années 2000, l'Etat a mis en place une politique publique d'intelligence économique (PPIE) caractérisée par la protection des intérêts économiques de la nation et en particulier les intérêts des entreprises. Ainsi, en intelligence économique, l'Etat n'est pas seulement protecteur ou médiateur, mais il est aussi acteur.

Face à un environnement en perpétuelle mutation, les deux secteurs privé et public trouvent dans l'intelligence économique des objectifs communs (efficacité, attractivité territoriale) et des pistes de solutions semblables amenant les acteurs locaux à s'interroger sur les outils nécessaires. Certes, dans un environnement de plus en plus concurrentiel, Il est nécessaire de mettre en place de nouveaux outils, que ce soit entre acteurs du secteur public local ou entre acteurs du secteur privé, d'où la nouvelle approche transversale basée sur le partage d'informations.

Les mutations dues notamment à l'émergence des NTIC doivent avoir de nouvelles méthodes d'analyse, de management et de gestion administrative et financière inspirées des outils de l'intelligence

---

[262] Mohammed Nmili et Mouna Bouaoulou (2021), « Les pratiques de l'intelligence territoriale dans le cadre de la préparation du plan d'action communal » Université Sidi Mohamed Ben Abdellah, FSJES de Fès, Laboratoire doctorale : Etude et Recherche en Management des Organisations et des Territoires. Revue Internationale du chercheur, vol.2, Numéro 2, juin 2021, www.revuechercheur.com

économique. Or, en s'inspirant de ces outils et en adaptant les fondamentaux de l'intelligence économique aux collectivités, la sphère publique n'aura pas tendance à devenir privée mais, au contraire, elle causera l'émergence d'une nouvelle discipline : « l'intelligence territoriale »[263]

Source : Arnaud Pechenot Paillot (2020)

1.2.5. Les acteurs de « l'intelligence territoriale »

L'intelligence économique et territoriale qui s'inscrit dans une démarche de sécurité et de défense économique permet de comprendre dans quel environnement les acteurs économiques et sociaux d'un territoire évoluent, de connaître les règles du jeu et de prévoir les futures mutations. De ce fait, « l'intelligence territoriale » demande une implication collective d'un ensemble d'acteurs et de parties prenantes qui sont appelés à participer à la construction d'un modèle

---

263 CAENTI (2008), « Méthodes et outils de l'intelligence territoriale » (2008), sixième conférence internationale annuelle d'intelligence territoriale organisée par la CAENTI (Action de Coordination du Réseau Européen d'Intelligence Territoriale) à Besançon (France), du 15 au 18 octobre 2008, http://www.intelligence-territoriale.eu/besancon2008/)

d'intelligence économique territorial. Son efficacité dépend de la mobilisation des réseaux, des circuits d'information, sur la mobilisation des pouvoirs publics, sur la valorisation de celui qui donne l'information, sur la compréhension par les administrations publiques des enjeux de l'entreprise et la compréhension par l'entreprise des priorités nationales.

Les différents acteurs et parties prenantes sur lesquels s'appuie l'intelligence territoriale peuvent être : les ministères, les administrations, les institutions et les collectivités, les universités et les grandes écoles, les centres de recherches, les laboratoires, les conseils et les départements régionaux, les pôles de compétitivité, les entreprises (grandes entreprises, PME-PMI), les syndicats et patronats, les services de renseignement, les associations et médias, les personnalités politiques, ambassadeurs[264]...comme le montre la figure suivante[265]:

[264]Arnaud Pechenot-Paillot, « Intelligence territoriale », https://intelligence-territoriale.fr

[265]Arnaud Pechenot Paillot (2018), « De l'intelligence économique à l'intelligence territoriale », Master Intelligence Economique et Stratégies compétitives, 9 janvier 2018, master-iesc-angers.com

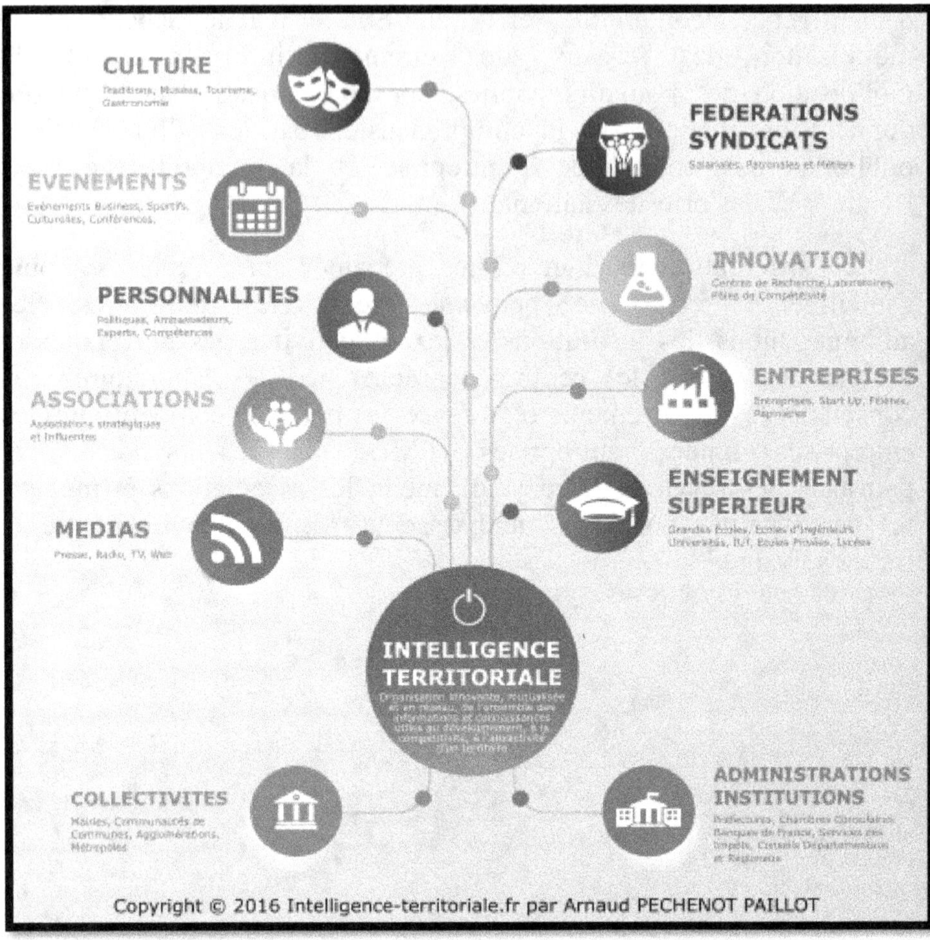

1.2.6. Défis et enjeux de « l'intelligence territoriale »

Plusieurs défis et enjeux sont derrière la mise en place d'une démarche « d'intelligence territoriale », dont le principal objectif est le développement économique et industriel d'un territoire par l'optimisation des actions d'influence utiles pour le territoire et ses acteurs socio-économiques.

1.2.6.1. Défi lié à la définition du concept de « l'intelligence territoriale »

Les définitions actuelles de « l'intelligence territoriale » sont nombreuses et parfois contradictoires.

« L'intelligence territoriale » est un concept nomade et polysémique qui se situe à la croisée de regards pluridisciplinaires et, à ce titre, est au cœur de problématiques diverses.

Certes, les contradictions au niveau de la définition de ce concept ne s'explique pas par sa jeunesse, mais bien par une réelle divergence au niveau des fondements. La maîtrise et la protection de l'information stratégique à l'échelle du territoire s'opèrent selon des modalités diverses. Une véritable opposition semble se dessiner entre deux approches de « l'intelligence territoriale », chacune retenant une vision du territoire et des enjeux du développement territorial radicalement différents. Pélissier (2009) repère deux trajectoires de l'intelligence territoriale[266] : L'intelligence économique descendante et l'intelligence économique ascendante.

Il convient de remarquer que l'approche appréhendant « l'intelligence territoriale » (IT) comme une déclinaison des principes de l'intelligence économique au niveau du territoire n'est pas unanimement partagée dans la communauté des chercheurs. Le contenu et les contours de « l'intelligence territoriale » sont encore en gestation. Ils peuvent être mis en œuvre au travers une mise en concurrence forte des acteurs du territoire.

A l'inverse, « l'intelligence territoriale » peut aussi se penser au travers de la mise en synergie d'acteurs multi compétences et multi références, partageant des valeurs communes et agissant en totale liberté. Il s'agira de prolonger la réflexion sur des revendications clés d'une approche d'intelligence territoriale : la mise en réseau d'acteurs. Dans ce contexte, l'élaboration de système d'information « d'intelligence territoriale » (SIT), fondés sur des approches en

---

266 Maud Pelissier, Isabelle Pybbourdin « L'intelligence territoriale entre structuration de réseau et dynamique de communication », dans LES CAHIERS DU NUMERIQUE, 2009/4(Vol.5), www.cairn.info revue-les-cahiers…

termes de réseaux sociaux, peut s'avérer instructive comme outil de traitement et d'exploitation des flux de connaissance.[267]

1.2.6.2. Défi informationnel

L'intelligence économique a été définie à l'origine comme « l'ensemble des actions coordonnées de recherche, de traitement et de distribution en vue de son exploitation de l'information utile aux acteurs économiques ». Cette définition donnée à l'intelligence dans le Rapport Martre, (1994) est apparue comme une approche répondant aux nouveaux défis informationnels. La diffusion spectaculaire des technologies de l'information et de la communication (TIC) a eu pour conséquence d'accroitre de façon exponentielle l'information à la disposition des acteurs socio-économiques. Seulement, le nouvel enjeu vital n'est pas tant de savoir comment accéder à l'information, mais de maîtriser les contenus issus des flux d'information et comment sélectionner et combiner les informations permettant de prendre de bonnes décisions stratégiques dans un environnement concurrentiel évoluant rapidement[268] (Pateyron, 1998). Un flux d'information maîtrisé et optimisé devient un vecteur essentiel créateur de richesse. Ainsi, le territoire est appréhendé dans sa dimension symbolique aux frontières porteuses où se croisent des foyers culturels et des identités mouvantes et vivantes communiquant avec les TIC par le biais de la « traduction linguistique et culturelle, soit l'acceptation d'une perte dans la relation à l'autre pour le comprendre et accepter son regard (Dumas, 2006)[269].

Pour conclure, « l'intelligence territoriale » est donc une nouvelle discipline répondant à plusieurs problématiques. Les enjeux de la mise en place d'une démarche « d'intelligence territoriale » sont :

---

[267] Maud Pélissier, Isabelle Pybourdin, op. cit.

[268] On a déjà produit plus d'informations au cours des trente dernières années que pendant les dix mille ans précédents, l'on s'attend à un doublement tous les cinq ans (Pateyron, 1998).

[269]Maud Pélissier, Isabelle Pybourdin, « L'intelligence territoriale entre structuration de réseau et dynamique de communication », dans Les CAHIERS DU NUMERIQUE 2009/4 (Vol. 5), p 93à109

-Stimuler l'innovation de projets et la circulation interservices d'informations et réaliser des projets créateurs d'emploi et de richesses.

-Disposer d'un diagnostic territorial et l'observation des évolutions de son propre territoire. Il s'agit de développer la connaissance du territoire pour mieux maîtriser ses ressources et définir une offre territoriale adaptée aux besoins perçus.

-Observer des évolutions des territoires concurrents pour chercher les bonnes pratiques et réaliser un Benchmarking.

-Anticiper les mutations économiques, notamment les évolutions de marché, les ruptures et les risques sur les actifs industriels et le savoir-faire clés.

-Promouvoir l'attractivité des territoires par l'amélioration des infrastructures, le développement de l'activité économique autour de certaines activités considérées comme stratégiques,

-Sensibiliser des PME à l'intelligence économique, leur accompagnement dans leurs démarches d'intelligence économique en leur permettant l'accès aux informations économiques publiques.

-Animer les réseaux de développement économique et social du territoire.

-Surveiller la réputation des élus locaux, identifier les tendances de l'opinion publique et encourager la démocratie participative.[270]

Il en résulte que, malgré l'absence de regards convergents sur le concept « d'intelligence territoriale » et le risque de confusion sur la définition de ce concept, l'usage de cette expression est largement répandu[271]. De plus, des points communs peuvent les lier. Plusieurs

---

[270] CAENTI (2008), « Intelligence territoriale Méthodes et outils de l'intelligence territoriale », sixième conférence internationale annuelle d'intelligence territoriale organisée par la CAENTI (Action de Coordination du Réseau Européen d'Intelligence Territoriale) à Besançon (France), du 15 au 18 octobre 2008, http://www.intelligence-territoriale.eu/besancon2008/

[271]Arnaud Penchot Paillot (2016), « Intelligence Territoriale. Mettre de l'intelligence dans les Territoires »,http://intelligence-territoriale.fr/concept/intelligence-territoriale

concepts se retrouvent autour de cette démarche, dont les principaux objectifs sont :

-Le développement économique territorial et la diffusion des pratiques d'intelligence économique.

-L'intensification des échanges autour de projets locaux d'intérêt public, en réseaux sociaux.

-L'amélioration de l'accès à l'information professionnelle et l'organisation des services des collectivités.

-La détermination de la communication et des thèmes de compagne des élus locaux : Intelligence stratégique territoriale, la veille professionnelle pour les collectivités, l'intelligence économique territoriale, les territoires numériques et finalement l'intelligence politique.

Intelligence économique	Intelligence Territoriale
• L'objectif de l'IE est de connaitre de façon précise toutes les caractéristiques d'une organisation dans un secteur donné afin de mieux cerner ses attentes et ses besoins informationnels afin d'améliorer son activité et ceux en mobilisant plusieurs outils économiques, financiers, managériaux et NTIC. • L'IE consiste à sélectionner les informations les plus utiles pour l'acteur économique et les sources d'informations les plus fiables. Ce choix d'information permet ensuite de mettre en place une stratégie décisionnelle. • Ce choix d'informations dépend étroitement de la fiabilité du réseau d'informations qui reflète la culture de protection des données de l'entreprise. • L'IE suppose une intervention permanente sur les réseaux d'acteurs influents auprès des décideurs politiques et financiers nationaux et internationaux. • L'IE permet aux entreprises d'être à la fois offensives et défensives grâce à la maitrise d'informations et vise principalement la protection et le développement du patrimoine matériel et immatériel de l'entreprise dans un environnement économique en perpétuelle mutation.	• L'objectif de L'IT est de soutenir les petites entreprises pour le bien des collectivités puisque leur prospérité est reliée et également de maintenir la compétitivité des petites entreprises liée directement à l'attractivité des territoires. • L'IT s'inspire des fondamentaux de l'IE, elle lui est très liée sans pour autant en être dépendante. • L'IT n'est pas seulement la promotion de la sphère économique. • L'IT consiste également en une adaptation des règles de l'IE à toute la sphère publique locale et à ses finalités premières : la protection de l'intérêt général • l'IT doit investir de la même façon l'urbanisme, le social, le patrimoine, le sport et tout autre domaine intéressant le citoyen par la création de nouveaux outils juridiques et financiers. • L'IT est une discipline à part entière : la loi du 27 janvier 2014 dite « MAPAM » ou celle du 7 août 2015 dite loi « NOTRe » • L'IT est l'outil qui permettra de dégager des marges de manœuvre suffisantes pour financer les politiques d'aides aux personnes non productives de revenus.

2. L'intelligence économique et territoriale, outil de performance et de compétitivité de l'économie marocaine

De plus en plus pratiquée à travers le monde, l'intelligence économique est une arme dont beaucoup se sont dotés dans le but de dégager un avantage compétitif ou encore de résister face à la concurrence. Certes, dans un monde où l'information et la connaissance sont des avantages concurrentiels, tout pays qui pratique l'intelligence économique aidera ses entreprises à prendre de l'avance. Seulement, elle n'est pas pratiquée de la même manière partout. Dans les régions du Maghreb et plus précisément au Maroc, elle se manifeste surtout sous forme de veille permanente à travers des institutions et cercles de réflexion[272].

Conscient de cette réalité et dans une optique de compétitivité nationale et internationale, le Maroc a adopté cette démarche dans les années 1990 par la mise en œuvre des politiques publiques nationales et territoriales d'intelligence économique institutionnalisant ainsi cette pratique dans le pays[273].

Plus précisément, c'est lors des Rencontres internationales de Tétouan en novembre 2004 que la décision a été prise au plus haut niveau de doter le Maroc d'une politique publique d'intelligence économique nationale et territoriale, de l'intégrer dans sa politique de développement afin de rejoindre en cela, les pays développés[274].

De même, les Rencontres de Tétouan ont également marqué la volonté des acteurs économiques et politiques marocains de construire une politique et une démarche d'intelligence économique et

---

[272]Ikram Bouzikar (2020), « Les défis de l'intelligence économique au Maroc », https://www.google.com/amp/s/www.archimag.com/veille-documentation/2020/11/06/defis-intelligence-economique-maroc

[273] Arnaud Penchot Paillot (2016), « Intelligence Territoriale-Mettre de l'intelligence dans les Territoires », http://intelligence-territoriale.fr/concept/intelligence-territoriale

[274] Rencontres internationales de Tétouan « Intelligence économique et veille stratégique, défis et stratégies pour les économies émergentes », Tétouan, 25-27 novembre 2004, Regards sur le Monde, « L'intelligence économique au Maroc N° 10 Juillet-Août 2005

territoriale stratégique adaptée à la réalité économique et sociale d'un pays émergent, tel que le Maroc. Les annonces faites à Tétouan ont donc représenté un signal fort et un défi stratégique pour les différents acteurs.

2.1. L'intelligence économique, levier de compétitivité des entreprises et des territoires marocains

L'initiative « Maroc innovation » lancée en 2009 a pour objectif l'amélioration des perspectives de croissance et de compétitivité de l'économie marocaine à l'ère de l'économie de la connaissance et du savoir. Elle vise à intégrer le Maroc dans cette nouvelle donne économique par le soutien à l'innovation et à la recherche et développement. Ainsi, différentes stratégies ont été lancées notamment l'adoption de plans de développement sectoriels afin de dynamiser les secteurs productifs : Plan pour l'Emergence industrielle, Plan Maroc Vert pour l'agriculture, Plan Halieutis pour les produits de la mer, Plan solaire, Plan éolien…

D'autre part, l'Etat vise aussi la promotion des clusters en vue de créer des écosystèmes favorables à la collaboration entre entreprises, centres de recherche, universités, administrations et autres acteurs autour de projets innovants générateurs de fortes valeurs ajoutées.

Ainsi, afin de relier le monde du savoir et de l'innovation et donc le monde de la recherche universitaire et de l'industrie, l'Etat a créé des plateformes innovantes dites aussi cités d'innovation afin que les universités, par leurs capacités scientifiques et méthodes d'analyse puissent encadrer et accompagner les nouvelles entreprises et les porteurs de projets innovants dans leur parcours. Une telle coopération sera à la base de la compétitivité des entreprises et par là de l'attractivité territoriale.

2.1.1. L'intelligence économique, une nouvelle gouvernance de l'économie marocaine : contexte global

Le Maroc a adopté depuis son indépendance une politique d'ouverture aux opportunités offertes par la mondialisation, et il est également engagé dans une stratégie sectorielle très diversifiée afin d'étendre son rayonnement au niveau mondial et notamment sur le continent africain. Ceci nécessite la mise en place d'un mécanisme de surveillance pour fournir des informations pertinentes afin de profiter des opportunités commerciales offertes, faire face aux menaces et censurer la concurrence. « Aujourd'hui, la maîtrise de ce nouvel or noir immatériel qu'est l'information oblige les entreprises, voire le pays lui-même, à intégrer et maîtriser cette nouvelle ressource d'information économique à des fins stratégiques fondamentales ».

C'est ainsi que les pouvoirs publics et les associations travaillent sur un projet dédié à l'intelligence économique. Au total, l'information est la nouvelle puissance du pays, mais il reste encore de nombreux défis à relever pour développer pleinement le marché de l'information (recherche d'information et protection de qualité).

Lors des Rencontres internationales de Tétouan, M.Rachid Talbi El Alimi, l'ancien ministre des affaires économiques et générales et maire de Tétouan en 2004 a affirmé : « La mise en place de dispositifs de surveillance, fournissant des informations fiables, permettant de scruter les concurrents, les opportunités d'affaires, les technologies et les nouveaux procédés n'est pas aliénée à un effet de mode, mais correspond bien à un impératif de premier plan pour les acteurs exposés à la compétition mondiale[275] ».

Ainsi, le ministre a présenté l'intelligence économique comme « un outil de performance économique, un facteur de compétitivité et de consolidation du rayonnement du Maroc au sein du concert des nations modernes ainsi qu'un instrument d'influence ».

Mohammed. Mbarki, wali de Tétouan en 2004, décida pour sa part la création d'un Observatoire d'étude et de recherche sur l'intelligence économique[276]. Cette nouvelle institution connaîtra la première formulation élaborée de l'intelligence économique, qui porte une forme de « gouvernance nouvelle », articulant compétitivité, développement culturel et social et sécurité économique, c'est-à-dire

---

[275] Extrait de l'allocution de M. Rachid Talbi El Alimi, ancien ministre des affaires économiques générales. Rencontres Internationales de Tétouan, 25, 26, 27 novembre 2004

[276]Mohamed Assouali « La structure aura pour mission de faire connaitre l'état d'avancement des projets structurants, la recherche, l'innovation, les nouvelles publications, les expériences novatrices, les bonnes pratiques dans les diverses dimensions du développement économique et social ». Regards sur le Monde « L'intelligence économique au Maroc », N°10 Juillet/Août 2005

« prenant en compte la sécurité des citoyens, des entreprises, des informations, des institutions ». L'observatoire aura certainement pour mission de prendre en compte, voire redynamiser le projet du ministère de l'industrie, du commerce et de la mise à niveau, d'organisation d'un réseau de veille industrielle sur l'ensemble du territoire, suite au séminaire d'initiation qui s'est tenu en mai 2004 à Rabat.

A travers cette décision s'exprime la volonté de mettre en place une politique d'intelligence territoriale ayant pour objectifs d'organiser à l'échelle des territoires, des bassins d'activités, la capacité collective à bâtir les dynamiques de développement notamment identifier les savoir-faire, les expertises, coordonner les actions, organiser les réseaux de recueil de connaissances nouvelles pour mieux servir les stratégies innovantes.

Pour Driss Guerraoui, ancien conseiller du Premier ministre, la création d'une cellule d'analyse et de réflexion stratégique devrait apporter l'instance d'orientation nécessaire au dispositif en construction. On imagine aisément son efficacité dans l'appui à la stratégie d'attractivité du Maroc[277].

De son côté, Mohamed Assouali, ancien Vice-Président de la commune urbaine de Tétouan a affirmé : « l'intelligence économique permet au territoire et aux organisations d'agir efficacement sur l'environnement, d'anticiper les grandes tendances et opportunités, d'alerter sur les menaces de perte d'attractivité, de compétitivité ou d'information. » [278]

2.1.2. Les dispositifs existant au Maroc

Avec la libéralisation de l'économie marocaine, son ouverture vers l'extérieur et la signature de plusieurs accords de libre-échange, le

---

[277] Professeur à l'Université Mohammed V de Rabat-Agdal, conseiller du Premier Ministre. "La structure aura pour mission de faire connaître l'état d'avancement des projets structurants, la recherche, l'innovation, les nouvelles publications, les expériences novatrices, les bonnes pratiques dans les diverses dimensions du développement économique et social."

[278]Rencontres de Tétouan, 26 novembre 2004, « Intelligence économique et développement régional, quelle stratégie pour la région Tanger Tétouan ? », IE-au-Maroc-RIE.pdf-Le Portail Africain de l'intelligence

Maroc s'est lancé vers la modernisation de son économie notamment son tissu industriel national intégrant une forte dimension R&D afin de réaliser une production de qualité, développer des activités tournées vers l'exportation et attirer les investisseurs étrangers. Certes, durant les dernières décennies, les exportations marocaines ont augmenté de façon significative suite aux efforts consentis en matière d'innovation. Ainsi, des secteurs innovants ont fait leur apparition : énergies renouvelables, logistique, industrie automobile, aéronautique. Les industries extractives sont montées en gamme et ont permis de positionner le Maroc sur l'exportation de produits chimiques (engrais, sels halogènes…). Afin de réaliser ce développement industriel et renforcer la compétitivité de ses PME qui constituent plus de 90% du tissu productif marocain, les pouvoirs publics ont estimé nécessaire de se doter progressivement de dispositifs d'intelligence économique comme outils d'aide à la décision. Seulement, c'est une pratique en gestation largement cloisonnée et plusieurs défis restent encore à relever en matière d'innovation[279].

En réalité, c'est depuis les années 1990 que les grandes entreprises telles que l'ONA (Omnium Nord-Africain), l'ONE… se sont dotées, à cette époque, de cellules de veille pour protéger leur développement et leurs investissements.

Par la suite, une cellule d'analyse et de réflexion stratégique ainsi qu'un Observatoire d'étude et de recherche sur l'intelligence économique ont été créés[280].

L'Institut Marocain d'informations scientifiques et techniques, crée en 2003, a effectué la première enquête destinée à identifier les besoins en information scientifique et en veille des entreprises de 5 secteurs des industries de transformation. Il apparaît clairement que l'apprentissage de l'intelligence économique passe et passera encore longtemps par la pratique de veille (réglementaire, commerciale,

---

[279] Nezha Cherrabi, Maud Pélissier et David Reymond « L'intelligence économique au Maroc : l'apport d'une stratégie offensive de l'information au travers d'une analyse automatique des brevets », Communication, 1 I3M - Laboratoire Information, Milieux, Médias, Médiations - EA 3820

[280] Jérôme Bondu (2020), « Intelligence économique : les veilleurs doivent-ils faire de la prospective ? le 06/03/2020, www.archimag.com

concurrentielle, technologique), comme c'est d'ailleurs le cas en Europe.

Dès novembre 2004, les Rencontres internationales de Tétouan, animées par Philippe Clerc, Directeur de l'Intelligence Economique et des TIC de l'Assemblée Générale des Chambres Françaises de Commerce et d'Industrie, ont eu lieu du 25 au 27 novembre 2004, sur le thème « Intelligence économique et veille stratégique, défis et stratégies pour les économies émergentes ». Elles ont abouti à la création d'une Cellule d'analyse et de réflexion stratégique pour apporter l'instance d'orientation nécessaire au dispositif en construction, ainsi qu'un Observatoire d'étude et de recherche sur l'intelligence économique, basé à Tétouan.

D'autres initiatives plus générales ont été menées par des organismes ou des associations. Ainsi, en mars 2005, l'Association marocaine pour la recherche et développement (R&D) a organisé un colloque sur le thème « veille stratégique et compétitivité » à l'occasion de la semaine de l'innovation à Casablanca. C'est une association qui organise régulièrement des séminaires sur l'innovation, la veille et la compétitivité et se charge ainsi de la valorisation de la recherche et de l'innovation[281].

En 2006, le Centre de Veille Stratégique a été institué auprès des services du Premier Ministre, au sein de la Direction des Investissements. Son action s'inscrit dans la stratégie nationale d'intelligence économique. Le CVS a été créé pour répondre aux nombreuses questions qui ont été soulevées par les acteurs concernés : Comment le Maroc est-il perçu ? Que font les pays concurrents ? Quelles sont les menaces qui pèsent sur le pays ? Comment évaluer le risque Pays ?...

Le Comité de Veille Stratégique a pour mission d'assurer l'observation des mouvements des capitaux découlant des investissements directs étrangers (IDE) à travers le monde et en rapport avec le Maroc, en se focalisant sur certains secteurs spécifiques. Il est aussi chargé de mettre en place des mécanismes de concertation et d'amélioration de la réactivité vis-à-vis des crises

---

[281]Association marocaine pour la recherche-développement, Semaine de l'innovation, Casablanca, 7-8 mars 2005, R&D Maroc, www.rdmaroc.org

économiques et financières internationales. Il doit également constituer une force de proposition pour le gouvernement en préconisant les mesures de soutien nécessaires aux secteurs vulnérables face aux crises et suivre la situation économique par la mise en place d'indicateurs pertinents.

La culture de veille cherche à s'ancrer dans le fonctionnement de certains Ministères. C'est ainsi que Le Ministère des Finances dispose d'une Direction des Etudes et des Prévisions Financières (DEPF) dont la principale prérogative est d'éclairer le Ministère en matière de politique économique à travers les études, les réflexions et les moyens de prévisions. C'est donc en amont que les pratiques de l'intelligence économique et la Veille Stratégique se situent avec la mise en place du système d'informations adéquates et un élargissement de la concertation entre les différentes directions.

De son côté, le Ministère de l'Industrie, du Commerce et des Nouvelles Technologies (MICNT) a mis en place la Direction des statistiques et de la Veille avec l'instauration des fonctions de pilotage et d'évaluation afin de répondre aux impératifs de suivi des trois stratégies lancées par ce département à savoir le Pacte National pour l'Emergence Industrielle, le plan Rawaj et Maroc Numéric 2013 dont la mission globale est de contribuer au développement de l'investissement et à l'amélioration de la compétitivité de la PME.

D'autres initiatives personnelles ont été lancées ayant pour objectifs de promouvoir la veille et l'intelligence économique au Maroc, de constituer un levier d'impulsion et un cercle de réflexion et d'information à la disposition de toutes les organisations marocaines pour les informer, les accompagner et les assister en matière d'intelligence économique, de fédérer les efforts des acteurs et de promouvoir le développement des formations en matière d'intelligence économique au Maroc.

C'est ainsi qu'en 2006, l'Association marocaine de l'intelligence économique (appelée aujourd'hui Amie center for policy) a été créée par Driss Alaoui Mdaghri, ancien ministre de l'énergie et des mines, de la jeunesse et du sport…en collaboration avec des acteurs appartenant au secteur privé, à l'administration et au monde de la recherche (entreprises, administrations et associations professionnelles). Cette association a donc pour mission de mettre à la disposition des acteurs locaux des outils d'aide à la décision sur des thèmes d'intérêt primordial pour le pays.

De leur côté, les associations professionnelles ont également suivi la tendance, notamment la Confédération Générale des Entreprises du Maroc (CGEM) et l'Association Marocaine des Industries du Textile et de l'Habillement (AMITH). En effet, pour contribuer au renforcement du travail de la cellule de Veille Stratégique mise en place par le gouvernement, la CGEM et l'AMITH ont constitué des cellules de veille pour consolider la compétitivité dans les secteurs qui les concernent et travailler en concertation avec la cellule de veille du Ministère des Finances.

De même, en 2006, l'Institut Marocain de l'Information Scientifique et Technique (IMIST) s'est lancé vers des études de veille scientifiques et technologiques en créant un centre avec son pôle Veille, Intelligence économique et Aide à l'innovation Technologique.

Une autre expérience pilote en matière de veille est à prendre en compte. Il s'agit des efforts déployés par l'Institut Royal des Etudes Stratégiques (IRES). Le contexte particulier caractérisant le Maroc a précipité l'essor de cette institution comme le témoigne l'extrait du discours du trône de Sa Majesté le Roi Mohammed VI en 2003 : « …Notre pays vit une transition globale qui nécessite le renforcement de ses capacités d'analyse, d'adaptation et d'anticipation. Aussi, avons-nous décidé de créer un IRES pour remplir cette mission essentielle, afin d'être en interaction permanente avec les changements et de maîtriser et agir sur les mutations profondes qui s'opèrent aux niveaux interne et externe… »[282].

---

[282] Extrait du Discours du Trône de 2003, « L'IRES dans les Discours et les Messages Royaux », Tanger, 30 juillet 2003, www.ires.ma

Domaines de Veille stratégiques de l'IRES[283]

283 IRES, « Domaines de Veille stratégique », https://www.ires.ma/fr/veille/domaines-de-veille-strategique.html

En 2007, plusieurs programmes et conférences ont eu lieu au fil des années dans le but de promouvoir la pratique de l'intelligence économique dans le pays. Le programme FINCOME (Forum International des compétences Marocaines à l'Etranger) a été lancé. Soutenu par les pouvoirs publics, il vise à faire contribuer les compétences marocaines résidents à l'étranger au processus de développement du pays en matière de recherche et développement par le transfert de savoir et savoir-faire. Il « fait appel aux différentes compétences de la diaspora marocaine, pour accomplir des missions, sur place ou à distance, en appui ou dans le cadre des programmes de développement de leur pays d'origine, sur la base du volontariat et d'un engagement déontologique »[284].

De même, plusieurs conférences ont eu lieu à l'instar de celle organisée par le Rotary Club de Rabat en novembre 2007, sur le thème des pratiques d'influences dans les entreprises et des nouvelles techniques de guerre de l'information pratiquées dans le cadre de la guerre économique avec Abdelmalek Alaoui, Président du Forum Francophone des Affaires au Maroc. Ce dernier créera en 2008 un des premiers cabinets marocains d'intelligence économique et stratégique.

Par ailleurs, de plus en plus d'entreprises ont intégré l'Intelligence économique dans leurs stratégies telles Maroc Telecom, l'Office Chérifien des Phosphates (OCP), la Caisse de Dépôt et de Gestion (CDG), la Banque Centrale Populaire (BCP), la BMCE, etc…

En 2009, l'Agence Nationale pour la Promotion des PME (ANPME), créée en 2002, développe des programmes de soutien à la mise à niveau des PME et en particulier des systèmes de veille, dans le cadre du Pacte National pour l'Emergence Industrielle (PNEI). Ces programmes visent donc le renforcement de la compétitivité des PME et constituent la base d'un dispositif de diagnostic et d'intelligence stratégique.

En 2012, plusieurs universités marocaines participent aux 17 pôles de compétence développés sur le territoire, associant en réseau les centres de recherche et les entreprises. Certes, pour réussir

---

[284] L'intelligence économique au Maroc-Intelligences Afriques, portail-intelligence-afrique.com

l'appropriation de l'intelligence économique en tant qu'outil de gestion, l'innovation technologique est devenue une priorité nationale. Ayant pour vocation d'irriguer ce dispositif de recherche et de développement grâce à leur réseau de veille, ce sont le Centre National pour la Recherche Scientifique et Technique (CNRST) et l'Institut Marocain de l'Information Scientifique et Technique (IMIST) qui coordonnent depuis 2001, les sciences et les technologies au Maroc.

En 2016, Casablanca accueille les 1ères Assises Africaines de l'intelligence économique qui se sont imposées comme le rendez-vous de la communauté de l'IE sur le continent. Renouvelées en 2017, elles rassemblent chaque année plus de 150 personnes avec la participation de figures emblématiques de la veille et de l'IE en Afrique.

Le Royaume du Maroc est moteur pour le développement de l'intelligence économique sur le continent africain. Ainsi, les participants à l'Université ouverte de Dakhla, présidée par Driss Guerraoui, plaident en 2018 pour une vision africaine unifiée autour des pratiques de l'intelligence économique. Ces rencontres ont vu la signature du Forum des Associations Africaines d'Intelligence Economique (FAAIE) visant la promotion des pratiques de l'intelligence économique en Afrique et la diffusion auprès des entreprises, des administrations, des territoires, des universités et des centres de recherche la connaissance scientifique relative à l'intelligence économique et à la veille stratégique.

Sur le Web, « Veille.ma » est le premier portail marocain qui traite de la veille et de l'intelligence économique. Ce portail bilingue (français/arabe) se compose d'un observatoire de l'économie regroupant des informations quotidiennement mises à jour sur l'économie nationale et principalement sur les secteurs économiques stratégiques pour le Maroc. Un second observatoire du site y est dédié au monde de la veille d'intelligence avec, en supplément, un annuaire des sites spécialisés et d'outils de veille.

Ces différentes initiatives ont pu sensibiliser les différents acteurs, privés et publics, aux enjeux liés à la mise en place des structures de veille. Certes, l'analyse des expériences ci-dessus témoigne que la mise en place des dispositifs de veille permet de tirer profit de l'information existante, d'accéder à l'information pertinente, de renforcer la capacité d'analyse et d'anticipation, se prémunir des changements caractérisant la scène nationale et internationale, de contribuer à l'instauration d'un système d'intelligence économique, principal levier de la compétitivité des entreprises, des territoires et des nations.

Ce constat nous pousse à soulever quelques interrogations : Les Petites et Moyennes Entreprises (PME) profitent-elles suffisamment des informations existantes pour renforcer leur développement ? Ont-elles les moyens de les traiter et surtout de les analyser de manière cohérente ? Disposent-elles de système de veille et d'intelligence économique pour renforcer leur compétitivité ? Quel rôle joue l'Agence Nationale pour la Promotion de la Petite et Moyenne Entreprise (ANPME) dans ce processus ?

Il est à rappeler que le tissu productif du Maroc est à plus de 90 % composé de PME et de TPE. Les PME réalisent plus de 40 % du chiffre d'affaires du secteur industriel et emploient plus de 50 % de la main d'œuvre. Les économistes marocains voient en elles et leurs réseaux le support d'une diversification économique nouvelle permettant de répondre à une multitude de marchés nouveaux[285].

Seulement, pour les PME, les pratiques liées à l'information demeurent non structurées

Par contre, les grandes entreprises connaissent une démarche d'introduction de l'intelligence économique s'appuyant sur une dynamique de management des compétences, notamment le secteur bancaire qui cherche à se doter d'un département d'intelligence économique pour l'analyse des concurrents et l'anticipation des risques, le groupe ONA dont la démarche de veille stratégique est pilotée à partir des orientations du plan stratégique 2003-2008.

S'agissant des PME, parmi les différents volets d'action d'une politique d'intelligence économique, le brevet occupe une place de premier rang avec pour objectif de sensibiliser les PME, en particulier, à l'importance de protéger leur patrimoine informationnel, clé de leur compétitivité. L'exemple des babouches marocaines et l'attaque

---

[285] Driss Guerraoui, "Les défis de l'entreprise" Entretien avec Issam Najati à l'occasion de la publication de son ouvrage "Economies et émergences", 2002.

chinoise de ce produit dit du « terroir » montre l'importance d'intégrer une analyse globale des brevets sur le territoire marocain comme une source stratégique d'information pour les entreprises. Dans cette optique, le brevet est souvent valorisé dans une optique défensive. Toutefois, il apparaît de plus en plus que le brevet peut avoir comme objectif d'encourager la dynamique d'innovation des PME, et donc, il est utilisé dans une stratégie informationnelle offensive devenant ainsi un élément indispensable à l'entreprise. Dans le cas spécifique des pays en développement, une telle stratégie offensive informationnelle du brevet peut contribuer à « améliorer les produits existants, valoriser les ressources naturelles et les machines et procédés de premières transformations qui sont concernés »[286].

S'agissant de l'ANPME, le chargé de veille a avancé que cinq points concourent à la mise en place d'un dispositif de veille :

-Nécessité pour l'agence de développer une force de veille, pour elle-même, du fait de la mission qui lui est dévolue depuis sa création en 2002

-Multiplicité d'activités exigeant la veille

-Identification de bonnes pratiques qui permettent d'améliorer l'offre de service destinée aux PME

-Etablissement d'une adéquation entre l'offre de service et la demande

-Evaluation de l'offre de service

Ainsi, la mission de veille de l'agence vise le développement des capacités d'anticipation et de réactivité par rapport à l'environnement et aux besoins des PME ainsi que l'amélioration du rapport efficacité/coût de l'intervention de l'agence.

Le dispositif de veille de l'ANPME se compose :

---

[286] Nezha Cherrabi, Maud Pélissier et David Reymond, « L'intelligence économique au Maroc : l'apport d'une stratégie offensive de l'information au travers d'une analyse automatique des brevets », Communication au Colloque international de recherche en économie et gestion, mai 2016, Marrakech

-d'un système global et intégré de Knowledge Management (KM)

-d'une Gestion Electronique des Documents (GED) en conservant le patrimoine informationnel de l'agence, en accumulant les connaissances acquises, en facilitant l'accès et l'utilisation de ces connaissances.

-d'une veille permanente via l'instauration d'une cellule de veille, la coordination du dispositif par un animateur et le recours à des compétences spécialisées en ce domaine.

L'approche de veille se décline en :

-Une veille-amont, qui comprend les principaux axes suivants : un benchmark international des meilleurs pratiques en matière de consolidation de la compétitivité des entreprises, une veille se rapportant à la coopération nationale et internationale ainsi qu'une veille concernant l'expertise en identifiant les domaines nécessitant un renforcement de l'expertise.

-Une veille-aval qui se base sur l'évaluation et le feedback (véhiculé via les fiches d'évaluation renseignées par les PME bénéficiaires d'un accompagnement, enquêtes de satisfaction, études d'impact, veille médias).

L'objectif attendu de ce type de veille est de :

-Cerner et, le cas échéant, améliorer la perception et l'image de l'agence auprès de ses différents interlocuteurs.

-Ajuster, perfectionner l'offre de services de l'agence et recenser de nouveaux besoins en accompagnement.

Ainsi, l'intelligence économique constitue, à ce titre, un levier stratégique tant au niveau des institutions gouvernementales qu'au niveau des entreprises.

2 .2. L'intelligence territoriale au Maroc

2.2.1. Le « Maroc compétitif » et l'intelligence territoriale

L'attractivité des territoires est une affaire de l'intelligence territoriale. Elle constitue le centre de l'approche d'intelligence territoriale descendante. Les formes de concentration géographique d'entreprises présentées ci-dessus représentent des illustrations d'une application territoriale de l'intelligence économique d'une part en incitant les entreprises à fonctionner en réseaux et d'autre part en les sensibilisant sur l'importance de la protection de l'information en tant que ressource vitale. La mise en réseau des différents acteurs (publics et privés) autour de projets innovants et l'accompagnement de ces acteurs dans leur trajectoire de développement et dans le renforcement de la position de leur territoire par rapport à l'environnement concurrentiel exige l'application de l'intelligence territoriale. Cette pratique permet d'apporter des réponses en termes d'accessibilité à l'information, traitement et protection du patrimoine informationnel, scientifique et technologique. La maîtrise de cette ressource informationnelle permet la bonne prise de décision et la production de connaissances suscitant de fortes valeurs ajoutées.

Sur le plan micro-économique, les PME, confrontées à l'intensification de la concurrence nationale et internationale et à la complexité de l'information, sont une minorité à s'approprier les pratiques de l'intelligence économique. Ceci peut s'expliquer par le manque de moyens et/ou de compétences des PME pour mettre en place des unités de veille et par la non perception des enjeux de l'intelligence économique par les dirigeants. La déclinaison au niveau local de l'intelligence économique permet donc de consolider les efforts de soutien, de valorisation et de sensibilisation des PME sur l'importance de cette pratique et constitue un atout leur permettant d'améliorer leur compétitivité et d'assurer leur pérennité. Dans ce sens, la compétitivité d'une organisation et donc sa pérennité dépend de plus en plus étroitement de sa capacité d'absorption de l'information, de sa capacité d'adaptation, de sa vitesse de réaction et de pro-action dans un environnement complexe.

La volonté de mettre en place une politique publique d'Intelligence Territoriale est née en 2004 lors des Rencontres Internationales de Tétouan. L'objectif était d'avoir une vision territoriale des bassins d'activités et de recueillir les différents savoirs faire afin d'agir en réseaux[287].

Selon Mohamed Assouali, vice-Président de la commune urbaine de Tétouan, « l'Intelligence Territoriale permet au territoire et aux organisations d'agir efficacement sur l'environnement, d'anticiper les grandes tendances et opportunités, d'alerter sur les menaces de perte d'attractivité, de compétitivité ou d'information ».

Afin d'encourager l'attractivité des territoires et le développement local, le Maroc a cherché à travers divers programmes à asseoir la compétitivité des territoires sur des nouveaux secteurs à fort potentiel d'innovation et se positionner ainsi dans le club des pays intégrant l'économie fondée sur la connaissance.

Conscient des nouveaux défis de la compétitivité et dans le but de créer un écosystème favorable à l'échange, au transfert des connaissances, à l'innovation et à la production de valeur ajoutée au niveau local, le Maroc a cherché à redynamiser l'économie marocaine par le lancement de différents plans de développement et l'adoption de politiques sectorielles, notamment les politiques industrielles de création et d'appui aux pôles de compétitivité. Cette stratégie s'est accompagnée par la création de zones et de plateformes industrielles qui constituent des espaces d'accueils aménagés mis à la disposition des investisseurs pour l'exercice de leurs activités dans les différents domaines liés à la production industrielle et destinées à leur fournir des infrastructures de base et favoriser la construction d'écosystèmes qui soutiennent le développement économique et local. L'intégration de ces plateformes renvoie à la recherche de synergie et à la mobilisation des pouvoirs publics autour d'une filière industrielle.

C'est ainsi qu'à partir des années 1995, la politique « Maroc compétitif » a œuvré pour le développement de secteurs de production à haute valeur ajoutée. Quatre secteurs ont fait l'objet de cette orientation : le tourisme, les produits de la mer, le textile et l'électronique.

---

[287] https://cellule.wordpress.com/lintelligence-territorial/Regard juillet-Août 2005

Dix ans plus tard, le Plan Emergence initié par le ministère de l'industrie a élargi l'offre du Maroc en promouvant de nouveaux secteurs constituant les métiers mondiaux du Maroc à savoir : offshoring, automobile, électronique, transformation des produits de la mer, aéronautique, textile et cuir, agroalimentaire.

L'actualisation du Plan Emergence a mené à la formalisation d'un contrat-programme ou pacte (pacte national pour l'émergence industrielle) couvrant la période 2009-2015, conclu entre l'Etat et le secteur privé. Parmi les chantiers phares de ce contrat figure la création de plateformes industrielles intégrées (P21), qui visent à focaliser les efforts et les investissements de l'Etat sur les métiers mondiaux du Maroc afin d'améliorer la position du royaume sur ces métiers et renforcer l'attractivité de ses différentes régions.

Suite aux résultats peu satisfaisants réalisés en termes de PIB industriel, emplois crées, exportations industrielles, le plan d'accélération industrielle 2014-2020 a été lancé par le ministère de l'industrie pour pallier à ces problèmes. Ce plan repose sur « la mise en place d'écosystèmes performants, visant l'intégration des chaînes de valeur et la consolidation des relations locales entre les grandes entreprises et PME ». Ce regroupement de PME autour de leaders industriels permet le partage de connaissance, de savoir-faire et de transferts de technologies.

En réponse aux objectifs de renforcement du potentiel industriel et innovateur des différentes régions et de valorisation de leurs atouts, plusieurs P21 ont été conçues dans le cadre de la déclinaison territoriale des divers programmes sectoriels. Certes, la production d'espaces pour l'entreprise est pensée comme un outil de meilleure répartition territoriale de l'activité. Au niveau géographique, les P21 sont réparties sur quelques régions du Royaume afin de tirer profit au maximum de leurs potentialités et de leurs atouts. Concernant les nouveaux métiers mondiaux du Maroc, les espaces qui leur sont dédiées reflètent la déclinaison des différentes politiques sectorielles.. Nous citons à titre d'exemple Tanger Automotive City, Technopole d'Oujda, Midparc, Atlantic free zone, Casanearshore, Parc de Jorf Lasfar, les agropoles de Meknès et de Berkane, le parc Haliopolis.

Cette logique renvoie à la notion de « territoires de projet », c'est-à-dire un territoire dont les intervenants sont exogènes et qui mobilisent et profitent des ressources qui échappent à la population locale, contrairement à la notion de projets de territoire qui relève du territoire construit, dont l'émergence puise dans ses propres ressources dévoilées par l'interaction et l'implication des acteurs locaux[288]. Selon Courlet Claude et Pecqueur Bernard, (2013), il s'agit de la vision de territoire octroyé[289].

Plusieurs expériences tels que la Silicon Valley en Californie, les réseaux de compétences allemands, les pôles de compétitivité français ont inspiré divers territoires qui ont fait le pari de prendre des initiatives en faveur de la création et du développement de ce réseau catalyseur de connaissances et d'innovation.

Au Maroc, la création et le développement d'agglomérations d'entreprises consacrées à l'innovation, constituent un atout majeur pour le renforcement des synergies entre les entreprises, les établissements de formation et de recherche. Nombre d'universités ont signé des conventions avec le ministère de l'industrie pour la construction de cités d'innovation : Université Mohammed V Rabat, Université Cadi Ayyad de Marrakech, Université Hassan 1 Settat, Université Sidi Mohammed Ben Abdellah de Fès.

Les clusters sont considérés comme des systèmes favorisant cette collaboration et permettant l'imbrication de la connaissance, de l'innovation et de la compétition sur un territoire sollicitant ainsi sa compétitivité. A ce jour, douze clusters sont opérationnels dans les secteurs industriels et technologiques. Parmi les principaux clusters, nous mentionnons les suivants : Electronique Mécatronique et Mécanique du Maroc, Menara, Moroccan Denim, Maroc Numeric, Agadir Halipole, E-Medina Smart City et Aerospace Moroccan. L'implantation de ces clusters cherche à atteindre un ensemble d'objectifs fondamentaux définis en amont tels que : la promotion de l'innovation, le renforcement du potentiel industriel marocain dans les secteurs de l'électronique, des technologies vertes, de l'aéronautique etc..., la création d'un environnement propice à l'émergence d'activités à fortes valeurs ajoutées, la promotion des relations inter

---

288 Courlet Claude et Pecqueur Bernard, (2013), « L'intérêt des indicateurs dans une approche d'intelligence territoriale », 2013, revues.imist.ma

289 Courlet Claude et Pecqueur Bernard, (2013), « L'économie territoriale ». Presses universitaires de Grenoble, 2013, www.researchgate.net

clusters et le renforcement de l'offre et la compétitivité des différentes régions.

D'autres clusters verront le jour à l'instar du cluster, AGRINOVA Meknès, en attente de labélisation par le ministère de l'industrie va permettre une valorisation du secteur de la biotechnologie et l'agro-industrie. Le secteur du tourisme qui connait une croissance rapide est appelé à abriter de nouveaux clusters, ceci rejoint la stratégie vision 2020 qui s'engage à accroitre l'importance du secteur et de le déconcentrer à travers la création de huit territoires dans le but de les doter d'une visibilité internationale et accéder au statut de destination à part entière. Le secteur de l'automobile qui avait été identifié comme pouvant accueillir deux clusters, l'un dans la plasturgie, l'autre dans la production de batteries, devrait voir ces projets se concrétiser dans les deux prochaines années.

Des clusters (potentiels) spontanés, porteurs de savoir-faire et à potentiel de développement ont été repérés dans le cadre des premières enquêtes menées sur les systèmes productifs localisés par la Direction des Aménagements et des Territoires (DAT). Plusieurs groupements industriels constitués spontanément au fil du temps ont été recensés et portent sur des industries culturelles qui façonnent l'identité des différents territoires à l'exemple de la poterie à Safi, du cinéma à Ouarzazate, du cuir à Marrakech, du zellige à Fès, de la joaillerie en argent à Tiznit…Deux clusters créatifs et culturels ont vu le jour suite au projet « Creative Mediterranean » initiative de l'Organisation des Nations Unies pour le Développement Industriel (ONUDI) et financés par l'Union Européenne et par l'Agence Italienne de la Coopération pour le Développement (AICD) :

-Marrakech creative interiors cluster qui regroupe les entreprises du secteur de la décoration et de l'ameublement.

-Cluster textile de maison de Casablanca

La réussite de l'expérience de clustérisassions nécessite de surmonter quelques entraves qui freinent la promotion d'un écosystème innovant ancré dans le territoire.

La faible relation entre l'université et l'entreprise traduite par quelques partenariats peut aboutir à un manque de vision partagée notamment en matière d'adéquation de la formation avec les besoins des entreprises. Cette inadéquation génère des scénarios de chômage, de déclassement ou sur classement qui empêchent de profiter pleinement du capital humain présent sur le territoire.

En ce qui concerne les efforts en matière de Recherches et Développement (R&D), les dépenses allouées à la recherche restent insuffisantes. Elles ne représentent que 0,7% du PIB selon les statistiques de l'UNESCO. Ce taux reste loin de l'objectif de dépenses d'investissement en R&D de 1% du PIB. De même, les activités de recherche et d'innovation sont principalement mises en œuvre par les universités publiques ainsi que par les 17 établissements publics de recherche (CNRST, CRTS, CNESTEN, IPM...), contre un petit nombre d'entreprises qui y participent (CERPHOS faisant partie de l'OCP, MANAGEM, ONEP...). Pour ce qui est du nombre de chercheurs pour un million d'habitant, il est de 1032 chercheurs. Tous ces indicateurs témoignent d'une décélération en matière de production de la connaissance.

En terme de compétitivité et de visibilité du territoire, le cluster a échoué à étendre ses bienfaits sur toutes les régions marocaines. Les disparités régionales continuent d'augmenter, les régions du centre restent privilégiées (Casa-Settat, Rabat-Salé-Kenitra) et Nord (Tanger-Tétouan-Al Hoceima) au détriment des autres régions tels que (Drâa-Tafilalet, Laâyoune-Saqia Al Hamra...). Selon les statistiques du HCP, la contribution des régions dans la formation du PIB montre que trois régions sur douze réalisent plus de la moitié du PIB (Casablanca-Settat (32,2%), Rabat-Salé-Kenitra (16%) et Tanger-Tétouan-Al Hoceima (10%) et concentrent l'essentiel de la richesse, des infrastructures, des entreprises et des services. De même, l'entrepreneuriat considéré comme vecteur de l'innovation et accélérateur du développement régional connait des disparités entre les douze régions du Royaume en termes de dynamique entrepreneuriale. Selon le rapport du Global Entrepreneurs hip Monitor (GEM), trois régions contribuent à l'activité entrepreneuriale nationale : régions de Casa-Settat (26,8%), Tanger-Tétouan-Al Hoceima (18,3%) et l'Oriental (13,4%)[290].

2.2.2. L'intelligence territoriale au service de la « régionalisation avancée » : entre la logique traditionnelle et la nouvelle division régionale

La méthode de préparation du découpage territorial est une première dans l'histoire du Maroc. L'intelligence territoriale était la méthode utilisée au service de la nouvelle division régionale. Elle propose pour la première fois une répartition territoriale basée sur une étude et application des méthodes d'intelligence économique territoriale par un groupe de chercheurs dans diverses disciplines[291].

Le rapport sur le découpage régional, qui a été soumis par le Comité consultatif régional à Sa Majesté le Roi sur la « régionalisation avancée », comprenait 12 régions, au lieu de 16 régions.

Avant, la division territoriale a été principalement soumise à des préoccupations de sécurité. Or, le nouveau découpage territorial caractérisé par la réduction du nombre de régions contribuera à réaliser le développement régional souhaité en se basant sur la recherche de terrain et sur des critères socio-économique, historique, géographique, social et culturel.

Le nouveau découpage territorial a coupé avec la logique traditionnelle selon laquelle chaque région devrait être attachée à un grand pôle urbain pour jouer le rôle de locomotive de développement avec toutes les marges afin de réaliser un développement régional complet. Or, les expériences dans ce domaine ont montré que dans de nombreux pays et notamment au Maroc, l'ancien découpage territorial a connu des limites. Au lieu de jouer leur rôle de locomotives pour le

---

[290] Dossiers de recherches en Economie et Gestion. Dossier 9, N° 1 : Juin 2020, « Les réalités de la veille stratégique et de l'intelligence économique », revues.imist.ma

[291] Nada et Nadia Berchane (2017), « L'intelligence économique territoriale, levier stratégique pour une régionalisation avancée au Maroc », Master Intelligence Economique et Stratégies Compétitives (M2 IESCI), 1 décembre 2017, promotion 2017-2018, master-iesc-angers.com

développement, les grandes villes et les capitales des régions ont monopolisé les projets et les ressources de l'autorité au détriment des villes et des villages marginaux. Avec la « régionalisation avancée », l'adoption d'une multiplicité de pôles urbains dans chaque zone, peut contribuer à la réalisation d'un équilibre et d'une justice territoriale.

De plus, la réduction du nombre des régions contribuera à réduire les coûts de gestion des affaires publiques régionales et à couvrir les dépenses de l'Etat. De même, l'adoption d'un plus petit nombre d'acteurs permettra également la construction de grands pôles régionaux capables de formuler de véritables plans de développement et de mutualisation des moyens pour réaliser des projets de meilleure taille et de meilleure qualité.

Afin d'assurer toutes les conditions du développement territorial intégré, chaque ministère devrait être représenté par une direction régionale rattachée aux intérêts du Premier ministre et placée sous l'autorité directe des gouverneurs.

2.2.3. La stratégie de labélisation, une pratique d'intelligence territoriale et d'attractivité territoriale

Il s'agit d'analyser l'impact de la Marque ou label à indication géographique sur l'attractivité territoriale. Autrement dit, comment la marque ou label peuvent-ils accroitre l'attractivité d'une région ?

Selon l'American Marketing Association (AMA) : « La marque est un nom, un terme, un signe, un symbole, un dessin ou toute autre combinaison de ces éléments servant à identifier les biens ou services et à les différencier des concurrents ». La marque est dite collective lorsqu'elle peut être exploitée par toute personne respectant un règlement[292]. Elle est délivrée par un organisme officiel ou professionnel.

Les labels ou marques sont donc des instruments qui doivent être utilisés par les différents acteurs du territoire (entreprises, associations…) afin de valoriser leur territoire, développer l'attractivité et présenter une offre qualitative sur le marché national et

---

[292]Article 166 de la loi 17-97 relative à la protection de la propriété industrielle au Maroc

international. Ainsi, toute stratégie de labélisation choisie par les acteurs d'un territoire pour le développement de l'attractivité territoriale est une responsabilité partagée entre les composantes d'un territoire. Seulement, la création des marques ne permet en aucun cas des retombées à part égale entre les territoires, puisque chacun a un environnement différent (village, ville ou métropole).

En prenant comme exemple le secteur de l'artisanat au Maroc, peut-on considérer la labélisation dans ce secteur comme vecteur majeur de l'attractivité territoriale ?

Avant la création du label, tout produit de l'artisanat se vendait au niveau national ou international sans aucune valeur ou garantie de qualité ou même une indication du territoire d'origine et donc son origine géographique. Aujourd'hui et grâce au label, les exportations des produits artisanaux ont connu une bonne performance. Elles ont réalisé un chiffre d'affaires important enregistrant un taux de croissance à deux chiffres.

S'inscrivant dans une approche volontariste de l'Etat et lancée en réponse aux objectifs stratégiques du Ministère de l'Artisanat et de l'économie sociale et solidaire à travers « la vision 2015 », la stratégie de labélisation est un instrument de protection du patrimoine artisanal marocain, de garanti de la qualité et des origines territoriales des produits artisanaux par la création d'un panel de labels et de marques. Elle a pour objectifs la création d'emplois additionnels afin de lutter contre le chômage, la réhabilitation du secteur artisanal en tant que vecteur de développement économique et social ainsi que le changement du rôle de l'administration appelée à passer d'une administration de gestion à une administration de développement avec la collaboration de tous les acteurs du secteur.

Les axes de développement selon la chaîne de valeur concernent les programmes de base (la production, la promotion et la commercialisation) et les programmes d'appui (formation et qualification, conditions de travail et de vie des artisans, recherche et développement, préservation du patrimoine, organisation institutionnelle et système d'information.

Ainsi, le « LABEL NATIONAL » ainsi que le « LABEL PRODUIT REGIONAL » portent l'appellation d'origine du territoire[293]. Le Label a un impact positif sur l'image de marque nationale et régionale. C'est la reconnaissance qu'un produit possède un ensemble de qualités et de caractéristiques spécifiques notamment en raison de ses conditions de production, de fabrication et, le cas échéant, de son origine géographique. Les produits de l'artisanat jouent un rôle d'ambassadeur de la marque territoriale et du patrimoine culturel dans plusieurs pays étrangers.

En plus des LABEL, la stratégie du ministère de l'artisanat vise la mise en place d'identifiant géographique dans le secteur de l'artisanat qui permet d'offrir aux producteurs un avantage compétitif et la possibilité de se positionner sur un segment de produits de haute qualité. Il s'agit de créer des marques de certification collective à identifiant géographique « IG »[294]. L'identifiant géographique a un impact positif sur l'économie du territoire et répond exactement au critère d'attractivité de développement endogène : Il permet la création de l'emploi limitant l'exode rural. Il représente un obstacle face au phénomène de délocalisation de la production puisqu'il ne peut être produit que sur le territoire défini en raison soit de la matière première soit de facteurs humains (savoir-faire des artisans et d'autres caractéristiques uniques. Il permet aussi la protection de l'environnement, la préservation des savoirs traditionnels et de la biodiversité. L'« IG » est un outil marketing incontournable pour la valorisation de l'attractivité d'une région. Il offre un avantage de compétitivité sur les marchés à l'international du fait que son utilisation permet de transformer tout produit en produits commercialisables sur les marchés internationaux.

L'exemple à donner des retombées positives du LABEL sur le territoire est celui de la ville de Bzou, située dans la région de Béni

---

[293] L'article 181 de la loi 17697 relative à la protection de la propriété industrielle définit l'appellation d'origine comme étant « la dénomination géographique d'un pays, d'une région ou d'une localité servant à désigner un produit qui en est originaire et dont la qualité, la réputation ou autres caractéristiques déterminées sont dues exclusivement au milieu géographique, comprenant des facteurs naturels et des facteurs humains ».

[294] Selon l'article 180 de la loi 17-97 relative à la propriété industrielle, l'indication géographique est « toute indication qui sert à identifier un produit comme étant originaire d'un territoire, d'une région ou d'une localité de ce territoire, dans le cas où une quantité, réputation ou autre caractéristique déterminée du produit peut être attribuée essentiellement à cette origine géographique… »

Mellal-Khénifra[295]. La délocalisation de la production artisanale de cette ville vers les grandes villes telles que Casablanca, Fès, Rabat, etc… a eu pour conséquences la baisse de l'activité artisanale de l'étoffe dans la ville de Bzou considérée comme l'une des rares sources de revenu pour la majorité des artisans, la hausse du chômage, l'exode rural et la perte de son origine territoriale.

Or, avec la création de la marque collective de certification L'ETOFFE BZOU, les investisseurs se retrouvent face à l'obligation de produire cette étoffe au sein même de la ville de Bzou et bénéficier du droit d'usage de la marque. De ce fait, grâce à la marque collective de certification L'ETOFFE BZOU, la ville Bzou a pu connaître :

-une limitation de l'exode rural, ce qui a permis à la population locale de reprendre son activité et maintenir la force de production qui était répartie dans toutes les villes.

-La création de l'emploi au niveau de la région de BZOU.

-La préservation de l'origine du produit.

-La garantie de la qualité des matières premières, du savoir-faire et du processus de fabrication.

-Promouvoir le territoire et le faire connaître à travers la commercialisation d'un produit labélisé et étiqueté « ETOFFE DE BZOU ».

-Répondre au besoin du marché national et international.

-La création des coopératives spécialisées dans ce produit au niveau du territoire.

Ainsi grâce à la marque collective de certification L'ETOFFE BZOU, le territoire de Bzou détient désormais un avantage absolu, compte sur ses propres forces et fait l'objet d'attractivité de

---

[295] Abderrahman Alaoui Ismaili (2017), « La contribution de la marque à indication géographique à l'attractivité territoriale » : La labélisation dans le secteur de l'artisanat au Maroc », Joussour, Revue de l'éducation, la culture et la recherche scientifique, publiée par le Centre Régional des Métiers de l'Education et de Formation Fès-Meknès 4/2017

développement endogène. La stratégie de labélisation peut donc être considérée comme une pratique d'intelligence territoriale et d'attractivité territoriale.

3. Les enjeux de l'intelligence économique et territoriale au Maroc

3.1. Les enjeux de « l'intelligence économique » au Maroc

3.1.1. Enjeu de l'intégration du Maroc dans les réseaux mondiaux et défis de la concurrence et de la compétitivité.

Avec la mondialisation des échanges et les nouvelles normes du commerce international (la qualité des produits, les labels, les règles du commerce (OMC, AGCS, etc…), l'intégration du Maroc dans les réseaux mondiaux et l'accès aux différents marchés constituent le premier défi d'un pays jeune comme le Maroc et de l'entreprise marocaine en particulier[296]. De ce fait, l'adoption de l'intelligence économique comme instrument de gestion des entreprises a été motivée par l'accélération des bouleversements dans l'économie mondiale.

De plus, deux actions concrètes ont accompagné le mouvement mondialisé de l'économie marocaine depuis l'indépendance politique du pays :

-Le Maroc a cherché à développer une offre de services qui permet à une classe moyenne d'émerger dans sa société et commence à accéder aujourd'hui au dynamisme industriel nécessaire pour produire les nombreux biens de consommation « de masse », mondialement standardisés.

-L'échange de messages entre interlocuteurs, la conversation, le dialogue se sont aussi libéralisés avec la croissance des activités économiques. Pour certains économistes, le monde serait devenu un grand centre commercial où se déroule tout type d'échanges et où le

---

[296]Zahra Mansouri (2013), « Intelligence économique et compétitivité de l'entreprise marocaine : Quelle interaction ? », dans Marché et Organisations 2013/2 (N°18), p. 109 à130

marché financier peut être considéré comme le plus mondialisé de tous les autres marchés.

Dans cet ensemble en cours de formalisation qu'est l'économie nationale, le Maroc profitera de plus en plus de sa position géographique et stratégique tout en prenant en considération :

-L'intensification de la concurrence internationale, avec un rôle accru de l'innovation et du capital humain dans la construction des avantages compétitifs des nations.

-La prééminence des services : la mondialisation de l'économie s'est accompagnée d'une intensification des échanges internationaux et de leur diversification. La structure du commerce mondial est dominée par la croissance du commerce des services, ce qui témoigne que les perspectives de croissance des marchés mondiaux les plus prometteuses se trouvent dans les services.

-La mondialisation croissante des économies est largement impulsée par l'essor remarquable des nouvelles technologies de l'information et de la communication (TIC), d'où la complexité et la vitesse de l'information.

Ces paramètres mettent les Etats et les entreprises face à une masse d'information surabondante dont la portée et la pertinence requièrent la mise en place d'un dispositif dit « d'intelligence économique ». Ce qui distingue les entreprises, c'est leur capacité de recueil, de traitement et d'analyse de l'information servant la décision. Il faut souligner également que les industries jeunes sont celles où l'information est créée et traitée à hausse vitesse, ce qui doit engendrer l'accroissement de la taille de la firme du fait même de l'internationalisation de l'information produite[297].

Nous relèverons donc les nouvelles exigences liées à la disponibilité d'une information à jour, complète et spécifique. Devant ces changements, tout pays se trouve confronté à deux choix :

---

[297] Zahra Mansouri, op. cit.

-Le premier consiste en un comportement isolationniste et au risque d'une marginalisation par rapport à l'évolution de l'économie mondiale.

-Le second met l'accent sur une participation active à l'économie mondiale afin de relever les défis de la concurrence et de la compétitivité.

Pour tirer profit des opportunités qui se présentent sur la scène mondiale, le Maroc a opté pour le deuxième choix pour faire face à :

-Un contexte mondial en mutation rapide, dont le rythme s'accélère encore sous l'effet conjugué des crises économiques et financières, laissant entrevoir un nouvel ordre concurrentiel, avec de nouvelles règles de définition des avantages compétitifs.

-Des enjeux mondiaux déterminants reflétant la nécessité d'aborder la compétitivité en tenant compte de l'évolution démographique, des déséquilibres environnementaux, de la globalisation financière et de l'accélération du développement technologique.

3.1.2. Enjeu stratégique

La stratégie de développement permettra d'identifier les enjeux décisionnels et de déterminer les besoins réels d'information. Le système d'intelligence économique doit être connecté à la stratégie globale de développement. L'IE est une pratique très importante dont on ne peut plus se passer aujourd'hui. Les plus grandes puissances et les plus grands acteurs internationaux l'ont bien compris et l'ont intégré dans leur système de fonctionnement.

L'Institut Marocain de l'Information Scientifique et Technique (IMIST) a effectué la première enquête sur les besoins en information scientifique et technique et la pratique de la veille des entreprises de cinq secteurs des industries de transformation (le secteur des industries du textile, celui de l'habillement et du cuir (ITHC), et 32 PMI exportatrices du secteur des industries agro-alimentaires (IAA) situées dans la Région du Grand Casablanca[298]. L'étude montre que

---

[298] Philipe Clerc (2005), « Regards sur le Monde : L'intelligence économique au Maroc » - N°10 - Juillet/Août 2005 56 IE-au-Maroc-RIE.pdf6LE Portail Africain de l'intelligence

les responsables de PME-PMI ont conscience que l'information constitue un élément clé pour le développement de l'entreprise et que la pratique de la veille devient incontournable comme c'est le cas en Europe. Mais, les pratiques liées à l'information demeurent non structurées et les pratiques de la veille aléatoires, peu formalisées. Les moyens, l'organisation et les outils font défaut.

De ce fait, pour que le Maroc puisse subsister et rester compétitif sur la scène internationale, bien plus que d'adopter et généraliser cette démarche à tous les niveaux, le pays doit développer son propre modèle d'IE[299].

Pour reprendre les mots du Abdelmalek Alaoui, président de l'Institut marocain d'intelligence stratégique (IMIS), le marocain doit devenir hybride et apprendre à surveiller comme les Chinois, analyser comme les Français et avoir la compétitivité des Américains.

3.1.3. Enjeu institutionnel et juridique

La mise en place du système d'intelligence économique nécessite la mise en place d'une agence spécialisée pour l'utiliser et rassembler diverses initiatives dans le cadre d'un partenariat public-privé. Par ailleurs, la définition d'un cadre législatif clair et adapté aux conditions spécifiques du Maroc est un enjeu majeur, car il déterminera l'avenir de la pratique marocaine et contribuera à assurer sa mise en œuvre. En ce sens, l'article 27 de la Constitution stipule le droit d'obtenir des informations, et la loi n° 31-13 en est l'incarnation, mais d'autres problèmes se poseront dans son efficacité et sa mise en œuvre.

3.1.4. Enjeu managérial et organisationnel

L'expansion des technologies de l'information et de la communication nécessite une gestion stratégique de l'information. Obtenir les informations utiles pour prendre des décisions et faire des choix stratégiques est un défi de taille de tous les participants économiques. Ainsi, un système de veille rigoureusement conçu

---

299 Ikram Bouzikar (2020), « Les défis de l'intelligence économique au Maroc », le 06/11/2020, mis à jour le 18/11/2021) □ maroc-intelligence-economique.jpg

permettra aux institutions publiques d'acquérir des connaissances sans tomber dans le piège d'une surprotection de l'information.

Afin de montrer que l'Intelligence Economique au Maroc connait un défi organisationnel, la rencontre organisée par l'Association Marocaine des Exportateurs (ASMEX) en partenariat avec Bank of Africa – BMCE Group avait pour but de présenter aux exportateurs le rôle de l'intelligence économique dans les stratégies d'exportation et la manière dont elle peut être utile aux PME marocaines.

Certes, lors de cette rencontre, on a avancé que, malgré l'engagement du Royaume à développer ce domaine et l'existence d'expériences réussies au sein des grandes entreprises et administrations, les entreprises marocaines ont encore beaucoup de retard par rapport à leurs homologues européens.

A l'issue de cette rencontre, Ahmed Kathir (président de la commision Financement, Assurance et Veille au sein de l'Association Marocaine des Exportateurs) a déclaré :

« Aujourd'hui, beaucoup de PME marocaines considèrent que l'intelligence économique est un domaine réservé aux grandes entreprises. Nous souhaitons créer un déclic et pousser les PME et les exportateurs à s'engager dans ce qui n'est plus une option, mais une nécessité ». D'ailleurs, la conférence tournait autour de la question suivante : « Comment le Maroc peut-il se positionner pour conquérir de nouveaux marchés grâce à l'intelligence économique ? ».

De son côté, Omar Ezziyati (Directeur de la veille stratégique) a expliqué ce retard par deux raisons principales à savoir une sémantique peu adaptée et des limitations organisationnelles. « La plupart des PME ont adopté un style de management rigide, ou autoritaire, défini par deux choses : le respect de la hiérarchie et la centralisation de l'information ».

Selon les participants, la mise en place de processus d'intelligence économique est plus efficace lorsque la culture organisationnelle est propice au partage d'information. Il est donc important, selon la même source, d'adopter une approche progressive en commençant par la sensibilisation, et de fournir aux PME marocaines des outils pratiques, concrets et mesurables.

De son côté, Ahmed Kathir a précisé que le projet de Zone de Libre-échange Continentale Africaine (ZLECAF) amplifie d'autant plus l'importance de développer l'intelligence économique des entreprises marocaines, notant que les processus de veille stratégique, de sécurité et d'influence, seront essentiels pour que les opérateurs marocains puissent asseoir leur avantage compétitif et se placer comme une puissance régionale au sein de l'échiquier africain[300].

3.1.5. Enjeu culturel :

L'adoption de la démarche d'intelligence économique par les entreprises marocaines s'impose comme une nécessité garantissant leur bonne gouvernance et leur épanouissement.

Certes, l'Intelligence économique est utile à tous les niveaux et dans tous les services. C'est une pratique dont les impacts sont bien réels. Elle permet de dévoiler les opportunités non apparentes, de déceler les failles ou les manques d'un système, d'anticiper les besoins des consommateurs, d'innover, de connaître les différents profils des entreprises concurrentes.

Seulement, l'enjeu culturel est décisif. Ceci s'explique par les faits suivants donnant lieux à de nombreuses interprétations quant à l'utilisation de cette pratique :

-Bien que l'on distingue déjà plusieurs activités et institutions de l'intelligence économique au Maroc, celle-ci est encore très peu répandue dans le pays. D'ailleurs, certains pensent que l'Intelligence économique est un savoir qui est réservé seulement aux hauts cadres et membres de la direction. D'autres estiment que la recherche d'informations relève du domaine des spécialistes et experts et que cette pratique est difficilement réalisable dans le pays par manque de moyens technologiques adaptés. Or, la réalité montre que même si le pays dispose d'une certaine technologie, très peu de personnes sont initiées à cette pratique. Les croyances constituent un frein à l'Intelligence économique au Maroc.

---

[300] Khadija Khettou (2021), L'Intelligence Economique au Maroc: un défi organisationnel, «Comment le Maroc peut-il se positionner pour conquérir de nouveaux marchés grâce à l'intelligence économique ?». Tel est le thème du webinaire organisé par l'Association Marocaine des Exportateurs (ASMEX) en partenariat avec Bank of Africa – BMCE Group. jeudi 6 mai 2021, Hespress.

-La mise en place d'un système d'intelligence économique passera inévitablement par une sensibilisation et le développement d'une culture de partage de l'information, notamment dans le domaine public.

-La culture de rétention de l'information se fait toujours au détriment des attentes. Cela demande beaucoup d'efforts, principalement au niveau éducatif[301].

-La faible croyance des PME en l'Intelligence économique : Les grandes entreprises en ont fait leur pilier de développement tandis que pour la majorité des PME, elle représente soit un luxe, soit une option facultative, voire sans intérêt pour leur activité[302]. Les PME ne croient en l'intelligence économique que lorsque leurs concurrents y font recours et que les résultats sont meilleurs.

-La faible utilisation de l'Intelligence économique dans l'environnement de l'entreprise : La tentative de sensibilisation des PME devient encore plus difficile lorsque leur environnement ne contient pas d'organisme qui pratique l'intelligence économique. Dans le bassin méditerranéen, nous avons une culture qui n'encourage pas l'échange de l'information. Cette réalité s'impose surtout dans le monde des affaires, où chacun garde l'information pour soi.

Ainsi, vu l'intérêt de l'Intelligence économique pour le développement des entreprises marocaines, il est donc nécessaire de les convaincre, particulièrement les PME de s'approprier des mécanismes et une organisation visant à pratiquer l'Intelligence économique. De plus, il est important que toute l'organisation soit formée à la pratique de l'Intelligence économique, décideurs comme employés. Le management de l'information doit être au centre de toutes les politiques et des systèmes d'ingénierie stratégiques installés.

---

301 Mouna Lafrem, « La pratique de l'intelligence économique dans les administrations publiques marocaines », Thèse de Doctorat, Université Hassan II, FSJES Mohammedia, Laboratoire de recherche en Intelligence Stratégique,

302 Bruno Texier (2019), L'intelligence économique face aux enjeux contemporains, le 29/04/2019, www.archimag.com

Selon certains économistes, l'Intelligence économique se définit comme la compréhension d'une situation. Autrement dit, essayer de décoder ce qui se passe et se renseigner pour comprendre. Ce sont deux approches différentes, mais qui ont le même résultat. Il faut se renseigner pour comprendre et à partir de là trouver une solution.

Au Maroc, il existe, bien évidemment, une culture et une pratique marocaine de l'intelligence économique, dont beaucoup de réalités demeurent informelles et à explorer (pratiques stratégiques, pratiques de veille, culture du réseau, de la négociation, culture de la concurrence …).

Mohammed. Mbarki, wali de Tétouan en 2004, avançait la nécessité d'une conception marocaine de la démarche d'Intelligence économique prenant en compte la richesse du socle culturel marocain, comme avantage culturel, coopératif et concurrentiel. Il a rappelé à ce propos la richesse que constitue la rencontre au Maroc, des différentes cultures (arabo-musulmane, latino-andalouse...), d'où l'approche de « l'Intelligence sociale » pour une première lecture des pratiques de l'Intelligence économique au Maroc. Selon Stevan Dedijer, la démarche « d'Intelligence sociale » est l'approche la mieux adaptée pour « faire émerger » les systèmes d'intelligence nationaux, voire pour les pays émergents à les créer. Il définit « l'Intelligence sociale » comme « l'ensemble des activités d'une société, reliées à l'intelligence, la capacité à s'adapter, répondre à des circonstances changeantes, afin de réaliser des objectifs de développement décidés ». On parle aussi aujourd'hui de l'intelligence collective d'un pays qui repose sur la taille et le dynamisme de son secteur de la connaissance, ainsi que sur la densité et la qualité de ses réseaux d'information et d'expertise[303].

Dans un tel contexte et afin de faire face à la concurrence mondiale, rattraper son retard économique et technologique et s'intégrer dans les systèmes productifs à l'échelle mondiale, le Maroc doit veiller à réaliser la conception d'un modèle de développement prenant en compte la richesse du socle culturel marocain, comme

---

[303] Philipe Clerc (2005), « Regards sur le Monde L'intelligence économique au Maroc » - N°10 - Juillet/Août 2005 56 IE-au-Maroc-RIE.pdf6LE Portail Africain de l'intelligence…

avantage culturel, coopératif et concurrentiel, un modèle de développement durable valorisant l'identité et l'histoire culturelle marocaine comme levier d'influence et avantage compétitif.

3.2. Les enjeux de « l'Intelligence territoriale »

La mise en œuvre de méthodes d'Intelligence territoriale à faible coût se heurte à plusieurs enjeux. Ces enjeux sont derrière la mise en place d'une démarche d'Intelligence territoriale, dont le principal objectif est l'optimisation des actions d'influence et de lobbying utiles et pour le territoire et pour ses acteurs économiques, institutionnels ou associatifs en vue du développement économique et industriel d'un territoire.

3.2.1. Enjeu lié à la faiblesse des réseaux d'appui territorialisé au développement

L'un des obstacles à l'application de l'intelligence territoriale au Maroc pourrait bien être la faiblesse des réseaux d'appui territorialisé au développement, dont on sait aujourd'hui combien ils sont essentiels pour organiser l'approvisionnement des bassins d'activités et des réseaux d'entreprises en ressources : informations, veilles, innovation, financement, conseil, transfert de technologie…Ce sont ces structures, telles que les Centres techniques, les Ecoles d'ingénieurs, les Universités, les Chambres de commerce et d'industrie, les réseaux de diffusion technologiques, qui devront être mis en capacité d'agir et de se densifier par les institutions telles que les ministères de l'industrie, de la recherche, du commerce extérieur. Mais, plus précisément encore, l'Intelligence économique nécessaire aux stratégies de développement des PME et de leurs territoires doit être coproduite : par l'entreprise, les professions, les collectivités locales et les centres de ressources. C'est pour le Maroc tout l'enjeu de la politique d'Intelligence territoriale naissante.

En septembre 2004, une étude sur le "développement de bassins d'emplois et les Systèmes productifs au Maroc" a validé l'intérêt de cette forme d'organisation pour un pays émergent comme le Maroc. Il est intéressant de constater qu'en Indonésie, des expériences de ce type ont été lancées avec succès par la Banque mondiale[304]. Il faut espérer que cette étude et l'investissement qu'elle a représenté servira de base aux créateurs de la politique d'Intelligence territoriale qui se profile au Maroc.

3.2.2. Enjeu lié à « l'absence de capitalisation du savoir et le manque de vision à long terme »

Dans un rapport de l'Université Al Akhawayn sur les enjeux de l'économie de la connaissance au Maroc : « l'absence de capitalisation du savoir et le manque de vision à long terme », le rapport relève que les publications scientifiques annuelles sont jugées peu nombreuses.

3.2.3. Enjeu d'influence lié à la concrétisation du contenu des engagements et des projets

Les décideurs marocains publics et privés ont désormais devant eux un enjeu de taille : concrétiser le contenu des engagements et des projets. Or, ces engagements dépendent d'autres dynamiques, dans d'autres pays émergents. Au-delà de l'importance stratégique que revêt l'Intelligence économique pour le Maroc, le sujet devient enjeu d'influence. La politique d'Intelligence économique, la volonté des décideurs marocains de se doter d'une capacité d'agir « en stratégie et en influence », devient un enjeu entre l'Europe, plus précisément la France et les Etats-Unis[305].

3.2.4. Enjeux socio-économiques

D'autres enjeux sont à prendre en considération notamment :

-Réaliser des projets en vue de créer de l'emploi et de la richesse.

---

[304] Philipe Clerc (2005), « Regards sur le Monde L'intelligence économique au Maroc » - N°10 - Juillet/Août 2005 56 IE-au-Maroc-RIE.pdf6LE Portail Africain de l'intelligence…

[305] Philipe Clerc, Regards sur le Monde L'intelligence économique au Maroc » - N°10 - Juillet/Août 2005 56 IE-au-Maroc-RIE.pdf6LE Portail Africain de l'intelligence…

[305] Guedira Jihane (2018), « De l'intelligence économique à l'intelligence territoriale », le 9 janvier 2018, https://master-iesc-angers.com

-Développer la connaissance du territoire pour mieux maîtriser ses ressources.

-Anticiper et éviter les menaces issues des mutations économiques : Les évolutions de marché, les ruptures et les risques ...

-Lister les bonnes pratiques dans d'autres territoires pour réaliser un Benchmarking.

-Améliorer l'attractivité des territoires.

-Animer les réseaux de développement économiques et social du territoire.

-Développer une capacité de réaction rapide face à des situations de crise.

-Réaliser un marketing territorial à travers la maitrise des savoir-faire et des produits du territoire.

-Améliorer le contrôle des infrastructures : routes, réseaux...

-Développer l'activité économique autour de certaines activités considérées comme stratégiques pour ce territoire[306].

4. Recommandations sur l'Intelligence économique et territoriale

4.1. L'Intelligence économique et territoriale, un outil stratégique du développement du territoire

L'information est devenue une ressource stratégique pour les acteurs publics et privés. La difficulté n'est plus de l'obtenir, mais de la gérer et de la protéger, car ce sont ces deux dimensions qui en font un avantage compétitif et qui font de l'Intelligence économique et territoriale un outil stratégique indispensable. C'est une pratique utile, car elle sert à identifier les stratégies et les modes de positionnement en vue de définir les modalités d'action.

Cette pratique commence à peine à prendre racine au Maroc, et perçue comme un phénomène de mode, mais encore loin d'être une pratique systématique. L'analyse de l'expérience marocaine en cette matière a montré que les initiatives sont nombreuses et concernent des secteurs d'activité très variés, mais risquent malgré tout d'être redondantes, alors que l'activité de veille est coûteuse en temps et nécessite des moyens matériels et humains conséquents. Il est en effet primordial de coordonner l'ensemble des actions entreprises au niveau national afin d'assurer l'efficacité du dispositif d'Intelligence économique.

Au niveau régional, il faut décliner une politique régionale d'information et d'intelligence économique destinée à :

-Favoriser l'Intelligence économique et territoriale.

-Inventer de nouvelles stratégies d'aménagement du territoire en capitalisant sur la valorisation des réseaux locaux de compétence et en favorisant les partenariats publics/privés.

-Optimiser les flux d'information entre le public et le privé.

-Définir une stratégie concertée de développement économique et technologique du territoire, en s'appuyant sur les pôles d'excellence et les pôles émergents.

-Mettre en œuvre des moyens d'anticipation, d'innovation et d'influence par la pratique de l'Intelligence économique au service du rayonnement international de la région.

-Créer une dynamique régionale en favorisant le regroupement des collectivités publiques et des institutions territoriales autour de projets stratégiques communs[307].

4.2. La dimension culturelle du développement territorial, élément clé de l'Intelligence économique et territoriale

La notion de territoire correspond non seulement à une évolution de la réalité économique caractérisée par l'organisation de plus en plus territorialisée de la production, mais dépend aussi du contexte

---

[307] https://portail-ie.fr/resource/glossary/74/intelligence-territoriale

socioculturel et historique, c'est à dire des modes d'organisation de la vie sociale et de la production qui sont ancrés territorialement et donc de la spécificité des territoires (Benko, 2007).

Ainsi, selon Kuhn (1972), l'introduction de la notion de territoire, au-delà de la problématique de son aménagement, constitue une forme de révolution scientifique en économie spatiale. C'est, en effet, cette notion qui a permis le passage d'une définition classique de l'espace « contenant passif », lieu de déploiement des stratégies de localisation des firmes et simple réceptacle des activités, à une définition plus large d'un espace socialement organisé, producteur de ressources spécifiques et acteur du développement[308].

Il est donc recommandé dans le cadre du développement territorial de prendre en considération aussi bien le rôle des politiques publiques et des acteurs locaux dans le développement et l'organisation territoriale, mais aussi de la dimension culturelle et des spécificités culturelles propre à chaque territoire qui est au cœur de la dynamique territoriale. Selon Pierre Bungener (1978), « Une culture est le résultat d'options fort anciennes, d'influences complexes et représente une tentative plus ou moins adroite d'adapter une manière de vivre, de penser et d'agir, aux obligations créées par un cadre physique et historique, d'inventer des réponses à des besoins qui ne sont pas seulement matériels, mais intellectuels, affectifs, spirituels, de dominer sa situation. C'est en quelque sorte la voie par laquelle l'homme s'assure son bien-être dans le monde »[309].

Durant les dernières décennies, plusieurs grandes institutions internationales (UNESCO, Conseil de l'Europe) ou nationales (le Conseil Economique et Social, le CNER) ont suscité une réflexion autour du thème « culture et développement économique » en mettant en relation les deux concepts « Economie » et « Culture » insistant sur

---

308 René Kahn (2010), « La dimension culturelle du développement territorial », Revue d'Economie Régionale & Urbaine, 04/10/2010

309 Pierre Bungener (1978), in « Le développement insensé », Éditions L'Age d'Homme, 1978

la culture comme facteur de développement, en défendant l'identité des territoires et la diversité culturelle inter-régionale[310].

De nombreuses observations empiriques ont révélé l'impact des cultures régionales sur le développement et ont fait l'objet de débats entre les économistes régionalistes ouvrant de très nombreuses pistes pour la compréhension des dynamiques territoriales.

Selon certains économistes notamment Granier et Robert (2002), la culture est une composante difficilement assimilable pour l'analyse économique. Seulement, ils avancent que les structures culturelles psychiques (mentales) ou sociales qui encadrent les comportements économiques ont des retombées positives sur le développement régional et territorial.

De son côté, Meyer (2002) insiste sur le rôle de la culture régionale dans l'édification des gouvernances collectives et la formation « d'unions pour l'intérêt général ».

Greffe (2005) note que la culture locale est inscrite dans le patrimoine et le capital social et apparaît donc aux actifs territoriaux et elle est à la base du fonctionnement des systèmes productifs localisés. Il insiste sur l'impact des activités et politiques culturelles sur le développement régional (produits culturels, métiers d'art, foires, festivals, etc…) et sur le rôle de la culture locale dans la résolution des problèmes de cohésion sociale.

---

[310] Le premier colloque de ce type a été organisé en mai 1986 à Avignon.- Weimar, mai 1999, colloque organisé par le Congrès des pouvoirs locaux et régionaux (CPLRE) du Conseil de l'Europe, dans le cadre de l'opération « ville européenne de la culture », intitulé : *« La culture comme facteur économique »*. En mai 2000, le colloque organisé par l'Université d'Avignon, avec le soutien de l'Union provençale et les collectivités de PACA *« Cultures régionales et développement économique »*. En septembre 2001, à Bayonnes Cinquièmes Rencontres Ville-Management *« Démocratie & Management local / cultures et pratiques »* mettait en particulier l'accent sur la décentralisation des politiques culturelles. En mars 2002, à Dampremy-Charleroi, *« Villes & communes, Quelles politiques culturelles ? »*. Ce colloque organisé par le Ministère de la Communauté française mettait en exergue l'importance des facteurs culturels pour les politiques locales de re-développement des régions en difficulté. https://doi.org/10.3917/reru.104.0625

De plus, l'auteur ajoute que la culture et les politiques culturelles ont des retombées positives locales sous forme d'effets. Elles contribuent :

-à favoriser les activités innovantes, d'où « l'effet d'innovation ».

-au développement par l'aval, par la sensibilisation du consommateur au tourisme culturel, d'où « l'effet filière ».

-au renforcement des capacités de création et d'innovation dans les entreprises, d'où « l'effet ressources humaines » ou « compétences ».

-à la restauration de la confiance et augmentation de l'attractivité territoriale, d'où « l'effet d'image ».

-à la capacité d'exercer un puissant effet de levier sur le développement basé sur les spécificités économiques et culturelles de la région et donc en associant à la fois activités économiques et les sources de valeurs humaines, d'où « l'effet d'intégration sociale ».

-au renforcement de la capacité de produire et de commercialiser la production locale à l'intérieur ou à l'extérieur de la région, d'où « l'effet de levier sur la création de produits ».

Ces effets sont utiles à l'économie régionale et locale. Cependant, ils peuvent être écartés par une approche et une gestion purement économique basée sur l'innovation et les capacités créatrices, du fait que l'approche culturelle obéit à ses propres logiques, d'où la nécessité d'une coopération entre la sphère économique et la sphère culturelle. Le territoire est une résultante du dialogue économie-culture.

C'est ainsi que les auteurs de la nouvelle économie géographique intègrent le facteur historique et culturel dans le développement régional pour expliquer comment se construit une spécialisation régionale et reconnaît le rôle des externalités dans la constitution de rendements d'échelle croissants. De plus, ils ajoutent que l'ouverture d'une région à l'économie internationale ne résulte pas du seul comportement des firmes et des agents pris individuellement, elle est le produit d'un construit collectif.

Pour plusieurs auteurs et plusieurs écoles faisant parti du courant évolutionniste et analysant la socio-économie (John Stuart Mill à Oliver E. Williamson, Amartya Sen ou Douglas C. North, Von Mise, Hayek), Keynes), la science économique a elle aussi une histoire et son contenu est hétérogène. L'histoire des doctrines économiques doit dépasser le schéma néo-classique pour intégrer dans les modèles standards certains aspects des fondements sociaux, institutionnels et culturels des pratiques économiques[311].

---

[311] René Kahn (2010), « La dimension culturelle du développement territorial », Revue d'Economie Régionale & Urbaine, 04/10/2010

Conclusion

La convergence des concepts d'Intelligence économique et d'Intelligence territoriale doit permettre d'aboutir à une intelligence collective des territoires, qui se construit progressivement autour de la synergie de projets menés par tous les acteurs qui contribuent à leur évolution. Cette mise en commun de projets, d'initiatives, de compétences constitue un outil majeur pour accompagner le développement économique d'un territoire et y favoriser l'innovation.

Certes, les activités informationnelles et communicationnelles, éléments clés, nécessitent une valorisation pour être au service des connaissances et savoirs nécessaires à l'anticipation des changements et formulations des actions stratégiques, pour saisir des opportunités et contrecarrer des menaces, et par conséquent renforcer l'attractivité des territoires[312].

La mise en place d'une recherche de type ingénierie basée sur la coopération d'universitaires et de consultants, ayant, pour certains, un positionnement de consultant-chercheur, permettra de confronter des positionnements et des méthodes d'analyse différents au service de la production de connaissances pour le développement durable des territoires. Ces nouvelles approches peuvent apporter un enrichissement réciproque et permettre de créer un lien fort et durable entre univers académique, univers politique et univers économique.

De ces différences et de l'originalité de cette approche difficile pourront découler de nouvelles stratégies de développement économique territorial autour de l'affirmation d'une nouvelle posture de consultant-chercheur dans le cas de l'intelligence économique territoriale.

L'intelligence territoriale est considérée comme une application au territoire de l'intelligence économique, conçue au niveau national. Lorsqu'il s'agit d'évoquer les mécanismes de décision, le manque de connaissances sur le territoire menace le processus de développement territorial. C'est ainsi que l'intelligence économique territoriale

---

312 Mohamed Torra, « Territoire comme espace de déclinaison de l'intelligence économique en intelligence territoriale », dans Marché et organisations, 2013/2 (N° 18), p. 67à 85, www.cairn.info

constitue le cadre incontournable pour aborder les différentes problématiques territoriales liées à la production, la protection et l'échange des connaissances et des savoirs entre les différents acteurs. Elle permet aux différents acteurs et partenaires du développement de comprendre et analyser l'environnement dans lequel ils évoluent pour développer leurs compétences et capacités d'adaptation aux changements, anticiper les évolutions, tenter des solutions adaptées aux spécificités de l'Etat et innover pour améliorer la compétitivité et la performance. Ainsi, l'Intelligence économique territoriale constitue un facteur clé du développement de l'attractivité territoriale, d'où la responsabilité partagée entre les composantes d'un territoire.

Annexes

Annexe 1

Les IDE en chiffres

Investissement Direct Etranger	2019	2020	2021
Flux d'IDE entrants (millions USD)	1.720	1.419	2.153
Stocks d'IDE (millions USD)	66.551	71.975	72.941
Nombre d'investissements greenfield*	111	62	52
Value of Greenfield Investments (million USD)	3.069	2.469	1.816

Source : CNUCED (2020)

Note : * Les investissements greenfield correspondent à la création de filiales ex-nihilo par la maison mère.

Les Flux d'IDE par pays

Les pays investisseurs	2020, en %
France	36,0
Espagne	8,0
Émirats Arabes Unis	5,0
Royaume Uni	5,0
Luxembourg	4,0
Qatar	4,0
Afrique du Sud	4,0

Source : Office des changes du ministère des finances (2020)

Les flux d'IDE par secteur d'activité

Les secteurs investis	2020, en %
Agriculture	31,0
Activités financières et d'assurance	26,0
Mines et carrières	14,0
Information et communication	7,0
Commerce de gros et de détail	6,0
Manufacture	4,0

Source : Office des changes du ministère des finances (2020)

PÉTITIVES

Annexe 2

Phase du développement local

(Héritage de la période coloniale)

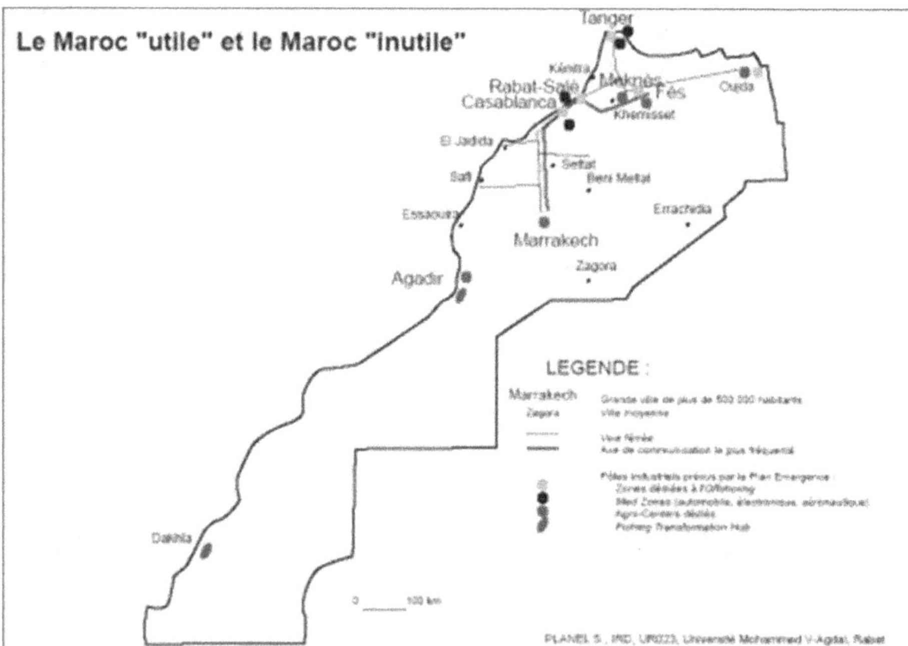

Source : Sabine Planel (2009)

Les régions administratives du Maroc

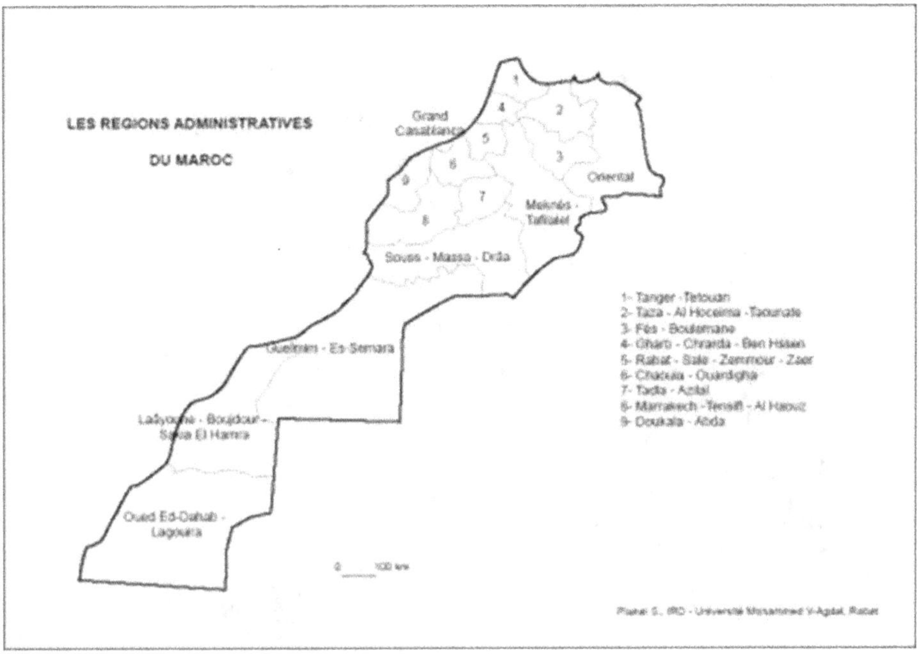

SOURCE : SABINE PLANEL (2009)

Phase de la régionalisation réstreinte

(16 régions)

Carte des anciennes régions du Maroc

PHASE DE LA REGIONALISATION ELARGIE

(12 REGIONS)

Carte des nouvelles régions du Maroc

Régions, préfectures et provinces du Maroc

Région	Préfectures et Provinces
Tanger-Tétouan-Al Hoceïma	Préfecture deTanger-Assilah
	Préfecture de M'diq-Fnideq
	Province de Tétouan
	Province de Fahs-Anjra
	Province de Larache
	Province d'Al Hoceïma
	Province de Chefchaouen
	Province de Ouezzane
	Préfecture d'Oujda-Angad
	Province de Nador
	Province de Driouch

	Province de Jerada
	Province de Berkane
	Province de Taourirt
	Province de Guercif
	Province de Figuig
Fès-Meknès	Préfecture de Fès
	Préfecture de Meknès
	Province de Taza
	Province d'El Hajeb
	Province d'Ifrane
	Province de Moulay Yaâcoub
	Province de Séfrou
	Province de Boulemane
	Province deTaounate

Rabat-Salé-Kénitra	Préfecture de Rabat
	Préfecture de Salé
	Préfecture de Skhirate-Témara
	Province de Kénitra
	Province de Khémisset
	Province de Sidi Kacem
	Province de Sidi Slimane
Béni Mellal-Khénifra	Province de Béni-Mellal
	Province d'Azilal
	Province de Fquih Ben Salah
	Province de Khénifra
	Province de Khouribga
Casablanca-Settat	Préfecture de Casablanca*
	Préfecture de

	Mohammédia
	Province d'El Jadida
	Province de Nouaceur
	Province de Médiouna
	Province de Benslimane
	Province de Berrechid
	Province de Settat
	Province de Sidi Bennour
Marrakech-Safi	Préfecture de Marrakech
	Province de Chichaoua
	Province d'Al Haouz
	Province d'El Kelaâ des Sraghna
	Province d'Essaouira
	Province de Rehamna

	Province de Safi
	Province de Youssoufia
Drâa-Tafilalet	Province d'Errachidia
	Province de Ouarzazate
	Province de Midelt
	Province de Tinghir
	Province de Zagora
Souss-Massa	Préfecture d'Agadir Ida-Outanane
	Préfecture d'Inezgane-Aït Melloul
	Province de Chtouka-Aït-Baha
	Province de Taroudant
	Province de Tiznit
	Province de Tata

Guelmim-Oued Noun	Province de Guelmim
	Province d'Assa-Zag
	Province de Tan-Tan
	Province de Sidi Ifni
Laâyoune-Sakia El Hamra	Province de Laâyoune
	Province de Boujdour
	Province de Tarfaya
	Province d'Es-Semara
Dakhla-Oued Ed-Dahab	Province d'Oued Ed-Dahab
	Province d'Aousserd

Division administrative du Maroc, « Régions du Maroc », Wikipédia, fr.m.wikipedia.org

Annexe 3 : Produit Intérieur Brut (PIB) par région

Produit intérieur brut par région						
REGION	PIB (en million De DH)		Structu (%)		PIB p Tête DH	
	2019	2020*	2019	2020	2019	2020a
Tanger-Tétouan-Hoceima	136 011	125536	11,0	10,9	36080	32916
Oriental	66 074	59 733	5,3	5,2	27219	24349
Fès-Meknès	99 257	89 267	8,0	7,7	22676	20261
Rabat-Salé-Kénit	196 215	183359	15,8	15,9	40718	37668
Béni Mellal-Khén	69 039	61 756	5,6	5,4	26578	23633
Casablanca-Setta	399 623	371368	32,2	32,2	54644	50129
Marrakech-Safi	105 603	90 953	8,5	7,9	22319	19050
Drâa-Tafilalet	34 318	36 692	2,8	3,2	20380	21663
Souss-Massa	79 142	75 429	6,4	6,5	27707	26045
Guelmim-Oued N	17 533	17 297	1,4	1,5	39487	38763
Laâyoune-Saguia Hamra	21 166	25 762	1,7	2,2	53631	64333
Dakhla-Oued edDahab	14 405	13 821	1,2	1,2	83860	77385
Enceintes e territoriales	1 449	1 447	0,1	0,1		
Total	1239836	115419	100,0	100,0	34840	32055

Source : HCP (2020)

Croissance du PIB par région (en %)

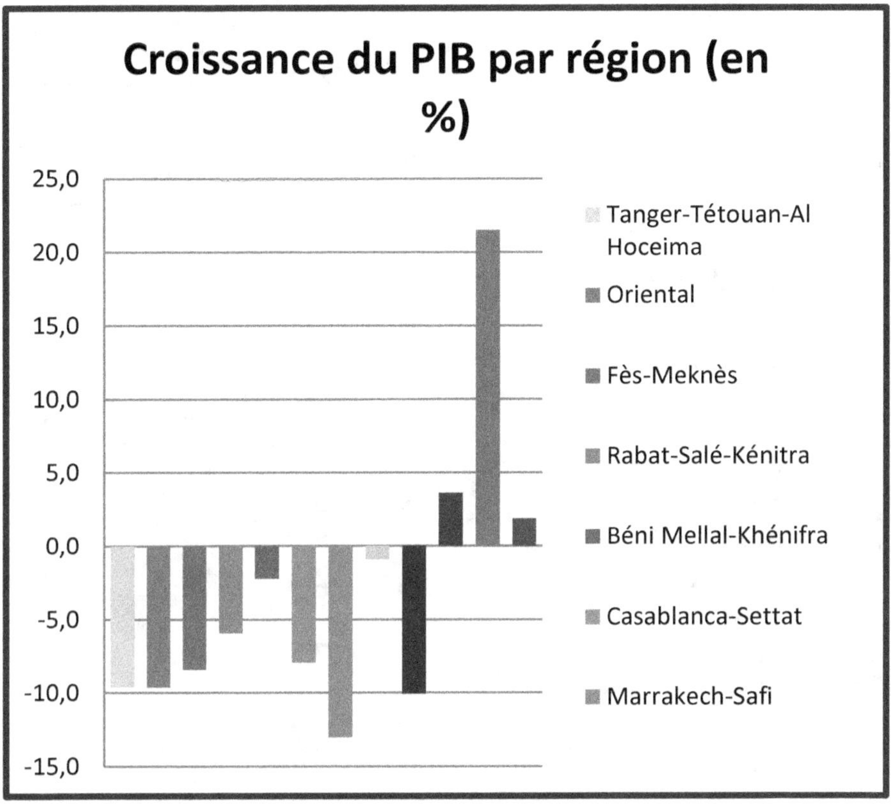

Source : HCP (2020)

Croissance du Produit intérieur brut par région

	REGION	Croissance (%)		Contribution à la croissance (points)	
		2019	2020*	2019	2020*
1	Tanger-Tétouan-Al Hoceima	4,5	-9,6	0,5	-1,1
2	Oriental	2,7	-9,6	0,1	-0,5
3	Fès-Meknès	3,3	-8,4	0,3	-0,7
4	Rabat-Salé-Kénitra	0,5	-5,9	0,1	-0,9
5	Béni Mellal-Khénifra	5,2	-2,2	0,3	-0,1
6	Casablanca-Settat	1,3	-7,9	0,4	-2,6
7	Marrakech-Safi	4,6	-13,0	0,4	-1,1
8	Drâa-Tafilalet	13,7	-0,9	0,3	0,0
9	Souss-Massa	3,2	-10,1	0,2	-0,6
10	Guelmim-Oued Noun	6,5	3,6	0,1	0,1
11	Laâyoune-Saguia al Hamra	6,7	21,5	0,1	0,4
12	Dakhla-Oued Ed-Dahab	4,1	1,9	0,0	0,0
Enceintes extra-territoriales		0,9	-0,4	0,0	0,0
	Total	2,9	-7,2	2,9	-7,2

Source : HCP (2020)

Produit intérieur brut par secteurs d'activité et par région (en millions de DH)

REGION	Primaire		Secondaire		Tertiaire		I-S/Pt	
	2019	2020*	2019	2020*	2019	2020*	2019	2020*
Tanger-Tétouan-Al Hoceima	15573	13502	44922	40199	60927	58692	14589	13143
Oriental	7732	9269	16962	13098	34690	31927	6690	5438
Fès-Meknès	20414	19745	14982	12445	55406	50100	8455	6976
Rabat-Salé -Kénitra	21485	18705	28297	27293	128110	120816	18324	16544
BéniMellal-Khénifra	11596	11509	19745	16354	31171	28486	6528	5407
Casablanca-Settat	14653	11620	147225	146961	187980	167118	49765	45669
Marrakech-Safi	13945	11516	16616	14952	64200	55530	10842	8955
Drâa-Tafilalet	8088	8873	4240	4451	19343	20573	2647	2796
Souss-Massa	15360	12928	11015	10966	45502	44571	7264	6965
Guelmim-Oued Noun	1370	1567	1865	2083	13087	12624	1211	1023
Laâyoune-Saguia al Hamra	1720	1508	5771	9836	11685	11865	1991	2553
Dakhla-Oued ed Dahab	2493	2152	1418	1509	9492	9317	1002	843
Enceintes extra-territoriales					1449	1447		
Total	134428	122896	313058	300146	663041	613065	129309	116312

Source : HCP (2020)

Structure de la valeur ajoutée par secteur d'activité selon les régions

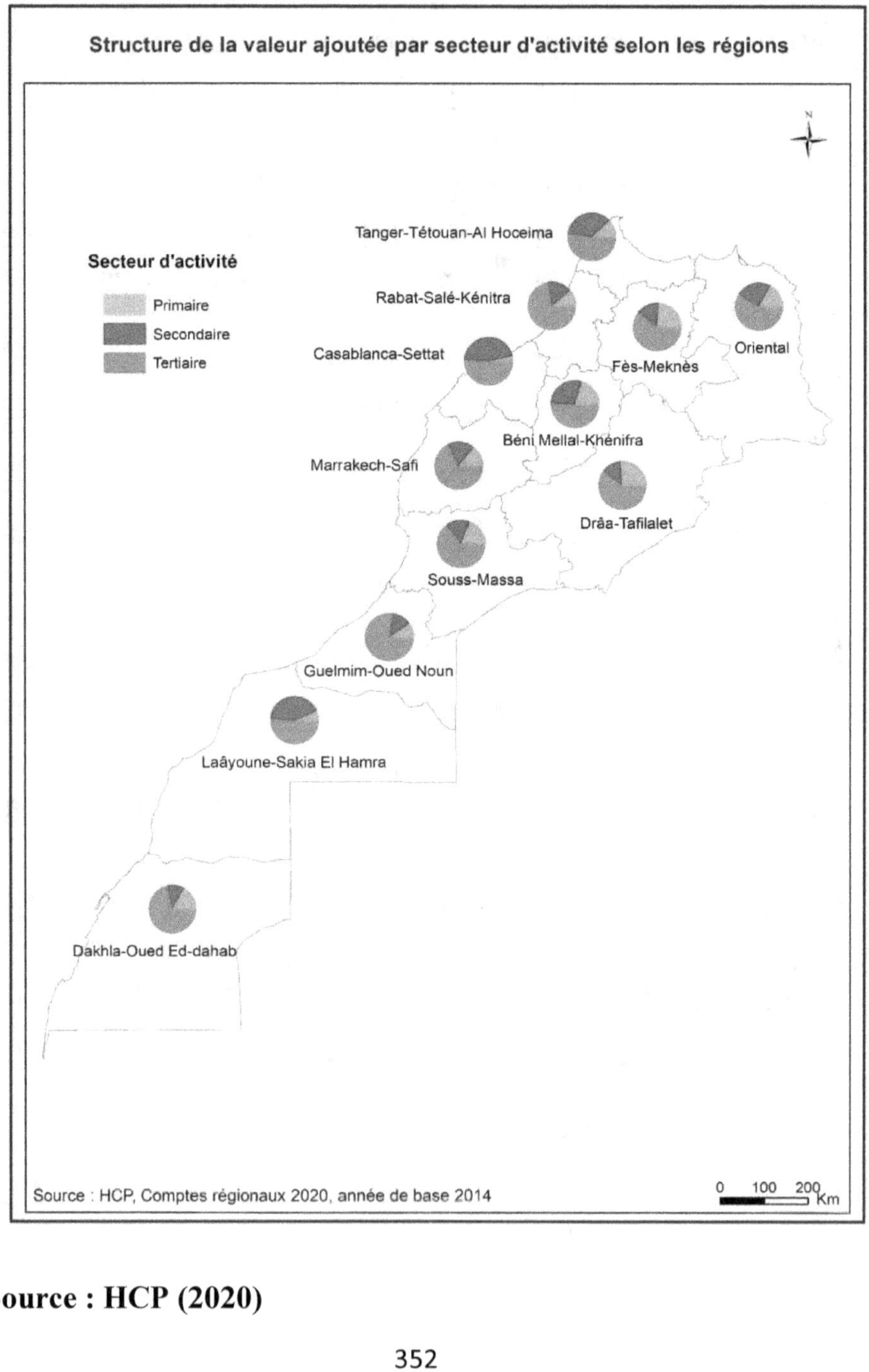

Source : HCP (2020)

Contribution des régions par secteur d'activité

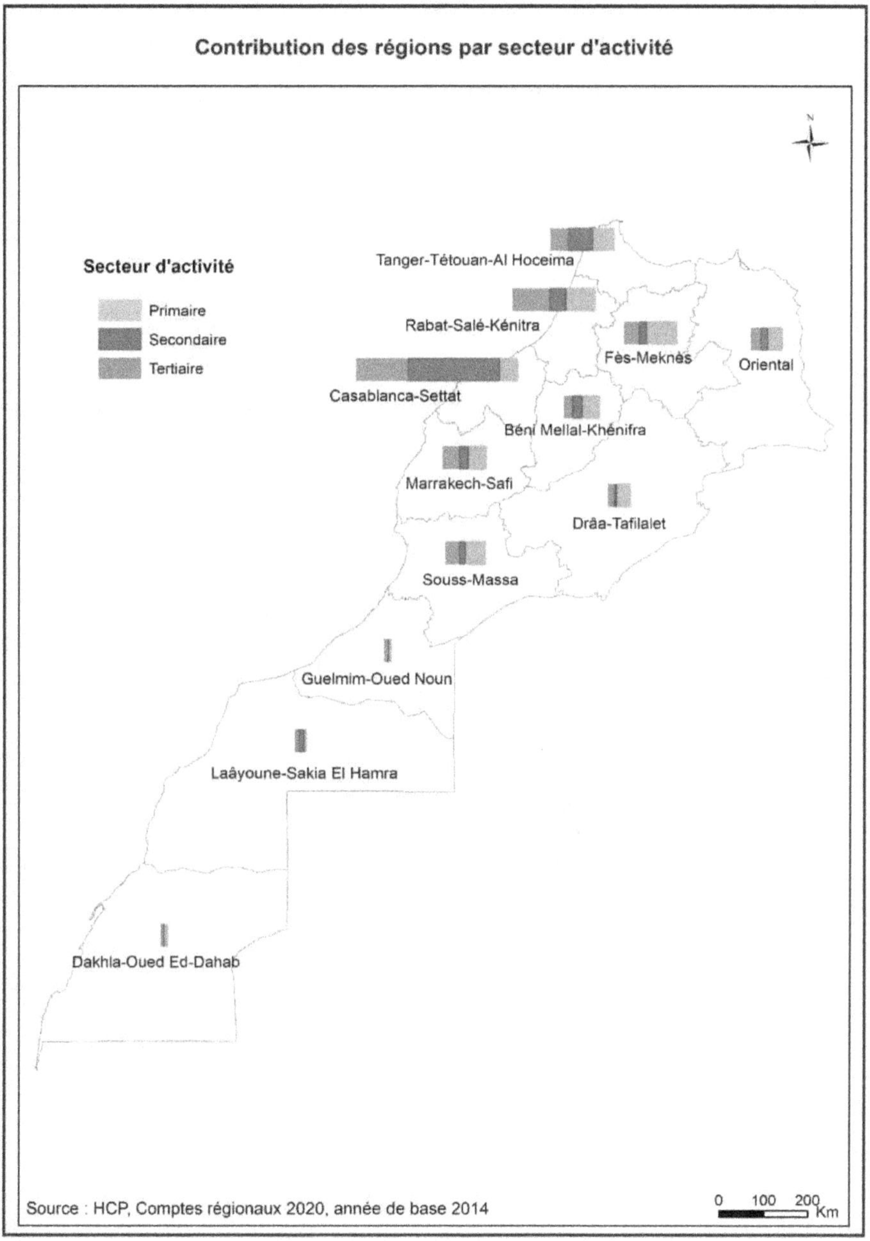

Source : HCP (2020)

Produit intérieur brut régional par tête et contribution des régions au PIB

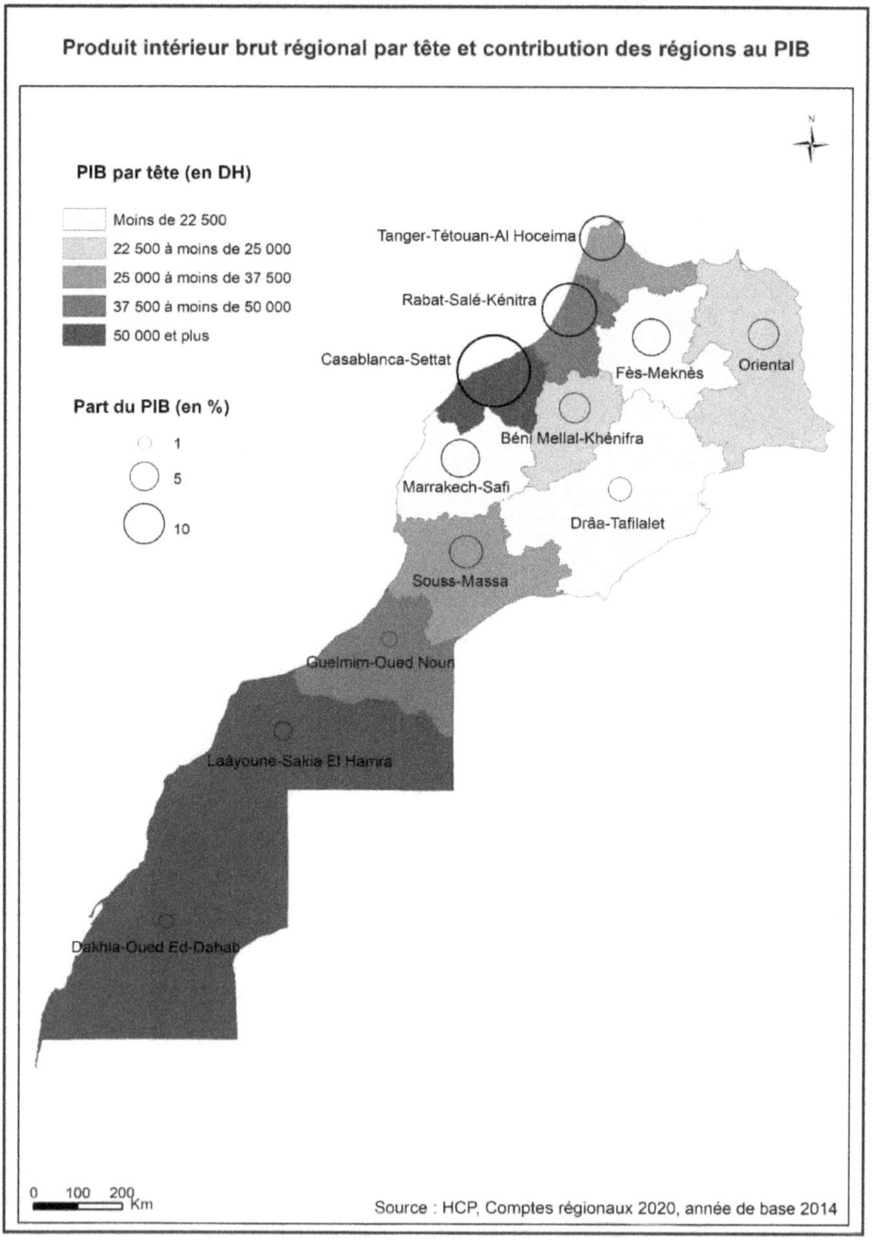

Source : HCP (2020)

Contribution des régions aux dépenses de consommation finale des ménages

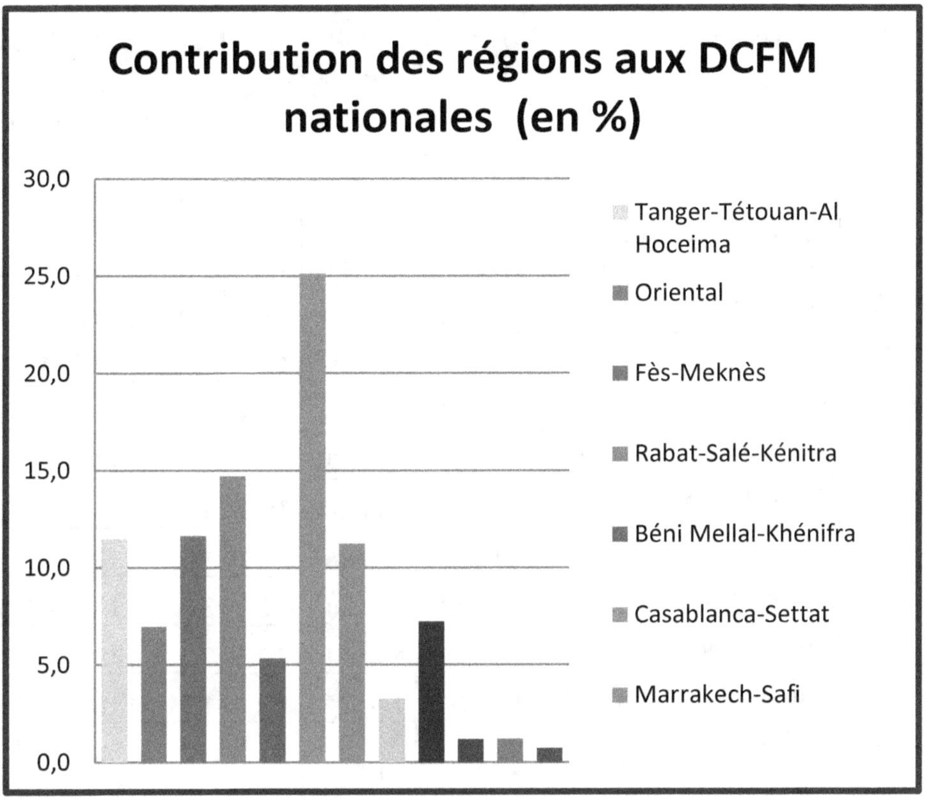

Source : HCP (2020)

Dépenses de consommation finale des ménages par région

Dépenses de consommation finale des ménages par région							
REGION		DCFM (en millions de DH)		Structures-en %		DCFM par tête en DH	
		2019	2020*	2019	2020*	2019	2020*
1	Tanger-Tétouan-Al Hoceima	82 558	77 024	11,4	11,5	21 900	20196
2	Oriental	50 588	46 822	7,0	7,0	20 839	19086
3	Fès-Meknès	84 474	78 139	11,7	11,6	19 299	17735
4	Rabat-Salé-Kénitra	106897	98 845	14,8	14,7	22 183	20306
5	Béni Mellal-Khénifra	38 444	35 839	5,3	5,3	14 800	13715
6	Casablanca-Settat	181118	168858	25,0	25,1	24 766	22793
7	Marrakech-Safi	81 350	75 506	11,2	11,2	17 193	15815
8	Drâa-Tafilalet	23 740	22 000	3,3	3,3	14 098	12989
9	Souss-Massa	51 965	48 634	7,2	7,2	18 193	16793
10	Guelmim-Oued Noun	8 426	7 913	1,2	1,2	18 976	17733
11	Laâyoune-Saguia al Hamra	8 575	8 038	1,2	1,2	21 727	20072
12	Dakhla-Oued edDahab	5 043	4 811	0,7	0,7	29 357	26939
Total		723177	672430	100	100	20 322	18704

Source : HCP (2020)

Dépenses de consommation finale des ménages (DCFM) par tête selon les régions

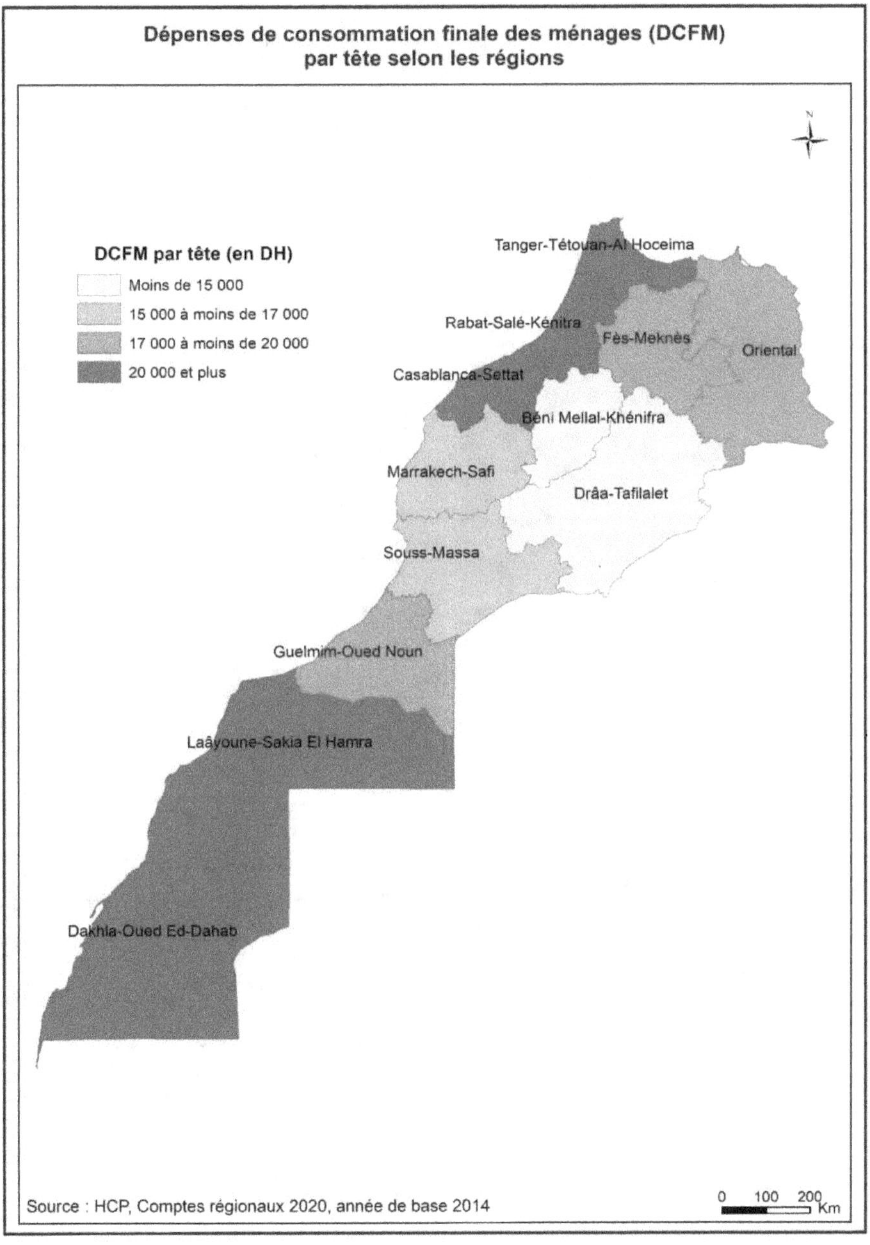

Source : HCP (2020)

Bibliographie

Bibliographie

-Achy L. (2010), « Morocco's Experience with Poverty Reduction : Lessons for the Arab World », Carnegie Endowment for International Peace. http://carnegieendowment.org/files/morocco_poverty1.pdf

-Adidi Abdelaziz, (2011), « De l'aménagement du territoire au développement territorial : quelle transition et quelle articulation ? », 1 ère Conférence Intercontinentale d'Intelligence Territoriale "I.C.I, Gatineau Canada. pp.11, Revue Organisation et Territoire n°2, 2016

-Akesbi N. (2009), « Le Plan Maroc-vert : une analyse critique » in Azzedine Akesbi et autres (2011), « Questions d'économie marocaine », Association marocaine des Sciences économiques, juin 2011

-Alaoui Ismaili Abderrahman (2017), « La contribution de la marque à indication géographique à l'attractivité territoriale » : La labélisation dans le secteur de l'artisanat au Maroc », Joussour, Revue de l'éducation, la culture et la recherche scientifique, publiée par le Centre Régional des Métiers de l'Education et de Formation Fès-Meknès 4/2017

-Alexandre H. et al (2020). « L'attractivité territoriale : éléments de définition » haishs.archives-ouvertes.fr

-Alexandre Hervé, Cusin François & Juillard Claire (2010), « L'attractivité résidentielle des agglomérations françaises », www.researchgate.net

-AMDIE (Agence Marocaine de Développement des Investissements et des Exportations). Ministère de l'Industrie et du Commerce, www.mcinet.gov.ma

-Article 166, 180 et 181 de la loi 17-97 relative à la protection de la propriété industrielle au Maroc

-Assens Christophe, Perrin Christelle (2011), « L'intelligence économique : une stratégie de réseau pour les entreprises » dans

Revue Internationale d'Intelligence Economique », Numéro 2011/2 (Vol 3)

-Association marocaine pour la recherche-développement, Semaine de l'innovation, Casablanca, 7-8 mars 2005, R&D Maroc, www.rdmaroc.org

-Assouali Mohamed (2005), Regards sur le Monde « L'intelligence économique au Maroc », N°10 Juillet/Août 2005, fr.scribd.com

-Baldwin R. and Krugman P. (2004), Centralization ? What Is Better for Economic Growth ? (2004), Discussion Papers of DIW Berlin 224

-Banque mondiale (2018), « Maroc : la Banque mondiale approuve un financement additionnel pour le développement d'un deuxième complexe solaire », Banque mondiale le 11 juin 2018, www.banquemondiale.org

-Barshan P., (2002), « Decentralization of Governance and Development ». Journal of Economic Perspectives.16(4)

-Bathelot Bertrand (2019), « Définitions Marketing », L'encyclopédie illustrée du marketing, 31décembre 2019, https://www.definitions-marketing.com

-Baudel G., Guy G.,Mérennes-Shoumaker B. (2011), « Le développement territorial en Europe : Concepts, enjeux et débats », coll. Didact Géographie, éditions Presses Universitaires de Rennes

-Baumard Philippe (2016), « L'intelligence économique : un mode de gouvernance stratégique », le 15 mars 2016, Ite.ma tribune libre.

-Belhaj Ismail « Facteurs d'attractivité des IDE : Cas du Maroc », thèse de doctorat soutenue à la Faculté Des Sciences Juridiques, Economiques et Sociales de l'Université Sidi Mohamed Ben Abdellah, Fès le 24/02/2018, toubkal.imist.ma

-Belhaj Ismail (2019), « La politique d'attractivité des Investissements Directs Etrangers : Analyse et perspectives », journal d'Economie de Management, d'Environnement et de Droit (JEMED), vol 2, N° 1, février 2019

-Belhaj Ismail (2021), « Facteurs d'attractivité des Investissements directs étrangers au Maroc : Analyse et essai de modélisation », Revue Internationale de Sciences et de Gestion, volume 4, numéro 4 octobre 2021, Université Sidi Mohammed Ben Abdellah, www.revue-isg.com

-Ben Abdellah Mohamed Amine (2006), Communication présentée à l'occasion du colloque «Les enjeux constitutionnels de la régionalisation, perspectives marocaines et expériences étrangères-24 et 25 mars 2006».

-Bennajah Younes (2017), « Régionalisation avancée : un processus au service du développement », Les Eco.ma 28 juillet 2017

-Berchane Nada et Nadia (2017), « L'intelligence économique territoriale, levier stratégique pour une régionalisation avancée au Maroc », Master Intelligence Economique et Stratégies Compétitives (M2 IESCI), 1 décembre 2017, promotion 2017-2018, master-iesc-angers.com

-Bondu Jérôme (2020), « Intelligence économique : les veilleurs doivent-ils faire de la prospective ?, le 06/03/2020, www.archimag.com

-Bouchet Y. (2003), « Dispositif d'intelligence économique territoriale et gouvernance hybride », isdm.univ-fr/PDF/isdm27/isdm27_bouchet.pdf.

-Boughali Mohamed (1974), « La représentation de l'espace chez le marocain illettré, mythes et traditions orales », éditions anthropos 2974

-Boujrouf S., Giraut F., (2000), « Des territoires qui s'ignorent ? Dichotomie entre territoires administratifs et espaces de mobilisation au Maroc », Montagnes méditerranéennes, n°12

-Bouzikar Ikram (2020), « Les défis de l'intelligence économique au Maroc », https://www.google.com/amp/s/www.archimag.com/veille-documentation/2020/11/06/defis-intelligence-economique-maroc

- Bruneau J.M. (2007), « Intelligence territoriale : de l'approche théorique à la mise en œuvre stratégique ». Thèse de doctorat, Université de Poitier, 2007.

-Bungener Pierre (1978), in « Le développement insensé », Éditions L'Age d'Homme, 1978

-CAENTI (2008), « Méthodes et outils de l'intelligence territoriale » (2008), sixième conférence internationale annuelle d'intelligence territoriale organisée par la CAENTI (Action de Coordination du Réseau Européen d'Intelligence Territoriale) à Besançon (France), du 15 au 18 octobre 2008, http://www.intelligence-territoriale.eu/besancon2008/

-Causse Hervé et Sincondo Marcel (2011), « Le concept d'investissement : regards croisés des droits interne, international et communautaire », Bruylant Bruxelles, 2011

-Chaat Kawtar (2021), « Comptes régionaux : Les disparités régionales persistent et s'accentuent », Actu Maroc, L'Opinion du mardi du 27 juillet 2021

-Chakor A (2004), « Le Marketing territorial au service de la bonne gouvernance locale », in « Du gouvernement à la gouvernance : les leçons marocaines », Actes du Colloque national organisé par l'Université Abdelmalek Saâdi, Faculté des Sciences juridiques, économiques et sociales, les 21 et 22 mars 2003 à Tanger, Publications de la Revue Marocaine d'Audit et de Développement, série Management stratégique

-Challenge (2016), « Noor I : les bailleurs de fonds marquent le coup », le 4 février 2016, www.challenge.ma

-Challenge (2019), « Indice africain de développement des infrastructures », www.challenge.ma

-Champagne Éric (2012), « L'organisation et les structures gouvernementales dans le contexte canadien : Fédéralisme, centralisation et décentralisation », chapitre 1, Administration contemporaine de l'État. Québec : Presses de l'Université du Québec, 2012

-Chaze Milhan, UMR (2017) Territoires « L'attractivité territoriale : éléments de définition-PSDR, www.psdr.fr

-Cherrabi Nezha, Pélissier Maud et Reymond David (2016) , « L'intelligence économique au Maroc : l'apport d'une stratégie offensive de l'information au travers d'une analyse automatique des brevets », Communication dans un congrès1 I3M - Laboratoire Information, Milieux, Médias, Médiations - EA 3820, www.cairn.info

-Christopher M.(2000), « Logistiques and supplia Chain Management, Financial Times Management », London, 2000

-Clerc Philipe, Regards sur le Monde L'intelligence économique au Maroc » - N°10 - Juillet/Août 2005 56 IE-au-Maroc-RIE.pdf6LE Portail Africain de l'intelligence

-CMC (Centre Marocain de Conjoncture) (2012), « Evaluation du risque-pays : une tâche complexe », wikimemoires.net 2012

-CNEA (Comité National de l'Environnement des Affaires), « Droit des affaires », www.cnea.ma

-CNUCED (Conférence des Nations Unies pour le commerce et le développement) Rapport publié le 25/06/2015 dans l'économiste sur les investissements dans le monde et les IDE au Maroc en 2014 par rapport à 2013 http://www.usinenouvelle.com/article/les-investissements-étrangers-au-maroc.

-Coeuré B. et Rabaud I., (2003), « Attractivité de la France : analyse, perception et mesure », Economie et Statistique, n° 363-364-365

-Colloque organisé en mai 1986 par l'Université d'Avignon sur la dimension culturelle et le développement territorial

-Colloque organisé en mai 2000 par l'Université d'Avignon, avec le soutien de l'Union provençale et les collectivités de PACA « Cultures régionales et développement économique ».

-Colloque organisé en mars 2002 par le Ministère de la Communauté française à Dampremy-Charleroi sur « Villes & communes, Quelles politiques culturelles ? https://doi.org/10.3917/reru.104.0625

-Commissariat Général au Plan : Rapport Martre, président de l'AFNOR 1993-2002, https://www.manager-go.com

-Commission Nationale de l'Environnement des Affaires (CNEA), « Stratégies sectorielles » www.cnea.ma

-Conseil Intelligence Economique, Conseil veille stratégique et social listening- Actulligence Consulting (1994), « Définitions de l'intelligence économique », La Documentation française, Paris, 1994, ACTULLIGENCE.COM

-Constitution de 1996, la loi 47-96 du 2 avril 1997 relative à l'organisation de la région, www.sgg.gov.ma

- Conte Bernard « Le concept de développement », http://conte.u-bordeaux4.fr

-Courlet Claude et Pecqueur Bernard, (2013), « L'intérêt des indicateurs dans une approche d'intelligence territoriale », 2013, revues.imist.ma

-Courlet Claude et Pecqueur Bernard, (2013), « L'économie territoriale ». Presses universitaires de Grenoble, 2013, www.researchgate.net

-Crayon Bernard (2013), Les définitions de l'intelligence économiques, Le 19 janvier 2013, portail-ie.fr les-definitions-de-linte…

-Crayon Bernard (2013), « Rapport Crayon 2003 : Intelligence économique, compétitivité et cohésion sociale », le 09 février 2013, portail-ie.fr textes-de-référence…

-Crozet, Y, Abdelmaki L et autres (2001), « Les grandes questions de l'économie internationale » 2ème édition, Paris, Nathan, 2001, www.eyrolles.com

-Daabaji Abouziane (2020), « L'impact des politiques publiques territoriales sur la réduction des disparités régionales : cas de la région Fès-Meknès », Revue de Recherches en Droit, Economie et Gestion N° 13, Revue Semestrielle, FSJES, décembre 2020

-Dahir N°1-14-116 du 2 Ramadan 1435 (30 juin 2014) portant promulgation de la loi N° 104-12 relative à la liberté des prix et de la concurrence, Ministère de la Justice et des Libertés, Direction de Législation, www.sante.gov.ma,

De Lanversin Jacques (1979), « La Région et l'aménagement du territoire », 3ème édition, Paris, Librairies techniques. Revue Organisation et Territoire n°2, 2016

-D G Trésor « Les investissements directs étrangers au Maroc et la position bilatérale en 2018 », article publié le 27 juin 2019, www.tresor.economie.gouv.fr

-Di Méo G. (1996), « Les territoires du quotidien », Paris, le Harmattan, www.persee.fr

-Discours du Trône de 2003, « L'IRES dans les Discours et les Messages Royaux », Tanger, 30 juillet 2003, www.ires.ma

-Discours royal de la fête du trône le 30/07/2007

-Discours royal du 6 novembre 2008 à l'occasion du 33ème anniversaire de la marche verte sur la dynamique d'une régionalisation avancée et graduelle, englobant toutes les régions du Maroc, avec à leur tête, la région du Sahara marocain, www.sahara.gov.ma

-Discours royal du 03 janvier 2010 à l'occasion de l'installation de la Commission Consultative de la Régionalisation, www.regionalisationavancee.ma

-Discours royal du 9 mars 2011 sur le processus de la régionalisation avancée, www.regionalisationavancee.ma

-Discours royal du 30 juillet 2015 sur le développement régional à l'occasion de la fête du Trône

-Discours royal du 6 novembre 2015 lors du 40ème anniversaire de la marche verte.

-Discours royal du 6 novembre 2016 à Dakar sur le développement régional et continental à l'occasion du 41e anniversaire de la marche verte

-Doiifus Olivier, (1995) « La nouvelle carte du monde », in « les universités dans les montagnes. Du rapport à l'identité et au développement local et régional », Revue de Géographie Alpine 1995, www.persee.fr

-Doing Business (2021), « Le Maroc sur la bonne voie », leseco.ma

-Dossiers de recherches en Economie et Gestion (2020), « Les réalités de la veille stratégique et de l'intelligence économique », Dossier 9, N° 1 : Juin 2020, revues.imist.ma

-Du Rouret M.-J (1962), « Rostow (ww.w.)-Les étapes de la croissance économique », Paris, Editions du Seuil, 1962

-Edouard Jean-Charles (2019), « L'attrait des petites villes une chance pour redynamiser leur centralité ? », 16 mai 2019, journals.openedition.org

-El Harras Mohamed Larbi (2002), « Attraction de l'investissement étranger et dynamique de l'économie marocaine », Critique économique N° 7 2002, revues.imist.ma

-El Kouhen Meriem (2020), « Le Partenariat Public-Privé comme politique publique au service du développement durable : cas du projet Noor (MASEN) », Revue de Recherches en Droit, Economie et Gestion, Revue Semestrielle, N° 14 décembre 2020

-El Mandjra Mahdi (1996), « La décolonisation culturelle, défi majeur du 21ème siècle », éditions Walili, Marrakech 1996

-El Moujaddidi Noufissa et Jafari Maria (2016), « La régionalisation avancée au Maroc : Perspectives et défis », Université Mohammed V, Faculté des Sciences Juridiques, Economiques et

Sociales de Salé, Rabat, Revue Organisation & Territoires N°2 2016, https:// revues.imist.ma

-Emmanuel Arghiri (1969), « L'échange inégal-Essais sur les antagonismes dans les rapports économiques internationaux», www.persee.fr

-Encyclopédie, « Aux origines de l'intelligence économique », www.universalis.fr

-Fadlallah A. et Chakhat Z. (2019), « Disparités géographiques, croissance et convergence régionale : étude empirique pour le cas marocain », Finance & Finance Internationale, N° 15 Juillet 2019

-Ferguène Meziane, Courley Claude (2004), « Gouvernance locale et développement territorial : le cas des pays du Sud », éditions le Harmattan, Paris 2004

-FESCITY (2016), « La région Fès-Meknès : Atouts et opportunités d'investissement ». Rencontre sur « les opportunités d'investissement dans la région Fès-Meknès », organisée par le président du Conseil de la région Fès-Meknès Mohamed Laenser et le président de la commune urbaine de Fès Driss Azami El Idrissi in « Actualités » le 6 novembre 2016
http://www.yabiladi.com/articles/details/46984/region-fes–meknes-atouts-opportunites.html

-Finances News (2018), « Commerce : Quel bilan pour le Plan Rawaj ? », 12 avril 2018

-Finances News (2022), « Maroc: les IDE en progression de 20,5% en 2021 », le 01/02/2022, laquotidienne.ma boursenews.ma

-Fonds Hassan II « Centre régional d'investissement » (CRI), www.casainvest.ma
-Gadi Mohamed (2007), « L'Entreprise dans son Environnement », www.memoireonline.com

-Girardo Jean-Jacques (2005), « Réseau européen d'intelligence territoriale » www.intelligence-territoriale.eu

-Girardot Jean-Jacques et Masselot Cyril (2007), « Intelligence territoriale », Colloque « TIC & territoires » Université de Franche-Comté, Lyon, 14 juin 2007.

-Global Home Konrad-Adenauer-Stilton, « La régionalisation avancée, le nouveau mode de gouvernance territoriale au Maroc », http://wwwkas.de/marokko/frpublications/49745/

-Gollain Vincent (2016), « Le marketing territorial et l'attractivité des territoires », mars 2016, fr.slideshare.net

-Guedira Jihane (2018), « De l'intelligence économique à l'intelligence territoriale », le 9 janvier 2018, https://master-iesc-angers.com

-Guerraoui Driss (2002), "Les défis de l'entreprise" Entretien avec Issam Najati à l'occasion de la publication de son ouvrage "Economies et émergences", 2002

-Guilleux Céline (2017), « La gouvernance logistique des territoires ». Le monde diplomatique 20/10/2017

-Haddad Lahcen (2016) : Lancement à Fès du programme touristique « Madinati affirmé par le ministre du Tourisme. « La capitale spirituelle du Royaume sera ainsi le point de départ pour… », dans « Histoire et culture », 31 mars 2016.

-Hammes Khalid (2006), « prospective « Maroc 2030 » : Le système financier marocain ». Rapport du Haut-Commissariat au Plan

-Harbulot Christian (2013), Les définitions de l'intelligence économiques, Le 19 janvier 2013, portail-ie.fr les-definitions-de-linte…

-Harold Wilensky (1968), « Organizational Intelligence: Knowledge and Policy in Industry and Government », *American sociological Review*, février 1968, Wikipédia

-Hatem Fabrice (2004), « Attractivité : de quoi parlons-nous ? », www.fabricehatem.fr

-Hatem Fabrice (2005), « Attractivité du territoire : théorie et pratique, aller et retour », paru dans l'ouvrage du SESSI sur la mondialisation des groupes français, novembre 2005, www.fabricehatem.fr

-Hatem Fabrice (2004), « Investissement international et politique d'attractivité », Paris, Economica, www.eyrolles.com

-HCP (Haut-Commissariat au Plan) (2020) : Note d'information relative aux comptes régionaux de l'année 2020 Base 2014

-Hidane Adil et autres (2022), « Diagnostic de l'attractivité du Maroc pour les Investissements Directs Etrangers ». Ministère des Finances et de la Privatisation. Direction de la Politique Economique Générale. Document de travail n° 82 Novembre 2002.

-Hospers G (2004), « Place marketing in Europe, the branding of the Oresund region », intereconomics, 39, n°5, septembre-octobre, 271-279

-Idrissi Mehdi (2018), « Fès-Meknès. Contrat-programme avec l'Etat : la Région ouvre le bal », Les Inspirations éco Docs, Eco-Business

-Industrie du Maroc Magazine (2021), « Les investissements directs étrangers au Maroc ont pris un coup en 2021 », 4 novembre 2021, industries.ma

-Infomédiaire, « Les IDE tiennent le coup au Maroc », News Maroc, 31/01/2022

-Infomédiaire Maroc (2016), « Investissements : « Fès intéresse les chinois ». « Les opportunités d'investissement dans la région de Fès-Meknès ont intéressé les chinois », « Information » le 27 septembre 2016

-Infomediaire (2022). « IDE: Un avenir prometteur en vue ». Réponse de M. Chebihi, enseignant à l'Université de Bordeaux sur les perspectives d'évolution des IDE au Maroc, www.infomediaire.net

-Ingallina Patrizia (2007) « L'attractivité des territoires : regards croisés », Actes des séminaires, Février-juillet 2007, www.urbanisme-puca.gouv.fr

-IRES, « Domaines de Veille stratégique », https://www.ires.ma/fr/veille/domaines-de-veille-strategique.html

-JDN (2019) Intelligence économique le 02/02/2019https://www.journaldunet.fr

-Jin H, Qian Y, and Weingast BR., (2005), Regionaldecentralization and fiscal incentives : Fedelarism, Chinese style. Journal of Public Economics, 2005

-Joy Rupert (2015°, « La pêche au Maroc », Trait d'Union, la Newsietter de la délégation européenne auprès du Royaume du Maroc, n° 203, avril 2015

-Kahn René (2010), « La dimension culturelle du développement territorial », Revue d'Economie Régionale & Urbaine, 04/10/2010

-Khalfaoui Abdelaziz et Lamari Siham (2015), « L'attractivité des régions marocaines : Atouts et faiblesses dans le cadre du plan de régionalisation avancée », Revue Organisation et Territoire n°1, 2015

-KhanK René (1998), « Facteurs de localisation, compétitivité et collectivités territoriales », Vie Economique n°10 1998

-Khettou Khadija (2021), L'Intelligence Economique au Maroc: un défi organisationnel, «Comment le Maroc peut-il se positionner pour conquérir de nouveaux marchés grâce à l'intelligence économique ? ». Tel est le thème du webinaire organisé par l'Association Marocaine des Exportateurs (ASMEX) en partenariat avec Bank of Africa – BMCE Group. jeudi 6 mai 2021, Hespress.

-Khettou Khadija (2022), CNUCED/Rapport, « Les IDE au Maroc ont augmenté de 52% en 2021 », Hespress, le 16/06/2022

-Konrad-Adenauer- Stiftung (2017), La régionalisation avancée, le nouveau mode de gouvernance territoriale au Maroc
http://wwwkas.de/marokko/frpublications/496'45/

-Koubska Pavlina (2005), « La place des régions dans l'Union européenne, l'analyse comparative des régions françaises et tchèques : le cas de l'Alsace et de la région de Bohême centrale dans l'Union européenne », Mémoire de Master en Administration Publique, Cycle International Long, ENA, promotion Romain Gary 2003-2005

-Labry Andre (2000), « Les ressources naturelles au Maroc : », la porte éditions, 2000

-Laetitia By (2016), « Intelligence économique : définition, enjeux et mise en œuvre », 28 novembre 2016, http://www.ixxo.fr

-Lafrem Mouna (2020), « La pratique de l'intelligence économique dans les administrations publiques marocaines », thème de recherche de doctorat, Université Hassan II, FSJES Mohammedia, Laboratoire de recherche en Intelligence Stratégique, Vol. 9 N°1 (2020), revues.imist.ma

-Lamara Hadjou (2009), « Les deux piliers de la construction territoriale : coordination des acteurs et ressources territoriales », Revue Développement durable et territoires. Economie, géographie, politique, droit, sociologie. Editeur : Réseau « Développement durable et territoires. Scholar.google.fr

-L'Economiste (2010), «La réforme régionale ou les sept péchés capitaux du Maroc» dans l'édition du 3 mars 2010 de L'Economiste.

-Le Fond de Développement Industriel (FDI), fesmeknesinvest.ma

-Lemieux Vincent (2001), « Décentralisation, politiques publiques et relations de pouvoirs ». Les presses de l'université de Montréal Canada. Revue Organisation et Territoire n°2, 2016

-Les Centres Régionaux d'Investissement ? Que faut-il savoir ?, www.daralmoukawil.com

-Les chroniques de M. Driss Benali publiés dans l'hebdomadaire « la vie économique » 2000.

-Lessmann C. (2014), Spatial inequality and development_ Is there an inverted-U relationship ? Journal of Development Economics 106 (2014)

-L'intelligence économique au Maroc-Intelligences Afriques, portail-intelligence-afrique.com

-Livolsi Laurent et Camman Christelle (2017), « La gouvernance logistique des territoires », labo.u-cergy.fr

-Livolsi Laurent et Camman Christelle (2017), « La logistique, une affaire d'Etat ? » Collection Documents, 2017. www.eyrolles.com

-Loi-cadre numéro 18-95 du 3 octobre 1995 « Maroc. Charte des investissements », www.droit-afrique.com

-Louzi I (2020), « Stratégie nationale portuaire à l'horizon 2030, dimension spatiale des infrastructures portuaires dans le contexte de la planification de l'espace marin », Direction des ports et du domaine public maritime, le 02/12/2020

-Machloukh Anass (2020), « HCP: les inégalités économiques se creusent entre les régions », Actu Maroc, le Lundi 7 Septembre 2020

-Magnaghi Alberto (2003), « Le projet local », Editions Mardaga, Liège, 2003 »,WordPress.com

-Maigrot Jean-Louis (1996), « La relation Homme-Territoire à de grandes échelles d'espace », 31/12/1996, www.theses.fr

-Mansillon G (2001), « Mercatique d'actions commerciales », éd. Fauchez, Paris 2001

-Mansouri Zahra (2013), « Intelligence économique et compétitivité de l'entreprise marocaine : Quelle interaction ? » Dans Marché et organisations 2013/2 (N° 18), www.cairn.info

-Marcon Christian et Moinet N. (2006) « L'intelligence économique », Paris, Dunod, 2006

-Marrero Gustavo A. and Rodriguez Juan G. (2013), « Inequality of oportunity and growth », Journal of Developement Economics, 104 (2013)

-Masson Sophie et Petiot Romain (2012), « Attractivité territoriale, infrastructures logistiques et développement durable », Les Cahiers Scientifiques du Transport n° 61/2012

-Mazur Riad (2022), « … Le Maroc est l'un des pays les plus compétitifs au monde » Heba Press_et MA le 20/05 2022. Intervention du ministre Riad Mazur lors d'un colloque organisé par l'Association pour le développement du management (APD) à Casablanca, sur les nouvelles orientations de la politique industrielle marocaine

-Mbarki Mohammed, (2005). Regards sur le Monde, « L'intelligence économique au Maroc » N0 10 Juillet-Août 2005

-M.C, (2022), « Positionnement : Quelle est la place du Maroc dans les Chaînes de valeur mondiales ? », La vie éco le 5 Février, 2022, www.lavieeco.com

-Merlin Pierre et Choay Françoise (2015). «Aménagement du territoire », dictionnaire de l'urbanisme et de l'aménagement, Paris, PUF, 2015

-Michalet C.A. (1997), « Les IDE et le développement : l'expérience tunisienne ». in « IDE : facteurs d'attractivité et de localisation ». L 'harmattan 1997

-Michalet C.A. (1999), « La séduction des nations ou comment attirer les investisseurs », Paris, Economica, 1999

-Ministère de l'Agriculture et de la Pêche Maritime (mai 2009), « Plan Maroc-vert »

-Ministère de l'Artisanat (2006), « Vision 2015 de l'Artisanat : Notre authenticité moteur de notre essor : contrat-Programme 2006-2015), www.abhatoo.net.ma

-Ministère de l'Economie et des Finances, « Dossier : Le Système financier marocain », Al Maliya, N° 60 Juin 2016, www.finances.gov.ma

-Ministère de l'Energie, des Mines, de l'Eau et de l'Environnement (2008), « Stratégie énergétique du Maroc à l'horizon 2030 »

-Ministère de l'Equipement, du Transport et de La Logistique : Programme Appui aux stratégies sectorielles. Loi de finances 2015

-Milhan Chaze, UMR (2017) Territoires « L'attractivité territoriale : éléments de définition-PSDR », www.psdr.fr

-Moine Alexandre (2005), « Le territoire comme un système complexe. Des outils pour l'aménagement et la géographie ». Théma UMR 6049 CNRS- Université de Franche- Comté. 2005

-Moinet Nicolas, Coussi Olivier (2014), « l'intelligence économique territoriale en France », Montpellier, France, le 23 mai 2014, hal.archives-ouvertes.fr

-Mokhtari B. et Ettaibi M. (2021), « Le Management des connaissances (MDC), levier de compétitivité organisationnelle (COMO) : cas de l'industrie aéronautique au Maroc dans le cadre du Plan Emergence », Revue Française d'Economie et de Gestion, volume 2, N° 3

-Moldovan Monica et Marcon Christian (2008), « Intelligence économique et territoriale au service d'une stratégie de développement régional. La délicate question de la formation des acteurs », 16ème colloque de l'Association de Science Régionale de Langue française, 2008.

-Mouriaux F (2004), « Le concept d'attractivité en Union monétaire », Bulletin de la Banque de France, N° 123

-Mrabi Mohamed Ali (2017), « Régionalisation : La nouvelle réglementation opérationnelle », édition N 5071 le 24/07/2017 L'economiste.com

-Mrani Alaoui Hasna (2022) (auteure de Policy Brief), « Positionnement du Maroc dans les Chaînes de valeur mondiales », janvier 2022, depf.finances.gov.ma

-Muchielli Louis (1991), « De nouvelles formes de multinationalisations », Problèmes économiques, juillet 1991

-Naimi Abdelfattah (2010), « La régionalisation avancée : l'avenir de la démocratie locale au Maroc », L'Economiste.com n°3263 le 27/04/2010

-Nmili Mohammed et Bouaoulou Mouna (2021), « Les pratiques de l'intelligence territoriale dans le cadre de la préparation du plan d'action communal » Université Sidi Mohamed Ben Abdellah, FSJES de Fès, Revue Internationale du chercheur, vol.2, Numéro 2, juin 2021, www.revuechercheur.com

-OCDE (2008), « Définition de référence de l'OCDE des investissements directs internationaux », https://www.ocde.org

-OCDE (2021), « affairisme, la fin d'un système : comment combattre la corruption ». OCDE 2021, www.oecd.org

-OCDE (2001), Rapport sur les perspectives territoriales de l'OCDE, https://books.google.co.ma/books

-OCDE (2018), « Panorama des régions et des villes de l'OCDE », © OECD (2018), OECD Regions and Cities at a Glance 2018, OECD Publishing OECDilibrary doi: 10.1787/reg_cit_glance-2018-en

-Office des Changes (2022), « Réalisation de l'investissement étranger au Maroc », Article 155, Actualités 20 juin 2022

-Office des Changes (2022), « Histoire de l'Office des Changes », https://www.oc.gov.ma/fr/nous-connaitre/histoire

-Office des changes « Guide de l'investisseur étranger en matière de change », www.finances.gov.ma

-Olszak Eric (2010), « Développement durable et attractivité des territoires dans l'Union Européenne, opposition ou convergence », dans Géographie, Economie, Société 2010/3 (Vol.12)

-Ouazzani Chahdi Aicha (2007), « L'économie marocaine et les accords de libre-échange », article publié par l'auteur dans la revue AZZAITOUNA, Revue d'Etudes Juridiques et Economiques, n° 3, Faculté des Sciences juridiques, économiques et sociales, Meknès, 2007

-Ouazzani Chahdi Aicha (2016), « Attractivité des IDE au Maroc et dynamique du territoire : Quels enjeux ? Communication de l'auteur au « Colloque national organisé par le Groupe de Recherche en Economie Appliquée (GRECAP) du Laboratoire d'Etudes Economiques et Sociales (LERES) à la FSJES Meknès le jeudi 21 Avril 2016 sous le thème « Attractivité, gouvernance et développement ».

-Ouazzani Chahdi Aicha (2020), « La régionalisation avancée, levier du développement économique du Maroc », Revue de Recherches en Droit, Economie et Gestion, Revue Semestrielle N° 13, décembre 2020, Université Moulay Ismail, Faculté des Sciences Juridiques, Economiques et Sociales.

-Ouazzani Chahdi Aicha (2017), « La gouvernance logistique territoriale et l'aménagement du territoire : Cas de l'économie marocaine » Communication faite par l'auteur au 54ème Colloque international organisé par l'ASRDLF Association des Sciences Régionales de Langue Française) sous le thème « Cities and regions in a changing Europe : challenges and prospects du 5 au 7 juillet 2017, Panteion University, Athènes GRECE et au Colloque international organisé par la FSJES Fès le 11-12 -2017, publié dans la Revue Entrepreneuriat, Innovation et Territoire de la FSJES- Fès, Série « Colloque » N°4 Avril 2018.

-Ouazzani Chahdi Aicha (2019), « La gouvernance logistique territoriale, levier de performance des politiques publiques territoriales : cas de l'économie marocaine », communication au1er colloque international sur « l'évaluation des politiques publiques territoriales : enjeux et perspectives », organisé par la Faculté des sciences juridiques, économiques et sociales de Meknès (Maroc) le 2 et 3 mai 2019 et au 55ème colloque international organisé par l'ASRDLF sous le thème « Les territoires face au défi de la durabilité. Regards croisés Est-Ouest et Sud-Nord » du 4 au 6 juillet 2019, Iasi,

Roumanie, publié dans la Revue de Recherches en Droit, Economie et Gestion, N°11 Juin 2020, Revue semestrielle.

-Ouazzani Chahdi Aicha (2017), « La gouvernance logistique territoriale et l'aménagement du territoire : Cas de l'économie marocaine ».

-Pautrat Rémy (2008), « Créer une dynamique d'intelligence territoriale », CONSTRUCTIF, juin 2008, Contructif.fr

-Pautrat Rémy, Delbecque Eric (2009), « l'intelligence territoriale : la rencontre synergique public/privé au service du développement économique », dans REVUE INTERNATIONALE D'INTELLIGENCE ECONOMIQUE 2009/1 (Vol1)

-Pechenot Paillot Arnaud (2022), « Intelligence Territoriale : Mettre de l'intelligence dans les territoires », le 24 mars 2022, https://intelligence-territoriale.fr

-Pechenot Paillot Arnaud (2018), « De l'intelligence économique à l'intelligence territoriale », Master Intelligence Economique et Stratégies compétitives, 9 janvier 2018, master-iesc-angers.com

-Pecqueur Bernard (2000), « Le développement local », Paris, Editions La Découverte & Syros, 2000

-Pecqueur Bernard, Claude Janin et autres (2015), « L'approche par les ressources : pour une vision renouvelée des rapports entre économie et territoire », dans Partenariats pour le développement territorial, Editions Quae, 2015

-Pecqueur Bernard et Mollard Amédée (2006), Le développement régional : enjeux de recherche et d'acteurs » dans Territoires et enjeux du développement régional. Editions Quae, 2006

-Pecqueur Bernard et autres (2005), « Offre de produits, services territorialisés et demande de biens combinés », dans Proximités et changements socio-économiques dans les mondes ruraux. Editions Quae, 2005

-Pecqueur Bernard, Rousier Nicole (2005), « Concentration économique et ségrégation spatiale ». De Boeck Supérieur, 2005

-Pecqueur Bernard et Gilly Jean-Pierre (2002), « La dimension locale de la régulation » dans Théorie de la Régulation, l'Etat des savoirs. La Découverte, 2002

-Pecqueur Bernard et Nadou Fabien (2020), « Pour une socioéconomie de l'intermédiation territoriale. Une approche conceptuelle », dans Géographie, Economie, Société 2020/3-4 (Vol. 22)

-Pecqueur Bernard et Colletis Gabriel (2018), « Révélation des ressources spécifiques territoriales et inégalités de développement. Le rôle de la proximité géographique », dans Revue d'Economie Régionale et Urbaine, décembre 2018

-Pélissier Maud (2018), «De l'intelligence économique à l'intelligence territoriale », Master Intelligence Economique et Stratégies Compétitives, 9 janvier 2018, master-iesc-angers.comde-lintellig…

-Pélissier Maud (2009), « Intelligence territoriale descendante : cas d'agglomérations d'entreprises au Maroc », revues.imist.ma

-Pelissier Maud, Pybbourdin Isabelle « L'intelligence territoriale entre structuration de réseau et dynamique de communication », dans LES CAHIERS DU NUMERIQUE, 2009/4(Vol.5), www.cairn.info revue-les-cahiers…

-Perez Pascal et Benedict de Saint Laurent (2005), « image de la région MEDA pour les investisseurs », réseau euro-méditerranéen d'Agences de promotion des investissements, Paris, 2005

-Perroux François (1981), « Pour une philosophie du nouveau développement », Aubier, les presses de l'UNESCO, Paris 1981

-Perspective Monde (2009), Statistiques effectuées par Perspective Monde 2009. Perspective.usherbrooke.ca

-Petrucci Mélissa (2019), « Noor Midelt I : Le Maroc construit une centrale solaire hybride hors norme », 29 juillet 2019, blog-isige.minesparis.psl.eu

-Pigalle G. (1990), « La théorie de convergences régionales et disparités non compensatrices », Economie et Prévision, n° 92-93

-Planel Sabine (2009), « Transformations de l'Etat et politiques territoriales dans le Maroc contemporain », https://doi.org/10.4000/espacepolitique.1234

-PNUD (2004), « Gouvernance-United Nations Development Programme », www.undp.org

-Pumain Denise (2016) « Histoire du territoire », le 25 octobre 2016. http://WWW.hypergeo.eumardi

-Rapport de la CCR (Commission Consultative de la Régionalisation) sur la régionalisation avancée. Livre 1 : Conception générale. www.regionalisationavancee.ma

-Rapport de la CCR (Commission Consultative de la Régionalisation sur « la régionalisation avancée » / Livre III ; la régionalisation avancée au service du développement économique et social, www.regionalisationavancee.ma

-Rencontres internationales de Tétouan (2004), « Intelligence économique et veille stratégique, défis et stratégies pour les économies émergentes », Tétouan, 25-27 novembre 2004, Regards sur le Monde, « L'intelligence économique au Maroc N° 10 Juillet-Août 2005

-Rencontres internationales de Tétouan, (26 novembre 2004), « Intelligence économique et développement régional, quelle stratégie pour la région Tanger Tétouan ? », IE-au-Maroc-RIE.pdf-Le Portail Africain de l'intelligence

-Rencontres Ville-Management (en septembre 2001), à Bayonnes « Démocratie & Management local / cultures et pratiques

-Rieutort, L. et Angeon V. (2007). « L'attractivité territoriale en questions ». Scholar.google.com 2007

-Rochdane Hanane et Ayegou Jamila (2020, « L'intelligence économique : quelles pratiques dans les PME marocaines ? », Revue marocaine de Contrôle de Gestion N° 9 (2020), https://revues.imist.ma

-Rodriguez Salvador Marisela (2001), « Développement d'un modèle pour l'enseignement de L'intelligence compétitive et technologique »,
https://inteligenciacompetitiva.mty.itesm.mx/mission.htm

-Roget B. et autres (1993), « Les mots de la géographie : dictionnaire critique », Montpellier, RECLUS

-Sbiti Sofiane (2018), « Régionalisation : Les cinq points à retenir » TELQUEL n° 802 du 9 au 15 mars 2018, www.telquel.ma

-Schumpeter Joseph Alois, Perroux François (1935) « Théorie de l'évolution économique », Dalloz, 1935, eweb.uqac.ca

-Sourd Catherine (2012), « L'attractivité économique des territoires », DR Midi-Pyrénées, pôle Etudes économiques régionales, INSEE Première, N° 1416, paru le 03/10/2012, www.insee.fr

-Storai, C (2003), « Attractivité territoriale et stratégies de localisation des firmes : le territoire corse peut-il devenir un nouvel eden ? ISDM, https://isdm.univ-tln.fr

-Sunkel Osvaldo (1977), « L'évolution de la pensée en matière de développement. Exposé général » ; in « L'évolution de la pensée sur le développement », Bulletin de liaison de l'OCDE, n°1 1977

-Tanzi. Fiscal (2015), Federalism and Decentralization : A review of Some Efficiency and macro economc Aspects Annual World Bank Conference on Development Economics 2015

-Texier Bruno (2019), « L'intelligence économique face aux enjeux contemporains », le 29/04/2019 revues.imist.mar, www.archimag.com

-Thébault Marc (2011), « Peau d'âme, le marketing territorial révélé », www.marketing-territorial.org

-Torra Mohamed (2013), « Territoire comme espace de déclinaison de l'intelligence économique en intelligence territoriale », dans Marché et organisations, 2013/2 (N° 18), www.cairn.info

-Virilio Paul (1976), « L'insécurité du territoire », Editions Stock/Monde ouvert 1976

-Weimar (1999), « La culture comme facteur économique ». Colloque organisé par le Congrès des pouvoirs locaux et régionaux (CPLRE) du Conseil de l'Europe, dans le cadre de l'opération « ville européenne de la culture » en mai 1999

-Wiki Mémoires (2010), « Intelligence économique : Définition, objectifs et processus », 31 octobre 2010

-Wikipédia (2016), « Intelligence économique », mars 2016, fr.m.wikipedia.org

-Wikipédia (2019), « Intelligence territoriale », mars 2019, fr.m.wikipedia.org

-Wikipédia (2011), « Théories du développement », janvier 2011, fr.m.wikipedia.org

-Wilhelms Saskia (1998), « L'investissement direct étranger et ses éléments déterminants dans les économies naissantes », Agence des Etats Unis pour le développement international, Juillet 1998

-Yamani Nezha (2012), « Politique économique et piège du sous-développement au Maroc », thèse de doctorat, Université de Grenoble, 2012

-Yves Crozet (1997), « Les grandes questions de l'économie internationale », Nathan, 1997

-Zaïr Tarik (2015), « Les enjeux de la régionalisation avancée », édition N°4597, L'Economiste.com., http://www.leconomiste.com/article/976343-les-enjeux-de-la-regionalisation-avancee.

-http://www.apdn.ma/ Revue Organisation et Territoire n°2, 2016

-http://www.youtube.com/watch?v=vRkuxRmtFFE

-https://lesdefinitions.fr/region, 7/1/ 2012

-https://www.prefectures-regions.gouv.fr

-https://www.cairn.info/revue-internationale-d-inteelligence-economique-1-2009-2-page-291.htm

-https://cellule.wordpress.com/lintelligence-territorial/Regard juillet-Août 2005

-https://portail-ie.fr/resource/glossary/74/intelligence-territoriale

Structures éditoriales du groupe L'Harmattan

L'Harmattan Italie
Via degli Artisti, 15
10124 Torino
harmattan.italia@gmail.com

L'Harmattan Hongrie
Kossuth l. u. 14-16.
1053 Budapest
harmattan@harmattan.hu

L'Harmattan Sénégal
10 VDN en face Mermoz
BP 45034 Dakar-Fann
senharmattan@gmail.com

L'Harmattan Cameroun
TSINGA/FECAFOOT
BP 11486 Yaoundé
inkoukam@gmail.com

L'Harmattan Burkina Faso
Achille Somé – tengnule@hotmail.fr

L'Harmattan Guinée
Almamya, rue KA 028 OKB Agency
BP 3470 Conakry
harmattanguinee@yahoo.fr

L'Harmattan RDC
185, avenue Nyangwe
Commune de Lingwala – Kinshasa
matangilamusadila@yahoo.fr

L'Harmattan Congo
67, boulevard Denis-Sassou-N'Guesso
BP 2874 Brazzaville
harmattan.congo@yahoo.fr

L'Harmattan Mali
ACI 2000 - Immeuble Mgr Jean Marie Cisse
Bureau 10
BP 145 Bamako-Mali
mali@harmattan.fr

L'Harmattan Togo
Djidjole – Lomé
Maison Amela
face EPP BATOME
ddamela@aol.com

L'Harmattan Côte d'Ivoire
Résidence Karl – Cité des Arts
Abidjan-Cocody
03 BP 1588 Abidjan
espace_harmattan.ci@hotmail.fr

Nos librairies en France

Librairie internationale
16, rue des Écoles
75005 Paris
librairie.internationale@harmattan.fr
01 40 46 79 11
www.librairieharmattan.com

Librairie des savoirs
21, rue des Écoles
75005 Paris
librairie.sh@harmattan.fr
01 46 34 13 71
www.librairieharmattansh.com

Librairie Le Lucernaire
53, rue Notre-Dame-des-Champs
75006 Paris
librairie@lucernaire.fr
01 42 22 67 13

www.ingramcontent.com/pod-product-compliance
Lightning Source LLC
LaVergne TN
LVHW011144061026
849535LV00003B/594
9782140490187